Pir Vilayat Inayat Khan

DER RUF DES DERWISCH

SYNTHESIS VERLAG

Übersetzung aus dem Amerikanischen von Munir Klaus Voss

Titel der Originalausgabe: The Call of the Dervish
erschienen bei: Sufi Order Publications,
Santa Fe, USA

Satz: ZERO-Photosatz, Rheinberg

Druck: Fuldaer Verlagsanstalt GmbH, Fulda

ISBN 3-922026-07-9

Inhalt

Prolog

Der Schleier des Geliebten

Um uns aus unserem einsamen Wahn zu befreien, müssen wir eine harte Arbeit beginnen — wenn wir wirklich den Sinn unseres Lebens erfüllen wollen. Und wir tauchen damit ein in etwas derart Gewaltiges, daß wir niemals sagen können, wir hätten es erfaßt, sondern eher daß es uns erfaßt. Der Verstand sagt uns: Es ist der Glanz des Göttlichen. Doch all unsere Ideen und Vorstellungen fallen auf dem Weg in Stücke und erscheinen belanglos, und was wir selbst dazu beitragen, die erstrebte Veränderung herbeizuführen, wirkt absolut unzulänglich.

Manchmal sind wir bis in unsere Tiefen erschüttert bei spirituellen Übungen, und es kommt uns vor wie eine bedeutende Angelegenheit — bis wir erkennen, daß es nur Nadelstiche sind im großen Prozeß des Lebens; doch manchmal geschehen Dinge, die einen Fortschritt bewirken. Etwas gerät plötzlich in Bewegung, oder es scheint, als hätten wir unseren unsicheren Halt in der Welt verloren. Es gibt Augenblicke, wo uns eine so gewaltige Kraft erfüllt, daß die Grundfesten unseres Wesens erbeben.

Dies geschieht, weil die Welt, so wie wir sie zu kennen glaubten, nur ein unglaublich kleines Fragment der Wirklichkeit ist, nicht mehr als ein Kräuseln auf dem Ozean der Realität, und niemals können wir erwarten, die ganze Größe der Wirklichkeit zu begreifen, die die Größe Gottes ist. Und doch scheint die Menschwerdung Gottes das Ziel zu sein — daß Er durch uns ein verkörpertes Wesen werde. Es ist die Erschaffung des Königs.

Wir müssen uns über die Welt erheben, damit Gott in uns Wirklichkeit werden kann. Dies zu sagen, mag überaus anmaßend klingen, denn allein im *Rasul*, dem Propheten, erlangt das göttliche Wesen seine Vollkommenheit; doch vielleicht sind wir so etwas wie Skizzen zur Vorbereitung verschiedener Kunstwerke — all die Wege und Irrwege, die gegangen werden müssen, damit einmal ein Meisterwerk entstehen kann. Doch sei es auch noch so wenig, sobald das göttliche Wesen einmal durchdringt, sind wir vom Glück überwältigt. Es ist wie ein Zeichen dessen, dem unsere Liebe gilt, eine ganz kleine Antwort nach all der Verzweiflung über die lange Trennung. Natürlich können wir Gott nur insoweit manifestieren, als wir Ihn kennen, und wir können Gott nur insoweit kennen, als wir Ihn in uns selbst erkennen. Wir entdecken Ihn in uns: Dies ist unsere passive Antwort auf sein Wirken in uns. Und doch scheint diese Antwort so klein und unzulänglich: Was wissen wir über Ihn, daß wir Ihn manifestieren können? Was wir über das Universum wissen, ist wenig genug, und das ganze Universum ist so wenig, verglichen mit der göttlichen Vollkommenheit. Wie können wir den Anspruch erheben, diese Vollkommenheit zu manifestieren?

Wenn wir vorbereitet sind, einen Schritt zu tun weg vom normalen Zustand der Entfremdung, und den Mut haben, durch die dunkle Nacht zu gehen, wenn all unsere Bemühungen erfolglos scheinen und wir dem Abgrund in uns selbst gegenüberstehen, wenn Verzweiflung uns packt angesichts unserer Unfähigkeit, ihn zu überwinden — selbst wenn wir bis zum Äußersten der Verlassenheit geprüft werden —, in dem Moment, wo alles sinnlos und verloren scheint, kommt manchmal ein winziger Hinweis — *Ayat*, wie die Sufis sagen —, ein Zeichen oder vielleicht ein Symbol, so als würden wir das Signal eines Wesens draußen im Weltraum empfangen, das uns zuwinkt, um uns von seiner Anwesenheit zu überzeugen — eine schweigende Stimme, in die wir plötzlich eintauchen. Um eine Metapher zu gebrauchen, könnte man sagen, daß das, was mit uns geschieht, ein plötzlicher Katapultstart ist, während wir noch vergeblich versuchen, unser Bewußtsein emporzuheben, und all die trügerischen Gedanken der Welt zu uns zurückkehren, weil unser Verstand so konditioniert ist. Wir kämpfen und kämpfen, und plötzlich ist es, als ob etwas losgekoppelt würde, und wir werden hinauskatapultiert wie in außerirdische Sphären. Es ist, als gäbe es viele Universen, ineinandergeschachtelt oder in völlig fremdartigen raumzeitlichen Beziehungen — wir wissen es nicht.

Es ist unmöglich, einen Vergleich zu geben. Was wir dort finden, ist völlig verschieden von allem, was wir bisher dachten. In der Tat sind unsere Vorstellungen, einschließlich der Beschreibung, die ich hier zu geben versuche, nicht nur gänzlich unzulänglich, sondern können sogar unserer Erfahrung im Wege stehen. Wir sollten auf eine Erkenntnis vorbereitet sein, die anders ist als alles, das wir je gedacht haben. Vielleicht hoffen wir, hinauszugelangen in andere Welten, und es mag genau andersherum kommen: Etwas von der Natur der Zustände des Göttlichen beginnt sich vielleicht in unserem eigenen Wesen zu manifestieren; und unsere Offenheit oder Fähigkeit, ihm Wirklichkeit zu geben, ist unsere Antwort auf das, was durchdringt.

Es ist allein in der göttlichen Essenz allen Seins, daß nur eine einzige Einheit besteht ohne jede Vielfalt — womit ich meine, ohne all die Verminderung, Abweichung oder Entfremdung, die unserem individuellen Willen entstammen. Es gibt eine Ordnung hinter allem, und wir wissen, daß alles eine ungebrochene Ganzheit ist, aber wissen wir, was *Einheit* wirklich bedeutet? Wir können die Einheit nur verstehen, wenn wir über unsere individuellen Besonderheiten hinausgelangen, jenseits unseres Willens und unseres persönlichen Bewußtseins, und uns all der Eigenschaften unseres Wesens entledigen, die uns jener göttlichen Prägung entfremdet haben, die den Kern unseres Seins ausmacht.

Genau das tun wir auf dem spirituellen Weg: Wir entledigen uns dessen, was die Sufis *Nazutiat* nennen, der materiellen Welt. Alles ist eingeschlossen in die göttliche Natur, aber es ist verfremdet, vermindert, verirrt, begrenzt, zersplittert und erleidet Vermischung und Unordnung. Unser Verstand ist überfordert; wir sehen überall Widersprüche. Ist es die Erfüllung Seiner Sehnsucht — *Ishq* —, Seiner Sehnsucht, ein Wesen zu werden in dieser Welt der Materie, die sich damit selbst von Seiner ursprünglichen Reinheit entfremdet? Was ist dann der Sinn der Entblößung in das Jenseits hinter dem Jenseits? Der Verstand wird nie in der Lage sein, all das zu begreifen; wir wissen nur, daß wir im Dunkeln tasten und daß wir manchmal geführt werden; und sobald wir einmal den festen Halt aufgegeben haben, den unser Verstand uns gab, sind wir überwältigt von dem erhabenen Glanz, der selbst nur ein Gewand ist — der Schleier, der das Antlitz des Geliebten verhüllt.

So ist selbst jener Glanz, den wir von unserem menschlichen Standpunkt aus so verherrlichen, ein Schleier, und wir können uns so darin verlieben, daß wir die Begegnung mit dem Wesen dahinter versäumen; und doch ist das, was sich von unserem Standpunkt aus als unliebsamer Schleier zeigt, vom göttlichen Standpunkt her dasjenige, mit dem Er Sich selbst manifestiert. Dann begreifen wir: Auch wenn wir Ihn erkennen, oder das erkennen, was wir von Ihm durch uns selbst erkennen können, erreichen wir Ihn doch nicht. Wirklich kennen können wir Gott nur in der Liebe — und das ist ein sehr leidvoller Weg, denn er scheint niemals eine Erwiderung zu finden: Wir schreiten von Verlassenheit zu tieferer Verlassenheit — und zuletzt sogar durch Verrat.

Am Anfang scheint es sehr leicht: Wer liebte nicht alles Schöne und Wunderbare? Doch bald lernen wir, daß dies ist, als liebten wir eine Person um der Schönheit ihres Antlitzes willen, was nicht Liebe ist, sondern Bewunderung. Der Weg der Liebe ist der Weg derjenigen Verrückten, die in ihr untergehen wollen; es ist das Heiligste, das es in der Welt gibt. Die Macht, hinter der sich das ganze Universum dreht, ist die Macht der Liebe. Wir kennen Liebe als Gernhaben eines Menschen, als Leidenschaft, als Mitleid; wir kennen sie in Zärtlichkeit, in Freundlichkeit, in Verehrung, in Freundschaft und in vielen anderen Manifestationen und Ausdrucksformen der Liebe. Aber könntest du jemals die Liebe in ihrer unverfälschten, überwältigenden Wirklichkeit erleben, es würde dich zerschmettern, mehr noch als das großartigste Wissen über den Sinn. Tatsächlich kannst du das Wesen Gottes nur manifestieren, wenn Seine Liebe dich zutiefst verletzt hat, dann, wenn du erkennst, daß alles, was du zu wissen glaubtest, ohne jeden Wert war.

Durch Erkenntnis können wir Gott nicht verwirklichen, denn unser Wissen über Ihn ist so völlig belanglos — ausgenommen in jenen Augenblicken, da Gott, wie Al-Hallaj sagt, von Seiner Höhe herabsteigt in unser Herz und uns mit Seiner Weisheit überwältigt; und in diesen Augenblicken haben wir keinerlei Möglichkeit, zu begreifen, oder es mitzuteilen, oder es auch nur irgendwie zu erwidern.

Ich weiß, daß ich hier Unsinn rede. Es ist die Sprache der Sufis: Es hat keine Entsprechung zum Wissen der Welt, es läßt sich mit nichts vergleichen, und doch ist es die letzte Erkenntnis. Verglichen damit ist jedes Wissen, das ein Philosoph oder ein Wissenschaftler über die Natur der Phänomene herausfinden kann, ebenso unzulänglich, wie es Newtons Theorie ist, verglichen mit der Einsteins. Dieses Wissen transformiert unser Wesen, und diese Transformation erschafft das wahre Wesen des Menschen, dessen Dimensionen unendlich viel weiter sind, als wir auch nur ahnen können.

Kapitel 1

Die Suche nach dem Sinn

Nehmen wir an, Sie hätten die Gelegenheit, einem Orakel zwei Fragen zu stellen. Was würden Sie fragen? Sehr wahrscheinlich wäre die erste Frage: „Was ist der Sinn meines Lebens?" Und die zweite dieser beiden eng miteinander verknüpften Fragen: „Was hat das alles zu bedeuten? Was soll das ganze Leben?" In Indien reisen Menschen Tausende von Kilometern, um von einem Heiligen Rat zu bekommen, der in der Tat für ein Orakel angesehen wird, und von dem man annimmt, daß er auf alle Fragen eine Antwort hat, sei er ein Rishi im Himalaya, ein Derwisch oder ein buddhistischer Mönch.

Man erwartet vielleicht eine paradoxe Antwort auf seine Fragen, denn unser Verständnis ist begrenzt. Wie Hazrat Pir-o-Murshid Inayat Khan, der Begründer des westlichen Sufi-Ordens, einmal sagte, ist das Ziel des Lebens wie ein Horizont: Je weiter man voranschreitet, desto weiter weicht er zurück. In dem Maß, in dem unser Verständnis wächst, beginnen wir zu erkennen, daß jenseits des Ziels, welches wir bis dahin sehen konnten, noch ein weiteres Ziel liegt; und es wird der Moment kommen, wo wir erkennen, daß es auf die Dauer unbefriedigend ist, einem Ziel zu folgen, das lediglich für uns selbst Sinn hat. Man kann nur dann all die Möglichkeiten seines Wesens aufbieten, wenn man einem Zweck dient, der über das Persönliche hinausgeht. Genau das ist die große Macht der Religion: Sie trägt den Menschen über seine individuellen Begrenzungen hinaus, und man ist niemals so sehr man selbst, als wenn man über die Grenzen seiner selbst hinausgelangt. Solange man im Rahmen seiner Persönlichkeit denkt, kann man die Dinge nicht klar sehen.

Das Höchste, das einem Menschen widerfahren kann, ist, sich der großartigen Bedeutung des Lebens bewußt zu werden. Es ist das große Wunder des Lebens, daß wir tatsächlich Zugang erlangen können zu dem Denken hinter dem Universum — oder, wie die Sufis sagen, Zugang zum Denken Gottes. Dieses Verstehen macht das Wunder des Lebens aus. Natürlich verlangt wirkliche Erkenntnis von uns, daß wir sämtliche Grundannahmen in Frage stellen. Die Geschichte der Wissenschaft ist voller Theorien, die eine nach der anderen aufgegeben wurden — was schon bei der Annahme beginnt, daß das, was man wahrnimmt, richtig ist. Die Sonne beispielsweise scheint sich um die Erde zu drehen, doch tatsächlich dreht sich die Erde um die Sonne. Selbst die Annahme, daß Parallelen sich nie schneiden, oder daß die Materie fest ist, sind widerlegt worden; und obwohl wir wissen, daß es voneinander verschiedene Objekte gibt, finden wir jetzt in der holographischen Betrachtungsweise, daß es nur eine einzige Wirklichkeit gibt, die alle Dinge umfaßt — genau das, was die Sufis schon gesagt haben.

Das Neueste in der Wissenschaft ist das Aufgeben der Logik; zum Beispiel sind wir gezwungen, anzuerkennen, daß wir gleichzeitig sowohl Partikel als auch Wellen sind — tatsächlich müssen wir all die Grundannahmen der Logik aufgeben. Das ist natürlich eine Voraussetzung, um überhaupt zu Erkenntnis zu gelangen. Kontemplative Menschen aller Zeitalter haben gefunden, daß es ihr eigener Verstand war, der ihrer Erkenntnis im Wege stand.

Es ist die besondere Denkweise des Sufitums, daß unser größter Fehler vielleicht der ist, daß wir uns für das erkennende Subjekt halten. Nach der Sufi-Lehre gibt es nur *ein* erkennendes Subjekt: Gott. Und wir sind demnach die Mittel, durch die die göttliche Selbsterkenntnis stattfindet. Unsere ganze Grammatik müßte umgeschrieben werden; anstatt des Descartes'schen ‚ich denke' muß es heißen: ‚ich werde gedacht'. Man sollte von sich selbst besser im Passivum denken als im Aktivum. Die meisten von uns sind diese Denkweise nicht gewöhnt, doch sie ist notwendig, um die Bedeutung des Lebens zu verstehen. Es kommen Viele zu mir, um über ihre Probleme zu sprechen, und ich kann sehen, daß hinter der Decke ihrer oberflächlichen Probleme das eigentliche Problem liegt: welchen Sinn alles hat. Und wenn es einen hat, wie kommt es dann, daß so widersinnige Dinge geschehen? Gibt es so etwas wie einen Gott hinter alledem, oder ist auch das nur eine Einbildung? Es geht nicht einmal mehr um Gottvertrauen, es geht um die Frage, ob alles einen Sinn hat — und auch wenn diese beiden Fragen letztlich eine Frage sind, so ist dies doch genau der Punkt, der an unseren Verstand die größte Herausforderung stellt.

Ebenso wie die Wissenschaftler viele alte Vorstellungen abgelegt haben, um in die Programmierung hinter dem Universum eintreten zu können und seine Bedeutung verstehen zu können, gibt es Menschen auf dem Gebiet der Religion, die anthropomorphe Vorstellungen über Gott aufzugeben haben und erkennen müssen, daß diese nur Modelle sind, ähnlich denen in der Wissenschaft. Diese Modelle waren nützlich für Menschen, die etwas Greifbares brauchten, an das sie sich halten konnten, aber die Frage nach dem *Sinn* ist eine Frage der Erfahrung, einer Erfahrung und ihrer Interpretation. Unsere Erfahrung zeigt uns, daß die Sonne sich um die Erde dreht; um also zur Wahrheit zu gelangen, müssen wir die Erfahrung neu interpretieren. Tatsächlich interpretieren wir laufend Erfahrungen. Doch Erfahrung durch ein Konzept zu ersetzen, zeigt einen Mangel an Ernsthaftigkeit. Genau das meinte Christus mit ‚leeren Wiederholungen' — das Wort ‚Gott' zu gebrauchen, ohne Gott zu meinen. Gerade in der heutigen Zeit spüren wir die dringende Notwendigkeit, aus der Erfahrung zu leben anstatt aus Konzepten.

Weil Erfahrung interpretiert werden muß, setzt der Verstand der Erfahrung Grenzen: In ein kleines Gefäß geht wenig Wasser. Unser Verstand begreift nur wenig, und dieses Wenige engt die Erfahrung ein. Es ist der Zweck der Meditation, die Grenzen des Verstandes zu überwinden, um unsere Erkenntnis auszuweiten und einen größeren Bereich der Wirklichkeit erfassen zu können.

Es gibt einige grundlegende Techniken, um mit dem Bewußtsein zu arbeiten. Bewußtsein ist wie das Sehen: Liest man ein Buch, ist das Gesichtsfeld sehr eng, doch wenn man einen Horizont betrachtet, umfaßt man ein großes Feld. Genauso kann man das Bewußtsein auf kleine Details richten oder es über einen großen Bereich der Wirklichkeit ausbreiten.

Wenn Sie durch die Straßen einer Stadt laufen, so haben Sie keine sehr genaue Vorstellung von der Lage des Landes, aber könnten Sie sich mit einem Hubschrauber in die Luft erheben, Sie hätten eine großartige Aussicht und sähen genau, wie alles miteinander in Beziehung steht. In unserem ganzen Leben finden wir uns gefangen in bestimmten verengten Blickpunkten. Wir sitzen fest in unseren Gewohnheiten, wir sehen den Wald nicht mehr vor Bäumen: Wir sind gefangen in der Perspektive, in der die Dinge uns erscheinen. Unser Verständnis ist begrenzt durch die Perspektive unseres Bewußtseins, und in den meisten Fällen ist unser Bewußtsein wie eine Linse. Es verzerrt die Wirklichkeit, indem es ihr Bild auf einen Punkt verengt, so daß das, was wir erfahren, nicht die Wirklichkeit ist, sondern die Art und Weise, wie die Wirklichkeit durch die Linse erscheint. Doch in unserem Bewußtsein haben wir latent auch die Fähigkeit, Dinge auf eine holistische oder holographische Weise zu betrachten. Ebenso wie wir drei Dimensionen sehen können, wenn wir beide Augen benutzen, so gibt es irgendwie hinter unserer Vorstellung von den Dingen, wie sie erscheinen, ein Gefühl für ihr Einbezogensein in eine Gesamtstruktur. Wir wechseln ständig hin und her zwischen diesen beiden Perspektiven, obgleich wir meistens die Dinge betrachten, als wären sie so wie sie erscheinen.

Jene Augenblicke, da sich unser Bewußtsein zu der ganzheitlichen Blickweise ausweitet und wir die Ganzheit zu sehen beginnen, sind die großen Augenblicke, wo schlagartig alles in eine Perspektive rückt, denn wir erkennen, wie das, was wir zuvor erfahren haben, im Ganzen zusammenhängt. In diesen Momenten ändert sich auch unsere Selbstwahrnehmung, ebenso unser Identitätsgefühl. Wir verlieren die Empfindung, eine Person zu sein, die von anderen Personen verschieden ist und unser Selbstgefühl vermischt sich mit den Anderen. Wir erleben uns selbst als Teil eines Wesens. Dies ist die Erfahrung der Sufis — die Erfahrung des Einen Wesens, von dem man ein Teil ist, anstatt von sich selbst als von einem abgegrenzten Individuum zu denken. Die Sufis nennen es *Fana*. Die Grenze zwischen einem selbst und der Umgebung scheint zu verschwinden, man fühlt sich als Teil der Ganzheit. Man kann es nicht in Worte fassen; da ist das Gefühl einer *Wirklichkeit* hinter dem, wie die Dinge erscheinen, und das allein rettet uns aus der Verzweiflung und Einsamkeit unseres Selbst. Es gibt so etwas wie die Tyrannei des Ego: Wir leiden unter unserem eigenen Selbstgefühl. Wir mögen uns dessen nicht bewußt sein, doch wir ersticken an unserem Gefühl von Individualität, und es ist eine wunderbare Befreiung, wenn man in der Lage ist, auch nur für einen Augenblick diese furchtbare Tyrannei abzuschütteln, es ist ein herrliches Gefühl der Wirklichkeit hinter alledem.

Man kann tatsächlich mit dem Bewußtsein arbeiten und es in die unendliche Weite der Sinnhaftigkeit ausweiten. Menschen etwa in Städten sind an sehr enge Perspektiven gewöhnt, Tibeter hingegen, auf den hohen Bergen, sind daran gewöhnt, ein enormes, weites Panorama zu überblicken. Die ganze Art unseres Denkens kann verknöchern durch den Druck von Gesellschaft und Zivilisation; wir werden zu unbedeutenden Personen, die nur Gedanken mittlerer Reichweite benutzen. In der Wissenschaft wissen wir tatsächlich, daß die normale Art unseres Denkens sich in den mittleren Bereichen des Verstandes bewegt: Sobald wir in seine großen Reichweiten gelangen, sieht alles sehr viel anders aus.

Ein anderer Weg, mit dem Bewußtsein zu arbeiten, ist, es nach innen zu erweitern, anstatt nach außen. Beispielsweise kann man erfahren, wie es ist, ein Baum zu *sein*, anstatt einen Baum aus unserer eigenen Perspektive zu betrachten. Wenn Sie einen Baum lediglich betrachten, ist alles, was Sie sehen, seine Rinde in einem bestimmten Winkel — Sie sehen nicht wirklich den Baum. Und Sie werden ihn so nie wirklich kennen; es ist gleichsam wie Schiffe, die in der Nacht vorübersegeln. Der einzige Weg, einen Baum wirklich zu erkennen, wäre, in sein Bewußtsein einzutreten und zu erleben, was es heißt, ein Baum zu sein. Ebenso ist es mit einem Hund. Wie gut kennen wir unseren Hund? Wissen wir, wie wir für ihn aussehen? Wir haben uns daran gewöhnt, daß er *nur ein Hund* ist — und vielleicht ist genau das sein größtes Problem: daß er nur ein Hund ist. Vielleicht wünscht er, daß wir verstünden, wie er denkt. Tatsächlich *können* wir verstehen wie er denkt, es kostet allerdings eine gewisse Anstrengung. Die Anstrengung besteht darin, in der Lage zu sein, das eigene Bewußtsein aus seiner Lokalisierung zu übertragen in das, was wir das ‚Objekt' nennen.

In Wirklichkeit gibt es weder Subjekt noch Objekt. Es ist lediglich unsere Denkweise, denn wir denken in Begriffen des Zentriertseins in unserem speziellen Selbst und nehmen an, daß das Bewußtsein von der Perspektive unseres Körpers aus arbeitet. Tatsächlich läßt sich das Bewußtsein sehr gut vom Körper loslösen. In jenen Augenblicken, wo wir uns als Teil der Natur empfinden, ist unser Bewußtsein nicht auf den Körper begrenzt; wir verschmelzen tatsächlich mit der Landschaft. Ebenso ist es dem Bewußtsein möglich, in das Bewußtsein verschiedener Wesen einzutreten und zu erleben, wie sie sich erleben. Unter den Sufis ist dies eine sehr verbreitete Übung, und ich denke, daß es wahrscheinlich auch das ist, was Martin Buber unter der „Ich-Du"-Beziehung versteht im Gegensatz zur „Ich-Es"-Beziehung. Für gewöhnlich sind wir derart eingeschlossen in unsere persönliche Perspektive, daß wir nicht einmal mehr wissen, daß wir die Dinge nicht so erfahren, wie sie sind. Und wenn wir plötzlich erkennen, daß es eine andere Weise gibt, die Dinge zu betrachten, eröffnet sich uns ein völlig neuer Horizont.

Eine der hilfreichsten Übungen ist es vielleicht, in das Bewußtsein eines Meisters zu gelangen — eines verwirklichten Wesens —, denn um das zu werden, was wir sind, müssen wir uns selbst in einem anderen ‚ich selbst' sehen. Was wir denken zu sein, oder, anders gesagt, was wir für unsere Persönlichkeit halten, ist nur ein kleiner Bruchteil dessen, was wir wirklich sind. Dahinter breitet sich ein riesiges Feld von Qualitäten und Mängeln aus — Möglichkeiten, die da sind, aber noch nicht in den Zustand der Aktualität eingetreten sind.

Eine der besten Veranschaulichungen hierfür kann man in der Biologie finden. Ein Biologe namens W. H. Thorpe hat sich gefragt, wie es kommt, daß jede einzelne Zelle im Körper genau dieselbe DNS-Struktur besitzt. Der Zellkern, ein Makromolekül, hat genau dieselbe Struktur wie der einer jeden anderen Zelle; wie kommt es dann, daß die eine Zelle Haar wird, die andere Blut und noch eine andere Nervensubstanz? Grundsätzlich verfügen sie alle über dieselbe Kernstruktur, denselben Code. Das Modell, welches Thorpe benutzte, was das der Tastatur eines Piano. Jede Zelle gleicht einer solchen Tastatur mit Millionen von Tasten, von denen allerdings die meisten verklebt sind, so daß man nur einige wenige Töne in einem begrenzten Rahmen spielen kann. Auf diese Weise wird alles programmiert: die Zelle kann nur auf bestimmte Weise funktionieren und eben Haar oder was auch immer produzieren.

Ähnlich ergeht es uns. Wir tragen sämtliche Möglichkeiten in uns, doch nutzen wir nur wenig davon. Wie es dazu gekommen ist, ist ein ziemlich komplizierter Vorgang: Es hängt ab von der Umgebung, in der wir aufwachsen, unserem Erbe und vielen anderen Faktoren. Das Bedeutsame daran ist, daß all diese Möglichkeiten in jedem Augenblick freigesetzt werden können.

Die Tasten sind nicht für immer verklebt. Man braucht den Klebestreifen nur zu entfernen. Es ist ganz einfach eine Sache der Erkenntnis: Sobald Sie Ihre Erbschaft erkennen, verfügen Sie darüber. Dies ist das ganze Geheimnis des Christentums. Als Christus sagte, „seid vollkommen wie euer Vater im Himmel", meinte er genau das — alles was wir zu tun haben, ist, uns unserer Erbschaft bewußt zu werden, welche vollkommen ist.

Im Judentum wie im Islam ist die Frage, ob Christus der Sohn Gottes ist, recht heikel. Wie konnte er das für sich in Anspruch nehmen? Worin unterschied er sich von jedem anderen menschlichen Wesen? Das ist ein größeres theologisches Thema. Heute beginnen viele Menschen zu erkennen, daß diese theologischen Probleme eher Spitzfindigkeiten sind, denn sie existieren nur im Verstand. Der Verstand kann diese Dinge nicht begreifen, und man kann darum solche Kontroversen genausogut sein lassen. Die folgenden Worte von Hazrat Inayat Khan sind hier sehr aufschlußreich: Christus konnte den Anspruch erheben, Gottes Sohn zu sein weil er sich seiner Erbschaft bewußt war. Wer sich seiner göttlichen Erbschaft bewußt ist, kann sie für sich reklamieren. Wenn Sie denken, daß Sie der Sohn Ihres Vaters sind, können Sie auch nur beanspruchen, der Sohn Ihres Vaters zu sein. Doch es gibt viele Erbschaften, die in die Formation Ihres Wesens gelangen, und wenn Sie sich der göttlichen Erbschaft bewußt sind, können Sie sie manifestieren. Das ist das große Geheimnis.

Wie wir zuvor schon sagten: Um sich selbst zu entdecken, muß man fähig sein, sich selbst in einem anderen Selbst zu erblicken. Man könnte sagen, daß das, was die Klebestreifen von den Tasten entfernt, die Fähigkeit ist, die Qualitäten, die man besitzt, als seine zu erkennen, sobald man sie in einer anderen Person erblickt. Es ist leichter, sie an jemand anderem zu erkennen als an sich selbst. Manchmal — eher noch im Osten, und auch dort heute seltener als früher, — kreuzt ein Wesen unseren Weg, das wie ein König ist. Kein politischer König, sondern ein wirklicher König — ein Wesen von überragender Souveränität, innerer Kraft, Erkenntnis und Weisheit, Licht und einer magnetischen Ausstrahlung. In meinen jüngeren Jahren bin ich einigen phantastischen Menschen begegnet. Unsere Zivilisation macht es uns schwer, den Grad von Vollkommenheit zu erlangen, den man manchmal finden kann bei Menschen, die in Höhlen leben — was ein sehr schlechtes Licht auf unsere Zivilisation wirft. Man kann fast sagen, daß der Derwisch das Produkt einer Denk- und Lebensweise ist, die heute fast ausgestorben ist. Aber wenn Sie einen solchen Menschen erblicken, entdecken Sie sich selbst in ihm.

Ich war ziemlich jung, als ich meine erste Begegnung mit einem großen Rishi hatte, der in seiner Höhle saß. Ich war einen langen Weg gekommen. Drei Tage und drei Nächte lang war ich im Schnee gewandert und hatte mir dabei eine Lungenentzündung geholt. Auch fürchtete ich mich, denn da waren Spuren im Schnee, die von Bären stammen konnten, und die Bären im Himalaya sind recht gefährlich. Jedenfalls folgte ich den Spuren in der Hoffnung, daß sie von einem menschlichen Wesen stammten, und tatsächlich stellten sie sich als die eines Rishis heraus. Das erste, was er zu mir sagte, war: „Warum bist du von so weit gekommen, um das zu sehen, was du selbst sein solltest?" Ich war noch recht unerfahren, und so sagte ich nur: „Es ist wunderbar, das zu sehen." Heute hätte ich wohl erwidert: „Um zu werden, was ich sein soll, muß ich mich in dir sehen."

Wenn Sie einen Sonnenaufgang beobachten, kann sein Licht — die Farben des Lichts, die Herrlichkeit und Majestät der Sonne, wie sie durch das Spektrum der Farben hindurchscheinen, eine nahezu traumatische Wirkung auf Sie haben und zu der unvermittelten Erkenntnis führen, daß Sie Ihr eigenes Wesen dort aufgehen sehen. Darum lieben Sie es: weil Sie es *sind*. Sie erkennen sich selbst in jenem erhabenen Glanz, und in diesem Moment leuchten Sie selbst. Es ist eine Begegnung mit einer Wirklichkeit, die in Ihnen selbst bereits gegenwärtig ist. Aber stellen Sie sich vor, daß Sie in das Bewußtsein der Sonne eintreten, anstatt sie lediglich von Ihrem Standpunkt aus zu beobachten! Ebenso kann man in der Gegenwart eines Rishis erleben, wie es ist, ein Rishi zu *sein*, anstatt nur zu erfahren, daß man selbst in seiner Gegenwart dasitzt. Es ist eine völlig andere Erfahrung — die großartigste Erfahrung, die man überhaupt haben kann. Wenn Sie aus ihr herauskommen — aus diesem Zustand herauskommen —, sind Sie völlig verwandelt. Sie sind der Rishi. Sie laufen durch die Straßen, können sehen, wie ein Jeder in seinem persönlichen Bewußtsein gefangen ist, und Sie wissen, daß sie alle nur gefangen sind in einer bestimmten Perspektive, und daß Sie aus dieser Perspektive befreit worden sind durch Ihre Begegnung mit jenem Rishi oder Derwisch. Das ist die wahre Bedeutung des spirituellen Lebens.

Es ist auch der Grund für etwas, das im Osten vielleicht zu sehr eine Gewohnheit geworden ist: sich selbst in seinem spirituellen Meister zu verlieren, was sehr gut ist, wenn dieser wirklich ein völlig realisiertes Wesen ist; wenn nicht, ist es ziemlich gefährlich. Nach der Lehre des Islam sollte man sich letztendlich allein Gott unterwerfen, niemals jedoch irgendeinem menschlichen Wesen. Es liegt eine große Gefahr darin, einem Menschen blind zu folgen, der Ihnen sagt, was Sie tun sollen. Worauf es ankommt ist, in der Lage zu sein, Gott in einer Person zu sehen — oder in der aufgehenden Sonne oder sogar in dem Hund. Das ist die wahre Bedeutung des *Dhikr*, des Mantrams „La illah illa 'llah hu" („Nichts existiert außer Gott"), welches die Bekräftigung der Einheit Gottes in allem ist; es ist das Glaubensbekenntnis der Sufis. Wenn Sie diese Ansicht übernehmen, können Sie nicht mehr den Rishi so ansehen, als wären Sie Sie und er er. Sie müssen in sein Wesen eintreten. Wenn alles ein einziges Wesen ist, dann existiert auch nur ein Bewußtsein, und einzutreten in das Bewußtsein eines Rishis oder Derwisch, ist nur der erste Schritt, und er führt zu einem weiteren Schritt: einzutreten in das Bewußtsein Gottes. Das ist die hohe Schule des Sufismus: sich beständig des göttlichen Bewußtseins bewußt zu bleiben.

Zwei Stufen auf dem Weg des Sufi sind *fana-fi-shaikh* und *fana-fi-Allah*. Auf der ersten ist der Schüler fähig, einzutreten in das Bewußtsein eines überragenden Menschen, den Shaikh oder spirituellen Führer. Doch dieser Mensch ist in Wahrheit nur ein Abbild der Ganzheit — des Einen Wesens, Allah, der sich uns auf diesem speziellen Weg nähert.

David Bohm, ein Londoner Physiker, experimentierte mit Tropfen von Tinte in Glyzerin. Sobald man sie zwischen zwei Zylinder rollt, verschwinden sie, werden unsichtbar. Bohm nennt es den impliziten Zustand. Rollt man sie dann zurück, erscheinen sie unvermittelt wieder, und zwar in genau der umgekehrten Anordnung als ursprünglich. Dies ist der explizite Zustand. Nach Bohm ist die gesamte physikalische Wirklichkeit so beschaffen. Was wir wahrnehmen, ist der Aspekt oder Zustand der Wirklichkeit, der in Erscheinung tritt, wie jene Tropfen — der explizite Zustand —, aber es gibt einen großen Bereich der Wirklichkeit, den wir normalerweise nicht wahrnehmen, der sich im impliziten Zustand befindet und sich so der Sinneswahrnehmung entzieht. Die linsenartige Natur unserer Sinne kann nur einen bestimmten Bruchteil oder eine bestimmte Perspektive der Wirklichkeit erfassen.

Dasselbe trifft auf unser Denken zu. Unser Verstand hat die Tendenz, sich im Kreis zu drehen, wenn wir über ein Problem nachdenken. Man mag sagen: „Gut, in Ordnung, ich werde das und das tun." Dann denkt man aufs neue nach und gelangt zu dem Schluß: „Nein. Das kann ich nicht tun." Noch später entschließt man sich vielleicht, zu seiner ersten Entscheidung zurückzukehren, um danach abermals seine Meinung zu ändern. Der Grund für das alles ist, daß der Verstand nicht fähig ist, das ganze Problem zu erfassen: Beginnt man darüber nachzudenken, schälen sich gewisse Aspekte heraus, über die man dann Klarheit gewinnt. Sie gelangen ins Blickfeld, wie ein Dia, das man in den Projektor schiebt und scharf einstellt. Solches kann man tun und anschließend denken, man sähe ein Objekt. Tatsächlich aber ist das, was die Leinwand zeigt, wenn das Bild unscharf eingestellt ist, viel reicher als das scharfe Bild. Durch die exakte Einstellung wird es begrenzt, doch es wird erkennbar, weil es dann der Struktur des Bewußtseins entspricht. Konzentrieren wir uns auf ein Problem, so sehen wir einen bestimmten Aspekt des Problems deutlich, doch andere Aspekte werden unscharf. Es erfordert viel Übung, alle Aspekte eines Problems gleichzeitig in eine große holistische Perspektive zu bringen.

Unser Bewußtsein verfügt über ein bestimmtes Fassungsvermögen, und es kann in diese oder jene Richtung konzentriert werden. Das Fassungsvermögen läßt sich erweitern, so daß man gleichzeitig sowohl den impliziten wie den expliziten Zustand erkennen kann. In all unseren bewußten Gedanken sind implizite Gedanken enthalten — Gedanken, die im Hintergrund bleiben und nicht sehr klar werden, während wir denken. Wenn Sie beispielsweise an eine Person denken, schließen Ihre Gedanken an diese Person viele Dinge ein, wie etwa Ihre Erinnerung an eine Begegnung, eine Unterhaltung mit ihr, ja selbst ihre Kleidung.

Man kann unzählige Dinge denken, und das meiste davon ist ziemlich unklar. Man kann seine Erinnerung bemühen: „War seine Nase lang oder kurz? Welche Augenfarbe hatte er?" Einzelne Aspekte lassen sich vergegenwärtigen, doch dabei verschwimmen andere Aspekte. Oder man versucht, sich den allgemeinen Eindruck vorzustellen, den die Person auf einen gemacht hat, aber einzelne Details lassen sich dann kaum noch erkennen. Ähnlich kann man einen Problemkreis im ganzen beobachten, wobei man seine einzelnen Aspekte kaum klar sehen kann; man erkennt nur, wie die Probleme miteinander zusammenhängen. Wichtig ist es also, die großen Beziehungen erkennen zu können *und* gleichzeitig die Details. Das allerdings verlangt ein erhebliches Fassungsvermögen.

Man kann sagen, daß wir in der Meditation daran arbeiten, das Fassungsvermögen unseres Bewußtseins zu erweitern, und daß es sich dabei um etwas handelt, das in irgendeiner Weise mit unserer Selbstwahrnehmung zusammenhängt. Wenn man denkt, daß man seine Persönlichkeit ist, so identifiziert man sich mit dem expliziten Zustand seines Wesens und klammert das große weite Feld der Realität aus, das man *ist*. Konsequenterweise wird das Bewußtsein eingeschränkt. Sobald man jedoch beginnt, sein göttliches Erbe zu erkennen — mit anderen Worten, sich selbst mit all den potentiellen Möglichkeiten seines Wesens zu identifizieren —, erweitert sich das Bewußtsein, und man beginnt, seine Probleme aus einer völlig anderen Perspektive zu betrachten. Die Essenz des Buddhismus findet sich in den folgenden Worten Buddhas: „Das Bewußtsein wird über den Punkt hinausgebracht, wo es ein persönliches Bewußtsein ist." Der tatsächliche Grund, warum wir von Buddha als vom *Tathagata* sprechen, ist, daß *tat* ‚das' oder ‚so' bedeutet; *Tathagata* bedeutet: ‚Er ist so geworden' — womit gemeint ist: unpersönlich und nicht mehr durch die Grenzen der Individualität eingeschränkt.

Die Ebene, auf der sich jene Bewußtseinserweiterung abspielt, von der wir bislang gesprochen haben, ist das, was ich die kosmische Dimension nenne. Diese ist es, die uns ein Gefühl von Weite gibt. Wenn Sie in Berührung kommen mit einem wirklich großen Menschen, dann haben Sie dieses Gefühl von Weite; ein großer Mensch wird umso kosmischer, je weniger persönlich er wird. Viele von uns leiden unter einem Gefühl von Enge, und sie brauchen die Erfahrung der Weite. Was uns in der Enge gefangenhält, ist unsere Annahme, ein Teil vom Ganzen zu sein. Für unseren logischen Verstand ist es überaus schwierig anzuerkennen, daß wir *sowohl* Teil *als auch* das Ganze sind.

Wenn man als Sufi ein Retreat macht, übt man den *Dhikr*, der in der Wiederholung von „La illaha illa 'llah hu" besteht. Würden Sie ein klassisches Sufi-Retreat machen, so könnte das bedeuten, vierzig Tage lang zu fasten und dieses Mantram von Morgens bis Nachts zu wiederholen; ich kann Ihnen versichern: Wenn Sie das tun, wird etwas mit Ihnen geschehen. Sie verlieren jedes Identitätsgefühl; Ihr Bewußtsein erfährt eine völlige Wandlung in einer, wie ich es nenne, transzendentalen Dimension. Soweit ich es erkenne, lassen sich deutlich zwei Dimensionen unserer Erfahrung unterscheiden: die kosmische Dimension und die transzendentale Dimension.

Sich selbst als die Totalität zu erfahren, ist die äußerste Grenze der kosmischen Dimension. In sehr elementarer Form machen wir als junge Menschen diese Erfahrung, wenn wir rücklings im Gras liegen und in den Himmel blicken, unser Körper eins wird mit der Natur und wir uns als Bestandteil des Weltalls fühlen. Wir verlieren das Gefühl unserer Identität und treten ein in das Bewußtsein der Totalität.

Die andere — die transzendentale — Dimension ist etwas völlig verschiedenes. In ihr erkennen wir plötzlich, daß wir *nicht* unser Körper sind, nicht unsere Persönlichkeit, nicht unser Verstand und so fort. Es ist eine ganz andere Art, die Dinge zu sehen, und beide Arten sind gleicherweise gültig. Aus eigener Erfahrung weiß ich, daß man bei der Wiederholung des *Dhikr*, dessen tiefere Bedeutung ist: „Das bin nicht ich, es gibt nur ein Wesen, und dies Wesen ist Gott" — vorausgesetzt, man verliert sich nicht in den Worten, sondern dringt tiefer und tiefer in ihre wahre Bedeutung —, sich wiederfinden kann, seinen Körper betrachtend und denkend: „Wie sonderbar! Es ist der Stoff dieses Planeten, Erde und Wasser, derselbe Stoff, aus dem die Sterne sind. Und diese Erde schied sich einmal von der Sonne, es ist das Material der Sonne. Und ich glaube, daß *ich* das bin, aber wie kann das überhaupt sein? Es ist die Substanz des Planeten." Und man gewinnt eine Vorstellung, was in der Programmierung des Universums vor sich gegangen sein mag, damit dieser wunderbare Körper erschaffen werden konnte.

Wenn man erkennt, wie der eigene Körper aus der Substanz des Planeten hervorgegangen ist, sieht man sich selbst vielleicht gleichsam als eine Welle, die aus dem Ozean auftaucht. Doch dann folgt die weitere Erkenntnis, daß es unzutreffend ist, zu sagen, der Körper sei aus dem Ozean aufgetaucht: Es ist der Ozean, der als dieser Körper aufgetaucht ist. Tatsächlich lehrt uns die Physik, daß, wenn eine Welle im Meer entsteht, sich das gesamte übrige Meer dem anpassen muß. Man kann somit sagen, daß das ganze physische Universum an der Entstehung dieses einen Körpers beteiligt ist. Genau diesen Punkt stellt Teilhard de Chardin sehr deutlich heraus, indem er sagte, daß der Mensch die Konvergenz des Universums sei — es braucht das ganze Universum, um diesen einen Körper zu erschaffen. Und wenn das ganze

Universum daran Teil hat, so kann man nicht mehr annehmen, daß der Körper nur ein Fragment des Universums ist. Man muß die Vorstellung überwinden, daß man selbst als Mensch ein eigenständiges Wesen ist. Das wirklich Außerordentliche daran ist, daß wir in der Lage sind, an der Welt teilzuhaben, *die wir selbst sind.*

Dasselbe Phänomen kann man erleben auf der Ebene des Bewußtseins, wenn man erkennt, daß das eigene Denken — oder was man dafür gehalten hat — tatsächlich das Denken des Universums ist, das sich in einer bestimmten Art präsentiert. Ein persönliches Denken existiert nicht; es ist das Universum, welches denkt. Man kann an einen Punkt gelangen, wo man in das Denken der Bäume eintritt, doch es gibt einen weiteren Zustand, und in diesem Zustand blickt man in das Denken, das ein Baum *geworden* ist — das Denken des Universums, das sich als Baum manifestiert hat.

Genau das meinen wir, wenn wir vom Eintritt in das Bewußtsein Gottes sprechen. Es ist ein einzigartiger Augenblick, wenn man in der Meditation schlagartig erkennt, daß man Zugang hat zum Denken Gottes, von welchem dieses physische Universum eine Art Projektion ist, die durch die Sinne erfahren wird.

Ganz analog geschieht dies auf einer weiteren Ebene: der Ebene der Persönlichkeit. Man erkennt, daß das, was man für seine Persönlichkeit gehalten hat, in Wahrheit ein Erbe ist von ungezählten Wesen und daß die Natur auf diesem Wege fortgeschritten ist, diese Persönlichkeit zu formen. Wie können wir behaupten, daß wir es sind? Man mag einwenden, gut, aber irgendeinen Einfluß muß ich doch darauf gehabt haben. Gewiß haben wir, ganz genauso wie wir Einfluß haben auf unseren Körper. Unser Körper mag das Produkt von Naturkräften sein, aber ist es nicht erstaunlich, daß *wir* diesen Klumpen Fleisch bewegen können? Den Baum können wir nicht bewegen. Zu diesem einen speziellen Klumpen Fleisch haben wir eine Beziehung, die wir zu den anderen Teilen des Universums nicht haben — allerdings ist die alleinige Tatsache, daß wir unseren Körper bewegen können, noch kein Beweis, daß wir unser Körper *sind.*

Sowohl in der buddhistischen wie in der Hindutradition — und insbesondere in der letzteren, von wo sie eigentlich herstammt, — gibt es die Vorstellung einer Dichotomie zwischen *prakriti* und *purusha* — zwischen dem Vergänglichen und dem Ewigen. In der transzendentalen Dimension der Meditation gewinnt man den paradoxen Gedanken, daß man nicht sein Körper ist, nicht sein Verstand, nicht seine Persönlichkeit, nichts von alledem, und man gelangt zu der Erkenntnis, daß man in Wirklichkeit ein Besucher aus dem Weltraum ist, der diesen Planeten vorübergehend bewohnt und sich dazu einen Körper aus der Substanz des Planeten geborgt hat, sich sogar eine Persönlichkeit geborgt hat. Wir sind mitnichten diese Persönlichkeit; sie ist, ebenso wie unser Körper, ein Fahrzeug, das uns zur Verfügung steht, damit wir die Bedingungen dieses Planeten erleben können — vielleicht sogar auf sie einwirken können —, doch selbst unsere Persönlichkeit ist eine Formation, und deshalb ist sie nicht das, was wir wirklich sind. Wir identifizieren uns auf dieser Ebene mit *purusha* — mit dem, was ewig ist, mit dem Geist.

Dennoch: Man mag zwar akzeptieren können, daß der eigene Körper von der Substanz der Erde geborgt ist, der Verstand vom Verstand der Erde, sogar, daß die eigene Persönlichkeit ererbt und erschaffen ist, doch man wird immer noch glauben, daß man ein Bewußtsein ist. Es war das Werk Buddhas, zu erkennen, daß selbst das Bewußtsein nicht ewig ist — selbst Bewußtsein dem Wandel unterworfen ist. Tatsächlich unterliegt das Bewußtsein dem Einfluß seiner Inhalte und ist von ihnen abhängig.

Man stelle sich eine Person vor, die in völliger Dunkelheit in einem schalltoten Raum sitzt. Sie kann nichts hören, hat keinerlei *input* durch irgendwelche Sinneswahrnehmungen. Sie befinde sich im Zustand des Samadhi, denke also an nichts Bestimmtes. Wäre diese Person dennoch bewußt? Bewußtsein benötigt etwas, dessen man sich bewußt sein kann. Was Bewußtsein war, würde sich als Intelligenz erweisen. Hazrat Inayat Khan sagt, daß Intelligenz Bewußtsein wird, wenn sie sich auf ein Objekt konzentriert. Gibt es ein solches Objekt, so existiert eine Teilung zwischen Bewußtsein und Objekt, doch ohne Objekt kehrt das Bewußtsein zurück in seinen Ursprung, die Intelligenz. Es ist die Erfahrung des Samadhi, die die Sufis *'al 'ama* nennen. Auf deutsch könnte man es den Zustand des Nicht-wissens nennen, oder den Nebel des Nicht-wissens; das Licht wird so intensiv, daß es als Dunkelheit erscheint, um die Worte Johannes' vom Kreuz zu gebrauchen. Ich bevorzuge eigentlich den Begriff ‚Verborgenheit' wegen des emotionalen Beiklanges von ‚Dunkelheit', der nichts mit dem Phänomen zu tun hat, um das es hier geht.

Die Hindus haben einen sehr schönen Vergleich zwischen Meditation und

Schlaf. Es gibt verschiedene Stufen des Schlafes, darunter die von Wissenschaftlern sogenannten Stadien des paradoxen und des orthodoxen Schlafes. Während des paradoxen Schlafes hat man Einbildungen und Träume, doch in den tieferen Schlafstadien kommen solche Einbildungen nicht mehr vor, auch kein REM (Augenbewegungen), wie sie mit dem Träumen verbunden sind. In diesem tieferen Stadium, dem orthodoxen Schlaf, gibt es ein Bewußtsein ohne Objekt. Wir alle haben diese Erfahrung im tiefen Schlaf — wenn man auch vielleicht das Wort ‚Erfahrung' nicht gebrauchen sollte, denn dieser Begriff setzt bereits die Existenz von Subjekt und Objekt voraus. Man könnte vielleicht sagen, daß man es im tiefen Schlaf *lebt*, wenn sich auch die meisten von uns nicht daran erinnern.

In Indien ist die Technik des *Nidra Yoga* bekannt, die tatsächlich darin besteht, die Kontinuität der Erinnerung während des Schlafes aufrechtzuerhalten. Stellen Sie sich vor, Sie befinden sich an der Schwelle des Träumens, oder des paradoxen Schlafes. Ihr Erinnerungsvermögen kann bestehen, Sie können sich sogar des Zimmers bewußt sein und der Geräusche auf der Straße, doch auch wenn Sie es nicht sind, erinnern Sie sich zumindest an die Szenerie der Welt, Ihre Lebenssituation und dergleichen; Sie sind sich durchaus im klaren über all das, doch gleichzeitig sind es nur vorbeiziehende Bilder in einem Zustand der Traumversunkenheit. Es gibt eine Art Überlagerung von Bewußtsein auf den meisten Ebenen, und so kann man diese Bilder kaum beeinflussen, jedenfalls nicht mit dem persönlichen Willen, denn um über die Schwelle des normalen Bewußtseins hinausgelangen zu können, müßte man das Bewußtsein seiner Individualität ablegen. Tut man es, hat man keinen individuellen Willen mehr und kein individuelles Bewußtsein, und deshalb kann man seine Träume nicht beeinflussen. Man mag sich der äußeren Welt bewußt sein und der Bilder, die auf dem inneren Bildschirm erscheinen, doch kann man nicht viel daran tun. Nichtsdestoweniger bringt die Tatsache, daß man sie klar erkennen kann, eine gewisse Ordnung in diese Bilder, was in der Tat erstaunlich ist. Und genau das ist Meditation: die Fähigkeit, den Verstand zu klären. Deshalb ziehen die Hindus eine Parallele zwischen dem Erlebnis des Schlafes und der Meditation.

Man kann sich sogar selbst Träume suggerieren, und in gewisser Weise wird die unbewußte Psyche diese Suggestionen des Bewußtseins übernehmen, so daß man selbst seine Träume erschafft: Ein klares Bewußtsein wird die Träume ordnen, die sonst chaotisch wären. Menschen, die verwirrt sind, scheinen sehr viele Träume zu benötigen, oder paradoxen Schlaf, um ihre durcheinandergeratenen Energien zu harmonisieren, während jemand mit einem klaren Kopf nicht viel paradoxen Schlaf braucht — er muß nicht so viel träumen. Jene Rishis, die den *Nidra Yoga* praktizieren, schlafen überhaupt nicht im Sinne eines völlig bewußtlosen Zustandes, wo man nur noch Träume hat. Sie haben ständig ein überaus klares Bewußtsein ihrer Erinnerung an die äußere Welt.

Der Schlüssel zu dieser Klarheit ist das Eingeständnis, daß man nicht das ist, was man zu sein glaubt. Im Traum scheinen wir eine vom Alltagszustand völlig verschiedene Persönlichkeit zu sein. Jemand, der sein Identitätsgefühl bereits überwunden hat, kann die Traumwelt akzeptieren, doch weist man sie als irreal zurück, so wird die Kontinuität des Bewußtseins zwangsläufig unterbrochen, sobald man in ihr Reich eintritt. Deshalb erinnern wir uns so wenig an unsere Träume. Wenn man akzeptieren kann, daß man nicht das ist, was man in seinem Tagesbewußtsein zu sein glaubt, dann ist man in der Lage, in die Traumwelt einzutreten und den schöpferischen Quellgrund aller Gedanken zu entdecken.

Die meisten unserer Gedanken sind Reaktionen anstatt Aktionen: Fortwährend sind wir mit den Eindrücken von außen beschäftigt. Nur sehr wenige Gedanken sind wirklich kreativ. Man könnte sagen, daß kreative Gedanken solche Gedanken sind, die zu uns herabkommen aus dem, was Hazrat Inayat Khan das ‚Lagerhaus allen Wissens' nennt, und in Träumen können sie herabkommen. Künstler und Musiker stehen in Kommunikation mit dieser Inspiration, die uns aus einer Art Traumwelt erreicht. Damit wird der Zugang zu dieser Traumwelt durchaus bedeutsam.

Der nächste Schritt ist, in den orthodoxen Schlaf zu gelangen, wo keine Bilder mehr existieren. Nehmen wir an, wir hätten einen sehr hohen Grad an Verständnis und Wissen erlangt, doch es ist nichts mehr da, das man beschreiben könnte — es ist wie die Bedeutung hinter der Bedeutung der Bedeutung. Es ist eine Art reflexiven Verstehens. Wie Teilhard de Chardin sagt: Ein Tier denkt, doch der Mensch weiß, daß er denkt — was eine höhere Ebene des Verstehens bedeutet. Ebenso ist Samadhi nicht Denken, sondern ein höherer Grad der Erkenntnis: zu erkennen, daß man erkennt.

Dies ist das Reich der Transzendenz. Hat man die Schwelle zu diesem

Reich überschritten, so kann man sehr klar sehen, daß man in der Perspektive seiner Individualität gefangen ist, die in der Tat nur *eine* Perspektive ist. Hier wird deutlich, daß, während alles Geschehen in Zeit und Raum sich zu ereignen scheint, es in Wahrheit nur eine Projektion ist: Die Wirklichkeit liegt jenseits alles dessen, was sich im Bereich der Existenz abspielt. Was man dort erlebt, liegt, wie Buddha sagt, jenseits der Existenz. Wenn man es einmal erlebt hat, wird man nicht mehr derselbe sein. Man hat hinter den Vorhang geschaut. Es ist das, was die Sufis Erwachen nennen.

Warum ändert man sich? Weil man von diesem Moment an nicht mehr genarrt werden kann. In Ihrer Beziehung zu Menschen etwa sehen Sie auf einmal sehr genau, wie Sie sich in deren Angelegenheiten haben fangen lassen und dadurch Ihre Freiheit verloren haben — nicht nur Ihre Handlungsfreiheit, sondern die Freiheit des Denkens und sogar die Freiheit der Erkenntnis. Die meisten von uns führen ein bürgerliches Leben — sind das, was man im Osten *householders* nennt, eher denn Sannyasins, die der Welt entsagt haben. Wir haben Verantwortlichkeit — unsere Familie, unseren Job und anderes. Wir können es uns nicht leisten, die ganze Zeit nur in Meditation zu verweilen. Wir sind beteiligt, und das bedeutet, daß wir unsere Freiheit aufgeben müssen — unsere Freiheit mit Freude aufgeben, um die Menschen zu befreien, indem wir uns an sie binden. Es ist eine enorme Herausforderung: Haben wir den Mut, Menschen zu befreien, indem wir unsere eigene Freiheit opfern und gleichzeitig eine Art von innerer Freiheit behalten?

Trotz der Tatsache, daß die meisten von uns mitten im Leben stehen, lebt in jedem von uns etwas von einem Asketen: Wir sind beides, der Eremit und der Ritter. Selbst Menschen, die einem sehr hohen spirituellen Ideal folgen, müssen beides sein. Wie Christus sagte: Seid in der Welt aber nicht von der Welt: in diesem Sinne sind wir Eremiten; und wir sind Ritter in dem Sinn, daß wir in der Welt handeln, um Veränderungen herbeizuführen. Das ist tatsächlich die Bedeutung von Handeln: etwas verändern, selbst wenn es nur in einer sehr materiellen Weise geschieht, etwa beim Bau eines Hauses. Das meiste Handeln bezieht sich allerdings weniger auf die Materie als auf Menschen. Die wichtigen Fragen sind: ,,Was mache ich mit den Menschen, was machen sie mit mir? Was bedeute ich den Menschen? Was bedeuten sie mir? Binde ich sie, zwinge ich ihnen meine Wünsche auf? Oder opfere ich ihnen gar meine Spiritualität? Kann ich meine Ideale hochhalten, oder bin ich gezwungen, Kompromisse zu schließen?"

Von dem Augenblick an, wo man sein Bewußtsein in das Bewußtsein aller Wesen hinein ausbreiten kann, wird man sie in einer Weise verstehen, wie man es vorher niemals gekonnt hätte. Wenn ich in die Herzen der Menschen blicke, sehe ich viel Leid. Menschen fühlen, daß sie von anderen schlecht behandelt wurden, wenn nicht vom Schicksal — was eine höfliche Art ist, ‚Gott' zu sagen —, doch man sagt lieber ‚Schicksal', weil man nicht so gerne denkt, Gott hätte einem etwas angetan. Das Gefühl, unfair behandelt worden zu sein, oder Groll gegen Menschen, lassen eine Art von Bitterkeit entstehen, und natürlich ein Urteil. Doch von dem Moment an, wo man in das göttliche Bewußtsein eintritt, erkennt man, daß jener Mensch, der unser Leben ruiniert hat, nur der Stock war, mit dem uns Gott geschlagen hat, oder angeschubst, oder uns aus unserer Selbstgefälligkeit aufgestört hat. Der Mensch war nur ein Instrument. Man beschuldigt ihn nicht mehr. Die Grundregel ist, daß man über ein Handeln urteilen mag, doch niemals über einen Menschen. Das wirklich Wichtige ist, zu verstehen, was es ist, das Gott uns durch das Handeln einer Person zeigen will. Was will Gott uns mitteilen? Hegen wir lediglich einen Groll gegen den Menschen, so lernen wir überhaupt nichts. Dinge geschehen nicht einfach zufällig. Vielleicht haben Sie zu lernen, diesem Menschen zu vergeben. Und es kann sein, daß er, sobald Sie ihm vergeben, aufhört, Sie zu ärgern — es kann auch sein, daß er Sie weiterhin ärgert. Doch wenn Sie tun, was immer Sie zu tun haben, sei es zu vergeben, sei es, mehr Selbstbeherrschung zu üben, oder was es auch sein mag: Das Interessante daran ist, selbst wenn sich die Situation nicht ändert, so macht sie Ihnen jedenfalls nichts mehr aus. Die Veränderung hat in Ihnen selbst stattgefunden. Sie erkennen, daß es so kommen mußte, damit die Veränderung in Ihnen geschehen konnte. Das ist der ganze Sinn des Programms: daß wir uns verbessern.

Wir wollen den Sinn des Lebens verstehen, und es ist eindeutig klar, daß wir ihn in unserer normalen Bewußtseinsverfassung nicht verstehen können. Nur in jenen Augenblicken, wo unser Verstand über seine Grenzen getragen wird, sind wir in der Lage, zu erkennen, welch außerordentliches Privileg es für uns ist, an der Ganzheit teilhaben zu können — nicht nur, daß unsere Gedanken Teil des göttlichen Denkens sind, sondern daß wir in unserem kleinen Bereich fähig sind, durch unser Handeln an der Evolution des Universums teilzunehmen. So eng dieser Bereich im einzelnen sein mag, wir alle tragen bei zu etwas sehr Wichtigem.

Wir leben in unruhigen Zeiten. Wir haben gesündigt gegen Mutter Erde, sie besudelt, sie entweiht, und es gibt Probleme, für die wir die Lösung nicht kennen — oder wenn wir sie kennen, so ist sie kaum zu verwirklichen. Wir besitzen nicht das Verständnis, das nötig wäre, die Situation auf diesem Planeten unter Kontrolle zu bekommen. Der einzige Weg, dieses Problem anzugehen, besteht darin, das Bewußtsein der heutigen Menschen anzuheben. Es gibt keinen anderen Weg. Unsere Bewußtseinsebene entspricht nicht dem Ausmaß des Problems, mit dem wir heute konfrontiert sind. Wir müssen einen völlig neuen Weg der Spiritualität finden, der dieser Zeit entspricht. Das ist die Bedeutung der Botschaft der Sufis. Es ist die Botschaft des neuen Zeitalters.

Kapitel 2

Der Wein der göttlichen Liebe

Es gibt nichts Seelentötenderes als den Zustand des *low-key*. Besonders unter den New-Age-Leuten gibt es ein Verlangen danach, *high* zu sein. Die Derwische gebrauchen das Wort ‚trunken'; Hazrat Inayat Khan nennt es ‚den Wein vom göttlichen Sakrament'. Das ist es, was Ekstase bedeutet: in die Höhe getragen zu werden von etwas Überwältigendem, etwas, das jenseits unserer selbst ist. Das ist die wichtigste Sache überhaupt, es ist das, was unser Leben verwandeln kann. Der Mensch lebt nicht vom Brot allein; er braucht auch den Wein. Mit kaltem Blut kann man nichts wirklich Bedeutendes erreichen, genauso wie man kein Eisen formen kann, bevor es nicht geschmolzen ist. Mit kaltem Blut kann man nicht einmal Erkenntnisse gewinnen. Emotion ist erforderlich, um verstehen zu können.

Wir müssen in der kosmischen Freude von Shiva tanzen können. Doch es hat den Anschein, als hätten wir uns von dieser Fähigkeit abgeschnitten und müßten uns in diesem unserem Leben mit recht billigen Ersatzbefriedigungen begnügen. Wir opfern die Freude um des Vergnügens willen, wir versuchen uns mit äußerst belanglosen Dingen zu unterhalten — mit Dingen, die in der Tat die Seele töten. Der wirkliche Durchbruch von Freude kommt nur, wenn wir bis in den Kern unseres Seins erregt sind — wenn wir erschüttert sind von der Begegnung mit dem wirklichen Sinn.

Freude ist ein Durchbruch von Freiheit: Du bist dann wirklich frei von deinem Ichbewußtsein, wenn du wirklich glücklich bist. Frei sein bedeutet natürlich nicht notwendigerweise, nicht gebunden zu sein an Beruf, Familie oder gesellschaftliche Gepflogenheiten. Die wahre Freiheit ist die Freiheit von unserem Ausgeliefertsein an unser niederes Selbst. Wir alle haben eine tiefe Sehnsucht nach wahrer Freiheit, welche in dem Moment da ist, wo das Bewußtsein allumfassend wird und wir uns als Teil des Universums fühlen. Wir haben darüberhinaus das Verlangen nach jener anderen Erfahrung, über alles Erschaffene hinauszugelangen in *parat param* — „jenseits des Jenseits' —, die höchste Form der Meditation.

Dennoch sollten wir nicht denken, daß es nur darum ginge. Es ist großartig, diesen Gipfel zu erreichen, doch die Forderung unserer Zeit besteht darin, Meditation im Alltagsleben zum Tragen zu bringen. Stellen Sie sich vor, Sie befänden sich in einem Zustand des Erwachtseins und der Erkenntnis und Erleuchtung und Freude inmitten des gewöhnlichsten Alltags! Das Wort ‚Erwachen' ist ein Schlüsselwort. Natürlich nur der, der erwacht, weiß, was Erwachen heißt; man kann nicht erkennen, daß man schläft. Die meisten Menschen erinnern sich nicht an das Bewußtsein, das sie während des Traumes hatten. Könnte man sich jedoch daran erinnern, während man in das Tagesbewußtsein zurückkehrt, so würde man erkennen, daß zu der Zeit, als man träumte, die äußere Welt wie ein Traum erschien und daß man währenddessen tatsächlich das Gefühl hatte, aus einem Traum erwacht zu sein.

Nun, genau darum geht es bei der Spiritualität: ums Erwachen. Stellen Sie sich vor, Sie wären hellwach unter lauter Schlafenden. Es kommt Ihnen in den Sinn, wie merkwürdig es ist, daß auch Sie einmal so geschlafen haben. Auch Sie haben gedacht, die Dinge wären so, wie sie Ihnen erschienen sind, und jetzt sehen Sie, daß alles ganz anders ist. Und jene anderen Menschen sind immer noch dort, wo Sie vorher waren — sie betrachten die Dinge immer noch aus der Perspektive eines Schlafenden. Jetzt, da Sie erwacht sind, können Sie *sehen*, daß die meisten Menschen um Sie herum schlafen. Es klingt recht überheblich, etwas derartiges zu sagen, und man sollte es wohl auch nicht sagen; doch sind Sie einmal erwacht, dann können Sie nicht mehr anders, als zu erkennen, daß tatsächlich irgendetwas mit Ihnen geschehen ist.

Es gibt natürlich viele Dimensionen des Erwachens. Man sieht zum Beispiel, warum Dinge so geschehen wie sie geschehen, und man gewinnt eine Vorstellung, wie sehr jemand unablässig mit seinem Verstand in einen endlosen, hoffnungslosen Kampf um Verstehen verstrickt sein kann, und das ist der Grund, warum die Menschen des Neuen Zeitalters genug haben von den Spitzfindigkeiten der Philosophen. Genau deshalb war dies der wertvollste Rat, den ich je empfangen habe, als ein Derwisch zu mir sagte: „Sprich nur, wenn du dir klar darüber bist, daß du nicht das sagen kannst, was du sagen willst. Wenn du denkst, du könntest es sagen, so schweige lieber." Die Sprache ist sehr unvollkommen. Viele Menschen sagen zum Beispiel ‚Er', wenn sie von Gott sprechen. In unserer Sprache bedeutet ‚Er' eine Person, die von uns verschieden ist. Dies ist der Grund, warum die Menschen den religiösen Phrasen so ablehnend gegenüberstehen — denn irgendwie laufen sie dem eigenen tiefen intuitiven Gefühl zuwider und bringen uns stattdessen in ein künstliches Gebilde gedanklicher Konzepte.

Wir leben in einer Welt von Vorstellungen, doch um erwachen zu können, müssen wir diese Vorstellungen überwinden. Wir müssen alles zerstören, was wir je gedacht haben, und uns im unmittelbaren Kontakt mit der Wirklichkeit wiederfinden. Anschließend wird man ein völlig neues Ordnungssystem aufbauen müssen, um diesen Erfahrungen gerecht werden zu können — das alte System funktioniert nicht mehr. Das meine ich mit ‚um den Verstand gebracht werden'. Es gibt im Verstand keinen Raum, um die Realität zu erfassen, denn sie präsentiert sich mit derartiger Wucht, daß es unsere Kapazität einfach übersteigt.

Genau das ist selbstverständlich der Sinn, wenn die Sufis sagen, daß unsere Augen verbrennen würden, wenn wir direkt in die Sonne blickten, und könnten Sie je die Wirklichkeit verstehen, es würde Ihren Verstand zerschmettern. Es geschah dem Heiligen Johannes vom Kreuz, als er durch die dunkle Nacht der Seele ging. Zuerst mußte er durch die Umnachtung des Verstandes: All die Dinge, an die er geglaubt hatte, waren auf Gedanken gegründet, und alle diese Gedanken waren zerschmettert. Und so war seinem gesamten Denken die Grundlage entzogen.

Stellen Sie sich vor, Sie könnten Ihren Verstand nicht mehr zum Denken gebrauchen, weil er zu unvollkommen ist, als daß er Ihren Zwecken noch dienen könnte. Genau das passiert, und es ist das Einzige, das uns wirklich helfen kann, wegzukommen von all jenen Dingen, die uns durch ihre Macht gefangenhalten. Von all dem Zeug in unserem Kopf, das wir im Laufe der Jahre empfangen und hingenommen haben, werden wir nicht nur konditioniert, sondern buchstäblich tyrannisiert — und dagegen rebellieren wir.

Doch irgendwie kommt dann doch jener Augenblick, wo plötzlich eine Kommunikation des Lebens mit dem Leben stattfindet anstatt mit Worten oder Konzepten. Leben erweckt Leben, wohin immer es gelangt, Liebe erweckt Liebe, Freude erweckt Freude. Dies sind äußerst reale Dinge: jene Augenblicke, wo die Zeit stillsteht und man fühlt, daß man mit einem Menschen spricht, jenseits von Zeit und Raum. Plötzlich blickt man in die Seele des Menschen; es ist, als hätte ein Vorhang sich gehoben und man ist für einen Augenblick völlig außer sich: Man gelangt in eine echte, tiefe Kommunikation mit jenem Menschen und erkennt sich selbst als Teil einer größeren Person. Es ist der Moment, wo man diese größere Person wirklich erkennt, anstatt nur Vorstellungen von Gott zu haben.

Man kann gut verstehen, warum Menschen sich gegen Gottesvorstellungen auflehnen, denn es geht eine Eiseskälte von ihnen aus. In der Tat sagt Hazrat Inayat Khan, daß es die Vorstellungen sind, die der Mensch sich von Gott gemacht hat, die für viele dem wahren Glauben im Weg stehen, denn mit ihnen hat der Mensch eine Barriere geschaffen zwischen sich und Gott, indem er von Ihm als von sich selbst verschieden denkt. Wir müssen völlig umdenken; vielleicht sollten wir das Wort ‚Wir' gebrauchen, wenn wir von Gott sprechen, anstatt ‚Er'. Und in das ‚Wir' müssen wir nicht nur uns Menschen einschließen, sondern auch alle Tiere und alle Engel, Feen und die Erzengel, die Atome und Planeten, alles. Es ist natürlich die lebendige Erfahrung, die alles Denken beeinflußt. Wann immer ein Wissenschaftler auf ein neues Phänomen stößt, das nicht in die bisherigen Theorien paßt, muß er eine neue Theorie formulieren. Genau das tat Einstein und löste damit den enormen Durchbruch in der modernen Naturwissenschaft aus. Einstein weigerte sich, Dinge, die man ihm erzählte, einfach so hinzunehmen und gewann damit die Freiheit, sie aus einer anderen Perspektive zu betrachten.

Ganz ähnlich sollten wir uns geistigen Problemen aus einer neuen Richtung nähern. Der klassische Weg der Befreiung besteht darin, sich von seinem persönlichen Standpunkt zu befreien und von den Lebensumständen, die uns binden und damit begrenzen. Es ist der Weg der Sannyasins und Rishis. Doch dann mag man zu der Überlegung kommen, ob es nicht in Wirklichkeit der allergrößte Egoismus ist, frei sein zu wollen, während alle Anderen in allen möglichen Situationen verstrickt sind. Kann das der Sinn des Lebens sein? Sind wir nicht auf diese Erde gekommen, um das Leben zu leben, tief und vollständig? Und man versteht das Wort des Sufi-Dichters Attar: „Entsage den Gütern dieser Welt, entsage deinem höchsten Ideal, und zuletzt entsage der Entsagung".

Es sind wahrhaft paradoxe Herausforderungen, und wir begegnen ihnen ständig auf unserem Weg: Es ist eine neue Vision der Spiritualität. Wir pochen an die Tür des Rishis und des Derwisches und fragen nach einer Lösung für die Probleme unseres Lebens, und das erste, was sie sagen, ist: „Verlasse alles, werde Einsiedler und du wirst sehen". Doch jetzt verläßt der Derwisch seine Höhle oder sein Loch in der Wand und kommt nach New York.

Um voranschreiten zu können, müssen wir dessen entsagen, was uns vorher wertvoll war, sonst treten wir auf der Stelle. Dies ist das Geheimnis, die Macht der Rishis zu erlangen. Nicht zu essen, wenn man hungrig ist, nicht zu schlafen, wenn man müde ist; und wenn man friert, so bleibt man einfach meditierend im Schnee sitzen, wie ich es bei einigen von ihnen gesehen habe. Sie gewinnen dadurch eine enorme Stärke: Jemand kann Ihnen ins Gesicht speien, und Sie küssen seine Füße. Und wenn alles um Sie herum zusammenbricht, tanzen Sie vor Freude.

Es gibt keine größere Macht als diese: an einen Punkt zu gelangen, wo einen nichts mehr berühren kann, denn man ist frei. Und um an diesen Punkt zu gelangen, muß man sich nicht in eine Höhle zurückziehen. Im Gegenteil: Es im täglichen Leben zu vollbringen, ist eine ungleich größere Herausforderung. Entsagung in diesem Sinne bedeutet keineswegs, nicht zu lieben; sie bedeutet, zu lieben, ohne eine Antwort zu erwarten.

Es ist nicht verwunderlich, daß die meisten Menschen mit dem modernen Leben unzufrieden sind. Sie spüren, daß sie gefangen sind in einem System, das sie betrogen hat. Menschen etwa, die in einem Schreibbüro arbeiten, erkennen vielleicht, daß es dank ihrer Arbeit ist, daß sich ihr Chef seine Villa an der Côte d'Azur leisten kann. Und es gibt einen Punkt, wo die Menschen erkennen, daß der ständige Kampf eines Jeden gegen jeden um die begehrten Stellen die Seele tötet, und viele von uns können da nicht mehr mitmachen, denn wir erkennen langsam, daß es nicht das ist, wonach wir suchen. Und wir erkennen darüberhinaus die ungeheure Ausbeutung, die von den großen Konzernen betrieben wird, etwa von denen, die in der Lebensmittelbranche tätig sind, und die uns inzwischen bereits so weit von allem Natürlichen entfremdet haben, daß eine biologisch gewachsene Kartoffel zu einem seltenen und kostspieligen Luxus geworden ist.

Geistiges Leben in diesem Neuen Zeitalter ist somit nicht mehr nur die Aufgabe, spirituelle Erkenntnisse im Alltag anzuwenden, sondern eine wirkliche *Veränderung* des ganzen Lebens mit Hilfe der Erkenntnisse, die wir auf dem spirituellen Weg gewinnen. Wir fangen an, hinter unseren Handlungen eine Führung zu ahnen. Und zuletzt entdecken wir, daß alles im Leben vorprogrammiert ist — und darüberhinaus, daß diese Programmierung nicht das Produkt der Vergangenheit ist. Sie ist immer spontan. Was wir für Gesetze halten, sind nichts als die versteinerten Fossilien der göttlichen Freiheit. Gesetz ist Vergangenheit, doch die Zukunft ist frei. Freiheit besteht allein in der Erkenntnis, daß wir frei *sind*. Die ganze Zeit, als Sie dachten, Sie wären nicht frei, waren Sie in Wirklichkeit frei — Sie haben es nur nicht gewußt. Und weil Sie es nicht wußten, waren Sie es auch nicht. Es ist nur eine Sache der Erkenntnis.

Wir könnten eine herrliche Welt aufbauen, und wir alle könnten herrliche Menschen werden — und, was mehr ist, wir sollten es. Und wir werden es.

Kapitel 3

Der Ruf des Derwisch

Nehmen wir an, in einer Unterhaltung mit ein paar Freunden hören Sie etwas über die Sufis. „Das klingt toll", denken Sie bei sich, „ich möchte mehr hören über diese Sufis". Man antwortet Ihnen: „Der typische Sufi ist der Derwisch, ein Mensch mit einem gewaltigen Einfluß auf dein Wesen, jemand, der dich aufwecken will". „Was heißt das, aufwecken?" „Wenn du es wissen willst, geh' los und versuche, einen Derwisch zu finden."

„Aber wie findet man einen Derwisch?" „Geh' einmal nach Indien, nach Ajmer — ins Zentrum von Mu'in ud-din Chishti!" Sie betrachten die Landkarte, dann Ihr Bankkonto; ein paar Tage Urlaub haben Sie auch noch, also buchen Sie einen Flug nach Delhi. Natürlich bekommen Sie dort erst einmal einen ziemlichen Schock — nennen wir es einen Kulturschock — ganz abgesehen vom Tempo der Taxifahrt und dergleichen. „Nur weg von hier und nach Ajmer!" denken Sie. Sie nehmen einen Nachtzug und werden am nächsten Morgen begrüßt von all den *khadims* — den Wächtern am Grab von Mu'in ud-din Chishti: „Wollen Sie zur *dargah* von Khawaja Mu'in ud-din Chishti?" „Oh ja." „Gut, kommen Sie mit mir." Und ein Anderer: „Nein, nein, nein, gehen Sie nicht mit ihm, kommen Sie mit mir!" Der Eine zieht Sie schon in eine Richtung, der Andere hat Ihr Gepäck, dann kommt noch jemand mit einem Pferdefuhrwerk und schreit: „Nein, nehmen Sie mein Taxi!" Wo um Himmelswillen bin ich da hineingeraten! denken Sie. Endlich wählen Sie einen der *khadims*, vermutlich den aufdringlichsten.

Sie landen in etwas, das einst ein kleines Schloß gewesen sein mag, doch inzwischen eine verkommene Ruine ist. Es dämmert Ihnen, daß Sie hier wohl oder übel werden bleiben müssen. Jedenfalls fragen Sie: „Können Sie mich zur *dargah* bringen?" Aber natürlich, morgen können wir hingehen." Sie haben den ganzen Tag vor sich. „Wieso denn nicht jetzt?" „Erst ausruhen, erst ausruhen. Ich bringe Ihnen einen Tee." So sitzen Sie denn da. Endlich beschließen Sie, Ihren Schlafsack auszubreiten, versuchen, ein Stück Boden einigermaßen von Staub und Kakerlaken und anderem Getier sauberzufegen, und legen sich zuletzt schlafen.

Mitten in der Nacht klopft es an der Tür. Sie hören eine seltsame Stimme. Ziemlich verängstigt ziehen Sie sich den Schlafsack über den Kopf. Plötzlich erzittert die ganze Tür. Es läuft Ihnen kalt den Rücken herunter. Endlich hören Sie, wie sich die Stimme allmählich entfernt und sind etwas erleichtert. Doch dann fällt Ihnen schlagartig ein, daß genau das jener Derwisch hätte sein können, den Sie suchen. „Zu spät. Ich bin den ganzen Weg hierhergekommen und ich habe es verpaßt. Aber vielleicht war es gar kein Derwisch — wie soll ich das herausfinden?"

Am nächsten Morgen kommt der *khadim* mit einer Tasse Tee. Sie erzählen ihm die Geschichte, und er antwortet: „Ach ja, das ist der Derwisch. Er kommt, um die Leute morgens um drei Uhr zu wecken." „Zu dumm, ich habe ihn verpaßt. Also, können wir heute zur *dargah* gehen?" „Aber ja, ich bringe Sie hin." Gegen Elf sind Sie bei der *dargah* — kein Derwisch weit und breit." „Zu schade, daß ich die Gelegenheit verpaßt habe", denken Sie.

Nächste Nacht gehen Sie wieder schlafen, und um drei Uhr ist wieder der unvermeidliche Lärm an der Tür. „Diesmal stehe ich auf!" beschließen Sie. Bis Sie angezogen sind, ist er schon verschwunden. Sie folgen ihm durch die dunklen Straßen, versuchen, den Weg zur *dargah* zu erinnern und sich die kläffenden Hunde soweit vom Leib zu halten, daß Sie nicht gebissen werden. Endlich erreichen Sie die *dargah* — und sitzen da in einer Art von Verzauberung. Es herrscht eine unglaubliche Stimmung. Einige Menschen bewegen sich im Schlaf, in der Moschee betet jemand, von irgendwoher kommt Gesang. Eine unglaubliche Stimmung, und Sie sitzen einfach da und sind glücklich.

Dann spüren Sie hinter sich eine Gegenwart, und Sie hören dieselbe Stimme, die Sie schon durch die Tür vernommen haben. Ein sehr seltsames Gefühl bemächtigt sich Ihrer, Sie wagen sich nicht umzudrehen. Doch dann steht das Wesen plötzlich vor Ihnen, und Sie trauen Ihren Augen nicht. Bekleidet ist er mit einer alten Matratze. An jedem Finger trägt er etwa zehn Ringe. Der ganze Anblick spottet jeder Beschreibung. Seine Augen sind wie Feuer, er blickt Sie an und sagt: „Du da!" Sie sind völlig perplex, können kein Wort herausbringen. Bis Sie überhaupt begriffen haben, was passiert ist, ist er schon wieder weg. Sie versuchen, sich von dem Schock zu erholen und ihm zu folgen, aber er ist schon in der Menge verschwunden. Dann endlich dämmert Ihnen, daß dies der Moment gewesen ist, für den Sie nach Indien gereist sind, jener Moment, als er sagte: „Du da!" Was hat er in diesem Augenblick gemacht? Irgendwie hat er Sie aufgeweckt, und von da an sind Sie nicht mehr derselbe wie früher. Das ist der Derwisch: er weckt Sie auf.

Das alles ist Teil einer Begegnung mit etwas derartig Machtvollem, daß es Ihr Wesen verwandelt, Ihr Selbstbild erschüttert, Sie aus der Fassung bringt. ‚Aus der Fassung bringen' ist ein Schlüsselwort: man kann es nicht fassen — kommt nicht dahinter. Und es ist eine solche Herausforderung für Ihr Denken, daß es eine unauslöschliche Spur hinterläßt; Sie können danach nicht mehr derselbe sein. Sie spüren, daß Sie aufgewacht sind, und Sie denken: „Wie konnte es passieren, daß ich mich so habe fangen lassen in all dem Alltagskram?" Es ist eine Erweckung aus Ihrem bisherigen Bewußtseinszustand.

Worin besteht die Macht des Derwisch? Was ist die eigentliche Macht des Sufismus? Es ist die Macht der Ekstase. Der Grund für den ungeheuren Eindruck, den der Derwisch hinterläßt, ist, daß er trunken ist von etwas, das jede Vorstellung übersteigt. Irgendwie sind wir alle berauscht, aber es gibt verschiedene Arten des Weines. Manche Menschen mögen *vin ordinaire*, andere Chateauneuf du pape, noch andere ziehen Champagner vor. Als Kind haben Sie sich an Ihren Spielsachen berauscht. Sie konnten nicht schlafen ohne Ihre Puppe oder Ihren Teddybären. Als Sie größer wurden, haben Sie diese Art Rausch aufgegeben und sich anderen Formen zugewandt, wie der Liebe, der Musik oder dem Studium interessanter Wissensgebiete. Es gibt viele Arten des Rausches, denen sich Menschen hingeben: Fußball, Briefmarkensammeln, Skifahren, Drachenfliegen — tatsächlich ist das ganze Leben ein Rausch. Wir leben nicht vom Brot allein, wir brauchen Wein — etwas, das uns wirklich wertvoll ist, das uns wirklich *antörnt*, das uns Pfeffer gibt und unsere ganze Energie elektrisiert. Das Schlimmste, das uns passieren kann, ist *low-key* zu sein — wenn es nichts gibt, das uns Spaß macht. Ekstase wird immer erlebt, wenn man über sich hinausgehoben wird, sei es Fußball, Rock'n Roll, Fallschirmspringen, Bergsteigen oder was auch immer — es hebt Sie über sich hinaus, eine Erfahrung, die Ihre Selbstwahrnehmung erschüttert; vielleicht ist es eine Herausforderung an Ihren Mut; vielleicht ist es ein Gefühl, Teil zu sein von der ganzen Natur. Alles, das Sie sich als Teil empfinden läßt von etwas, das größer ist als Sie — das ist Ekstase.

Es gibt verschiedene Situationen, die Sie dahin bringen können. Etwa, einen Sonnenaufgang in den Bergen zu beobachten, das Lächeln eines Kindes, oder die Erfahrung, wenn jemand Sie um Vergebung bittet, oder Sie jemanden um Vergebung bitten: All das sind Dinge, die Ihnen Ekstase bringen. Sie sind bewegt bis in die Tiefen Ihres Wesens; Sie sind verwandelt von dieser Erfahrung. Vielleicht geschieht es durch eine Begegnung mit einem wundervollen Menschen oder durch die Entdeckung Ihrer selbst in einem Anderen oder durch die Entdeckung der Gegenwart Gottes. Es bedeutet, einen Sinn zu sehen, wo man vorher keinen gesehen hat, ähnlich wie jenes Kind, das auf ein Suchbild blickt: „Siehst du die kleine Elfe dort in dem Baum?" „Nein, ich kann sie nicht sehen." „Sieh nochmal hin!" „Ja — jetzt kann ich sie sehen!" Eureka! Das ist der Moment der Ekstase: Sie sehen etwas, das Sie vorher nicht sehen konnten.

Es gibt andere Formen der Ekstase, die Hazrat Inayat Khan beschreibt. Zum Beispiel: Man sieht die Ursache hinter einer Situation; erkennt, daß der eigene Geist der Geist Gottes ist und daß das eigene Verstehen etwas ist, daß dem Einen Wesen widerfährt. Oder man erkennt sich selbst in jener Macht, die das Universum bewegt. Oder, wenn er davon spricht, daß man „den Zustand der Sphären erleben kann". Was kann das bedeuten? Es bedeutet, die Macht des Lebens auf diesem Planeten zu spüren und selbst jenseits davon im All, wenn man die Sterne betrachtet. Es ist die Entdeckung des Lebens hinter der Szenerie des Lebens, des Denkens hinter der Szene — die göttliche Emotion hinter allem, was im Universum geschieht. Die größte Ekstase ist es, die göttliche Emotion zu entdecken, zum Beispiel die Emotion von Johann Sebastian Bach zu erleben, als er seine Toccatas und Fugen schrieb. Sie genießen das Hören der Musik, doch haben Sie eine Vorstellung, was er empfand, als er sie schrieb? Das ist das Teilnehmen an der göttlichen Emotion.

Das sind Dinge von solcher Gewalt, daß jemand, der sie erlebt hat, hinterher verwandelt ist. Es ist der Weg des Sufi: der Weg der Ekstase. Es bedeutet, emporgetragen zu werden über seine Emotionen hinaus in eine kosmische Emotion, eine göttliche Emotion. Es ist genau das Gegenteil von *low-key*. Nichts Größeres kann Ihnen passieren, als von der Begeisterung eines Menschen mitgerissen zu werden. Begeisterung ist ansteckend, und sie ist das größte Geschenk. Was können Sie einem Menschen mehr geben, als ihn zu begeistern? Es ist eine Hostie — eine heilige Hostie, die ihm gegeben wird. Ich erinnere mich, wie ich einmal erfahren habe, daß die H-Moll-Messe von Bach in einer Kirche in Paris gespielt wurde; wie üblich hatte ich einen Vortrag zu halten, doch ich habe versucht, den Schluß noch mitzubekommen. Ich kam zu spät. Doch es war unglaublich, allein die Menschen zu sehen, als sie herauskamen und in Richtung Metro gingen: Man konnte sehen, daß sie alle noch von der Ekstase gefangen waren, die sie erlebt hatten.

Man darf Ekstase nicht mit Freude verwechseln, auch wenn eine große Ähnlichkeit besteht. Sie ist etwas anderes; in ihr ist zugleich Freude und Schmerz. Es ist jene Freude, die aus einem gebrochenen Herzen aufsteigt. Man muß das Leid kennen, um Freude zu kennen; und mehr noch, man muß fähig sein, Leid zu erleben, während man Freude erlebt. Sonst wird die Erfahrung unwirklich. Sich der Dinge nur zu freuen, ist unvollständig. Erst die Verbindung von Freude und Leid schafft Ekstase. Darum gebraucht der Sufi die Worte *fana* und *baqa* — auf der einen Seite Vernichtung, auf der anderen die Neuerschaffung im göttlichen Bewußtsein. Sie nennen es Existenz. Es ist jene Geschichte von dem Priester, der im Konzentrationslager gefoltert wird und dabei eine größere Ekstase erlebt, als er sie jemals erlebte, während er die Messe zelebrierte. Es ist Christus unter den Römern.

Tatsächlich spricht Hazrat Inayat Khan von der Ekstase als von der Erfahrung der Leiden Gottes an der Begrenzung, innerhalb derer Er auf dieser Erde wirken muß. Es ist der Moment, wo man in der Berührung durch die Umstände gefangen ist und dennoch nicht das Gefühl der göttlichen Vollkommenheit verliert. Man kann seinen Kopf hoch tragen, während man gedemütigt wird, zum Beispiel: Man erlebt die göttliche Vollkommenheit inmitten der Begrenzungen, anstatt sich mit seiner Persönlichkeit zu identifizieren. Das ist viel; ja, ich würde sogar sagen, daß das einzige, das uns helfen kann, Schmerz zu ertragen, ist, ihn als die Kreuzigung Gottes zu erfahren, an der man teilnimmt.

Hazrat Inayat Khan sagt: „Jene, denen Er die Freiheit zu handeln gibt, werden auf der Erde gekreuzigt; und jene, die frei sind, nach ihrem eigenen Willen zu handeln, werden im Himmel gekreuzigt werden." Es ist paradox, ebenso wie seine Worte, daß „Göttlichkeit die menschliche Vollkommenheit ist und Menschlichkeit die göttliche Begrenzung." Es ist immmer paradox: Glaubt man zu verstehen, so versteht man nicht. Deshalb heißt es, daß der Sufi zerstört ist in seinem Körper, um seinen Verstand gekommen, sein Herz gebrochen ist — deshalb ist er so voller Freude; und seine Seele ist verwüstet, und deshalb hat er ein solches Selbstvertrauen; er wird reiner Geist. Das ist Ekstase. Christus muß eine unfaßbare Ekstase erlebt haben am Kreuz, so wie er in jener Statue erscheint, die ihn auf dem Kreuz tanzend zeigt. Dies ist die wahre Bedeutung: Der Sieg des Geistes über die Trübsal des menschlichen Lebens ist Ekstase. Es ist das Gegenteil davon, im Leben Erfolg zu haben und darüber seine Seele zu verlieren, wie Christus sagte.

Wenn alles gut geht und Sie feiern, weil Sie der Präsident Ihres Vereins geworden sind, oder was auch immer: Es ist das Schlimmste, das Ihnen passieren kann. Doch zu frohlocken, während alles um Sie herum zusammenbricht, ist das Größte, das Ihnen passieren kann. Es ist der Sieg inmitten der Katastrophe. Und so ist der Sufi: Er sieht, wie alles zusammenbricht und ist dabei voller Freude. Einmal kam eine Dame zu mir und sagte: „Alles ist für mich zusammengebrochen". Ich war in einer launigen Stimmung, und so gab ich zurück: „Etwas besseres konnte Ihnen gar nicht passieren". Sie war wirklich beleidigt. Ich hatte es nicht als Beleidigung gemeint; ich fühlte, daß es ausreichen müßte, jemandem Lebensmut zu geben, hoffentlich. Es ist das, was Hazrat Inayat Khan die Niederlage nennt, die sich als Sieg erweist und den Sieg, der sich als Niederlage erweist.

So kommt die Ekstase des Sufi — die Trunkenheit des Sufi — von seinem besonderen Wein. Der große Sufi-Dichter Hafiz sagte: „Wenn jene Frommen in ihren langen Roben mein Lied hören, so werden sie unverweilt aufstehen und tanzen . . . Vergebt mir, ihr Frommen, ich bin jetzt betrunken!" Der Derwisch sagt: „Wenn ich nicht einmal tanzen kann, was kann ich dann überhaupt?" Im Zustand der Trunkenheit haben wir teil am Tanz von Shiva — und der höchste Rausch, merkwürdig genug, ist die Nüchernheit. Es ist der Frieden anstatt Freude. Können Sie sich vorstellen, von Frieden trunken zu sein? Der Zustand des Buddha, beispielsweise, ist höchste Emotion. Er sagte, sie sei wie ein Schwert, das die Luft durchschneidet, und so mächtig, daß nichts sie anrühren kann. Frieden ist die größte Macht, die es gibt.

Er ist ein Zustand, wo man alles überwunden hat. Er hat seine eigene Qualität des Denkens: Man erkennt, daß alles genau so ist, wie es sein soll. Es ist etwas Besonderes, denn normalerweise sieht man alle Grausamkeit und all die Katastrophen in der Welt; man kann nicht einfach sagen, daß das alles in Ordnung ist. Doch diesen Ausblick zu gewinnen, den man auf einer gewissen Ebene der Erkenntnis gewinnt, daß alles so ist, wie es sein muß: Das ist etwas außergewöhnliches. Man beginnt zu verstehen. Und dieses Verstehen ist es, das hinter den Worten von Christus wie Buddha steht, als sie am Ende ihres Lebens sagten: Es ist vollbracht. Was getan werden mußte, ist getan.

Dieses Verstehen gibt uns den Ansporn, voranzuschreiten. Man spürt: Es gibt dies zu tun, jenes zu tun, doch hätte man nicht den Ansporn, man würde nichts tun. Hat man ihn, so deshalb, weil man den göttlichen Willlen hinter sich hat — ein Gefühl von Erfüllung, wie ein weiterer Horizont, noch verborgen hinter dem jetzigen. Wir neigen ständig zu der Vorstellung, daß der Sinn am Ende liegt, wie der Horizont, dem man entgegensieht. Sehr schwer ist es, zu verstehen, daß der Sinn bereits erfüllt ist. Die Erfüllung ist jenseits der Zeit. Das ist schwer zu verstehen, denn wir denken in Begriffen der Zeit, doch tatsächlich ist die Erfüllung des göttlichen Planes bereits da, doch jenseits der Zeit — in der Unendlichkeit der Zeit in der Zukunft.

Es ist diese Perspektive, die uns Frieden gibt. Ohne sie ist unser Beweggrund Sehnsucht — die ständige Sehnsucht nach dem, was nicht ist. Es ist schwer zu verstehen, daß in Gott Sehnsucht ist als das Motiv hinter allem, was im Lauf der Evolution geschieht, und zur selben Zeit die Zufriedenheit zu wissen, daß alles gut ist, denn es ist schon vollbracht. Es ist die Vorstellung von Gott als statisch und dynamisch zugleich, und sie ist schwer zu verstehen. Aber das ist der Grund, warum es Augenblicke gibt, wo man jenen unfaßbaren Rausch erlebt — wenn man die innere Freiheit fühlt und von allem losgelöst ist. Nichts kann dich mehr berühren, nichts dich verletzen, du bist frei von dir selbst. Das ist der Moment der Nüchternheit: Es gibt kein Streben mehr, keine Sehnsucht, keine Unterschiede mehr. Das ist es, was *moksha* genannt wird — Befreiung —, und das ist das Ziel des Buddhismus. Unser Leben verläuft in Zyklen: Es gibt Zeiten, wo wir einem bestimmten Punkt zustreben, und es gibt Momente, wo wir den Zustand des *kemal* erreicht haben, den Zustand, wo alles, so wie es ist, vollkommen ist.

Zuletzt wollen wir noch unterscheiden zwischen Euphorie und Ekstase. Vielen Menschen gelingt diese Unterscheidung nicht. Euphorie ist eine Art berauschender Erregung, wie etwa, wenn man als Zuschauer auf dem Fußballplatz in Erregung kommt: Das ist Euphorie, nicht Ekstase. Man könnte Euphorie die niedrigste Form der Ekstase nennen. Ihre höchste ist die Nüchternheit. Zwischen diesen beiden gibt es unzählige Ebenen; Ebenso wie jeder Mensch in seinem Leben auf dem Platz steht, der seinem Erkenntnisgrad entspricht, so lebt jeder Mensch in Übereinstimmung mit der Art von Wein, die er liebt, mit der Qualität von Ekstase, nach der ihn wirklich verlangt. Es gibt Menschen auf der Suche nach durchaus vulgärer Ekstase. Andere suchen feine und sublime Formen der Ekstase; es ist Sache der Entwicklung. Man kann einen Menschen nicht ändern; mit der Zeit wird er sich selbst ändern. Die Leute verändern sich mit dem, was ihnen wertvoll ist, und man erkennt es an ihrem Benehmen, ihrer Art sich zu kleiden und zu sprechen, daran wie sie sich bewegen, wie sie sitzen, welche Musik sie schätzen, wo und wie sie wohnen möchten. An all diesen Dingen kann man sehen, wie einer wirklich ist. Es gibt Zeiten, wo jemand Kitsch und Künstlichkeit liebt; es gibt Zeiten, wo er nur wirklich Echtes ertragen kann. Es gibt die Zeit, wo er den Schnee und das Eis braucht, wo er nicht einmal mehr die üppigen Blumen und Früchte ertragen kann, wo er die Einfachheit des Asketen braucht. Das gleiche gilt für die Musik: manchmal verlangt einen nach strenger, einfacher Musik, zu anderen Zeiten liebt man Opern. Es ist alles eine Sache der Einstimmung.

Eine Meditation über Ekstase

Dem Einen entgegen: Heben Sie Ihre Seele so hoch Sie nur können; weiten Sie Ihr Bewußtsein aus, bis es das gesamte Universum umfaßt, in die Arme schließt. Machen Sie Ihr Herz zu einem Ozean der Liebe, so daß es alle Wesen einschließt in seiner Weite, seiner Tiefe und seinem allumfassenden Umkreis. Strecken Sie die Wurzeln Ihres Wesens aus bis hin in den Urgrund des Universums. Schütteln Sie alle Fesseln ab, die Ihre Freiheit verstümmeln — die Freiheit der Gedanken, die Freiheit des Verstehens — damit Sie erwachen können zu kosmischem Bewußtsein. Lassen Sie Ihr Herz emporheben von Ihrer Intuition und Ihrer göttlichen Schönheit, die begraben und gefangen liegen unter Lüge und Illusion der Alltagswelt. Erwecken Sie die Erinnerung an das, was Sie waren vom Anfang der Zeit — und was Sie sind und ewig sein werden — und beobachten Sie den Vormarsch des Werdens, das sich zu Ihren Füßen entfaltet, während Sie losgelöst bleiben, unbeweglich in der Ewigkeit, unberührt von Aufruhr und dem Chaos der Gefühle. Ergreifen Sie die Schwingen von Unabhängigkeit und Losgelöstsein: Auf diesen Schwingen können Sie zum Flug ansetzen. Sie sind der Weg zur Freiheit. Sie öffnen den Zugang zu Ebenen jenseits Ihres normalen geistigen Fassungsvermögens, so daß Sie Ihren Körper zurücklassen können und ihn sich selbst überlassen. Lassen Sie Ihr Körperbewußtsein zurück, lassen Sie Ihren Verstand zurück. Lassen Sie Ihr Verstandesbewußtsein sich um Ihren Verstand sorgen, um Ihre Gedanken, auf daß Sie fähig werden, zu sehen ohne Augen, zu hören ohne Ohren, zu schreiten ohne Füße und zu verstehen ohne Verstand — und erleben Sie die Ekstase der kosmischen Schönheit in der Seele, anstatt in den Emotionen des Herzen zu schwelgen.

Lassen Sie Ihr Verstehen sich auflösen im Geheimnis des Unbekannten. Schauen Sie der Wirklichkeit ins Gesicht, die man mit dem Verstand nicht begreifen kann, indem Sie sich zerschmettern lassen; frohlocken Sie ob der Vernichtung Ihres Wesens in der Begegnung mit einer Wirklichkeit von solch strahlender Glorie, solch allumfassender Weite, daß sie jedes denkbare Maß übersteigt. Wir haben keine Möglichkeit, sie zu begreifen, es sei denn, wir lassen es zu, von ihr vollständig vernichtet zu werden, um dann wiederaufzuerstehen mit einer Macht, die wir zuvor nie kannten: mit jener Macht, die das Universum bewegt, der Macht hinter dem schwindelnden Kreisen der Planeten und Galaxien und den großen Sternströmen im Kosmos; es ist die Kraft im Innern der Atome und im Lebenssaft der Pflanzen; die Kraft, die dich voranträgt zu unbekannten Horizonten. Sei Teil von dem allen, auf daß die Macht Gottes dich erfüllt, verwandelt und dir Kraft verleiht über alle Vorstellung hinaus — und erhebe dich noch höher zu immer weiterem Bewußtsein, bis dahin, wo du zurückblickst auf dein Leben, deine kleinen Probleme, deine kleinlichen Konzepte, und du erkennst, wie du gefangen warst in einem Wirbelwind der Illusion. Wie war es möglich, daß du dich so einschüchtern lassen konn-

test, daß du deine unmittelbare Umgebung für die Welt angesehen hast, während das Universum aus seinen fernsten Fernen zu dir spricht, dir sagend, daß das, was du denkst zu sein, nicht mehr und nicht weniger ist als Kreuzwege, wo die Atome des Universums einander begegnen — ein Verbindungspunkt, ein Knoten in einem Netzwerk, dessen Ende unauffindbar ist!

Das Geheimnis, die Größe des Bewußtseins zu erweitern, besteht darin, es als Kapazität anzusehen oder als ein Gefäß, gleich einem Kelch, der sich aus dem Herz-Zentrum heraus öffnet in der Mitte der Brust. Nicht auszustrahlen vom Herzzentrum, sondern einfach Raum zu finden für immer mehr Wesen — man mag beginnen mit jenen Menschen, die zu lieben einem schwer fällt, um dann weiter und weiter auszugreifen mit der Macht des Herzens — es ist eine kosmische Emotion jenseits der menschlichen. Spüre das unendliche Mitleid der Weltenmutter — die Emotion des Leidens, die in Freude verwandelt wird. Dann erwache zu dem Bewußtsein der Seele anstelle des Herzens, jenseits aller Emotion. Du entdeckst die göttliche Vollkommenheit in dir und beobachtest dich selbst, wie du dem Bewußtsein dieser Vollkommenheit entgegenfliegst. Zuletzt erkennst du den Einen hinter der Vielheit, den Raumlosen jenseits des Raumes, den Zeitlosen jenseits der Zeit, den Zahllosen hinter der Zahl der Wesen, und du nimmst teil an den großen Feiern, wo alle Wesen eins werden im Geist, im großen Freudenfest, und wo sie den Sieg über Beschränkung und Illusion feiern in der Krönung des Königs des Universums.

Dem Einen entgegen, der da ist die Vollkommenheit von Liebe, Harmonie und Schönheit, das einzige Wesen, vereint mit all den erleuchteten Seelen — du vereinigst dich mit allen erleuchteten Seelen — die den Meister, den Geist der Führung, verkörpern, all die erleuchteten Seelen, die du nicht allein durch die Kraft deiner Konzentration erreichst, sondern vermittels jenes großen kosmischen Gesetzes der Anrufung, womit die Seele einer jeden Kreatur eine Resonanz finden kann in der Seele jeder anderen Kreatur allein dadurch, daß sie sich an sie wendet. Du bewegst die Herzen der Propheten und der Meister und der Heiligen, die Herzen aller Wesen in der himmlischen Hierarchie, allein durch deinen Ruf.

Kapitel 4

Punkt Omega

Viele Vertreter östlicher Schulen kommen jetzt in den Westen, um Methoden und Dogmen zu verbreiten, die seit Tausenden von Jahren gelehrt werden. Antiquitäten haben einen Wert, den neue Dinge nicht haben: Das Alter eines Cello zum Beispiel macht einen großen Unterschied; sein Holz ist gereift und die Schwingungen, von denen es durchdrungen wurde als Ergebnis ständigen Spielens, haben das Holz umgewandelt. So ist es sicher, daß die alten Lehren und Methoden, immer weiter verfeinert von überragenden Menschen, die in ganz besonderen Umgebungen lebten, einen unschätzbaren Wert besitzen. Wir sollten daran denken, daß jeder auf den Schultern derer steht, die vor ihm kamen — ganz wie in der Geschichte vom Golem, wo die Menschen einander auf den Schultern standen um einen Menschenturm zu bilden, damit der Golem in den Himmel blicken konnte. Dennoch scheint es nicht unbedingt sinnvoll, einfach einer Methode der Vergangenheit zu folgen, ohne zu berücksichtigen, was in der jetzigen Zeit geschieht.

Was heute geschieht, ist genau das, was Teilhard de Chardin beschrieb: die Bildung des Punktes Omega, der Integration aller menschlichen Bewußtseine in ein vereinigtes Bewußtsein. Hazrat Inayat Khan sagte, daß man die Menschheit als ein Wesen betrachten kann. Es ist das, was man in der Theologie die Immanenz Gottes nennt im Gegensatz zu seiner Transzendenz. Man hat Meditation, zumindest in Indien, traditionell als einen Weg angesehen, über das Bewußtsein der physischen Welt hinauszugelangen in dessen transzendenten, ursprüngliches Zustand — ‚ursprünglich' weniger im zeitlichen Sinne als vielmehr *in principio*: die ursächliche Ebene, von der aus sich alles in die Manifestation entfaltet. Dies wurde zum Ideal der Meditation erklärt. Bis Ramakrishna sagte: „Kann man denn nicht mit offenen Augen meditieren? Samadhi mit offenen Augen erleben?"

Dies war der Beginn einer Wende; Ramakrishna war ein Vorläufer des Neuen Zeitalters. Er erkannte die Wichtigkeit, ein hohes Bewußtsein mitten ins Leben zu bringen. Im algemeinen ist man sich im Zustand des Samadhi nicht mehr der Dinge bewußt, die sich in der physischen Welt ereignen. Ob eine Fliege über Ihre Nase krabbelt oder ob jemand vor Ihnen sitzt: Nichts davon gelangt in Ihr Bewußtsein; es ist der Zustand, den ich das Alpha-Bewußtsein nenne. Alpha-Bewußtsein zusammen mit Iota- oder persönlichem Bewußtsein ist Samadhi mit offenen Augen, und es gibt wenige Menschen, die solches vollbringen können — sich in einem extrem hohen Bewußtseinszustand zu befinden und dabei noch das Denken der Anderen zu erfahren.

Es ist sehr schwer, diese beiden Perspektiven zu vereinigen. Ich nenne es ‚stereoskopisches Bewußtsein', und es bedeutet, auf zwei verschiedenen Ebenen gleichzeitig bewußt zu sein. Es ist, als ginge man mit einem Fernrohr vor dem einen Auge und einem Mikroskop vor dem anderen, und es ist nicht gerade einfach, so zu gehen. Doch irgendwie besitzen wir eine außergewöhnliche Fähigkeit, Bewußtseinsebenen zu integrieren.

Einige Zeit lang dachte ich: Das ist es! Samadhi mit offenen Augen! Ich war sehr überzeugt. Doch dann kam es mir: Warum versuchst du, die Dinge aus dem Alpha-Bewußtsein heraus zu betrachten, welches der Urzustand ist vor aller Inkarnation, um dann alles in dessen Begriffen zu sehen? Wo ist da der Sinn? Ist er nicht wichtiger als die Ursache? Es war in der Tat die Lehre von Hazrat Inayat Khan, die mich zu der Erkenntnis brachte, daß das Gesetz Strangulation ist — jenes Gesetz, das besagt: Du hast dies getan, deshalb mußt du das erleiden. Es gibt keine Freiheit darinnen. Doch der Sinn ist die Befreiung vom Gesetz.

Die Schöpfung wird ständig verbessert und erneuert, und wir sind Teil davon. So ist unsere Freiheit der Ausdruck der göttlichen Freiheit gegenüber dem, was einmal göttliche Freiheit gewesen ist, bevor es in Form eines Gesetzes versteinert ist. Viele Menschen denken, daß sie in ihrer persönlichen Freiheit dem Gesetz Gottes zuwiderlaufen, doch im eigentlichen Sinn ist ihre Freiheit die Weise, auf die sich die Freiheit Gottes durch sie manifestiert.

Oft denke ich an den Forscher, der an den DNS-Strukturen arbeitet. Ich weiß nicht, ob er denkt, er selbst würde all das herausarbeiten, denn aus der wirklichen Perspektive ist das, was er tut, nichts anderes als das eine und einzige Bewußtsein, welches durch dieses Instrument — den Forscher — arbeitet, Sein eigenes Sein zu entdecken im Lebensprozeß des Zellinneren. Immer denken wir von Gott als von einem anderen Wesen; wenn wir nur begreifen könnten, daß wir Gott *sind*! Es ist nicht einmal so, daß Er durch uns wirkt: Wir *sind* Er. Diese Erkenntnis bringt uns eine völlig andere Betrachtungsweise der Dinge, denn insoweit als wir Gott sind, ist Er wirklich hier unten und nicht irgendwo im Himmel. Das ist es, was der große Sufi Niffari sagte: „Warum suchst du Gott da oben? Er ist hier, hier!" Unsere ganze Meditation war traditionell begründet auf das Alpha-Bewußtsein — ‚da oben' — doch was sie eigentlich sein sollte, ist die Erfahrung des göttlichen Bewußtseins bei seiner Tätigkeit hier in der Manifestation — was ich ‚Omega-Bewußtsein' nenne, oder ‚Omega-Samadhi'.

Als diese Erkenntnisse mir gerade gekommen war, dachte ich, das Ei des Kolumbus gefunden zu haben, bis mir einfiel: „Warum das Alpha-Samadhi ausschließen? Es ist genauso wichtig!" Vollkommene Meditation würde in einer Vereinigung aller drei Zustände bestehen; Alpha, Iota und Omega: in der Lage zu sein, die Ursache zu sehen, des persönlichen Bewußtseins gewahr zu sein, und den göttlichen Willen zu erkennen, der durch alle Dinge wirkt im Einklang mit dem Gesetz.

Ein anderer Gedanke, der immer stärker wird und an Bedeutung gewinnt, ist der, wie leidvoll es für das göttliche Wesen sein muß, diese Begrenzung hinzunehmen, damit jedes Seiner Teile frei werde. Alle großen Menschen erfahren dies natürlich in stärkerem Maße als andere; sie erleben die erstickende Gefängnisatmosphäre nicht nur des physischen Körpers, sondern der Verhältnisse, in denen sie zu wirken haben in der Auseinandersetzung mit der Freiheit anderer Menschen. Menschen sind zuweilen ziemlich rücksichtslos und egoistisch — und mitunter aggressiv, grausam, unehrlich. Mit alledem zu tun zu haben, bedeutet wirklich zu leiden; es ist, glaube ich, das, was das hebräische Wort *zumzum* bedeutet: daß Gott sich begrenzen muß, um herabsteigen zu können.

So gibt es viel Leid im Zustand des Iota- oder persönlichen Bewußtseins aufgrund der Einschränkungen, in die es sich zu begeben hat. Und doch kann sich hier Freiheit in einer Weise manifestieren, die im Alpha-Zustand nicht möglich wäre, so wie man sich manchmal innerhalb eines umschriebenen Rahmens freier ausdrücken kann als ohne jede Begrenzung. Ein Pferd beispielsweise wird schneller laufen, wenn es geritten wird, vorausgesetzt, der Reiter ist nicht zu schwer; und Ihre Improvisationen auf dem Klavier mögen hervorragend sein, doch Sie können mehr geben, wenn Sie innerhalb einer vorgegebenen Struktur improvisieren, wie Bach es tat. In solchen Begrenzungen kommt irgendwie die göttliche Freiheit zum Ausdruck.

Es gibt die Tendenz, sich ‚Sinn' als etwas vorzustellen, das sich einem Endzustand entgegenbewegt. Doch der Sinn hat kein Ende, man wird nie sagen können ‚zuletzt' — zumal die Zeit kein Ende hat. Doch man neigt dazu, sich das Ziel vorzustellen als etwas irgendwo in unendlicher Zukunft und die Ursache als in der Vergangenheit liegend. Besser sollte man über die Ursache als etwas gegenwärtiges denken, denn sie liegt in der ewigen Gegenwart und über das Ziel hinaus schon jetzt existierend; darum sagt Hazrat Inayat Khan, daß Gott Seine Erfüllung findet in dem, der Seine Vollkommenheit auf Erden verkörpert. Man braucht nicht zu denken, daß dies irgendwann in der Zukunft stattfindet. Man muß sich frei machen von der Vorstellung, daß ‚Grund' mit Vergangenheit zu tun hat und ‚Ziel' mit der Zukunft.

Es ist wahr, daß Omega in diesem Sinn eine zeitliche Entwicklung durchläuft. Man kann sicher sagen, daß es bereits existiert, denn es ist der Zeit nicht unterworfen; Teilhard de Chardin sprach davon, daß Omega schon in Alpha war. Doch was ist dann Omega-Bewußtsein? Man wird es nicht begreifen, wenn man es sich denkt als etwas, worauf man sich zubewegt, denn es läuft immer weiter weg. Es ist in der Tat unser gemeinsames Bewußtsein — unser kollektives Bewußtsein. Und an der Schwelle des Neuen Zeitalters beginnen wir mehr und mehr zu erkennen, daß wir ein einziges Wesen sind. Omega ist die Fähigkeit, einzutreten in das Bewußtsein von jemand, der eine von uns verschiedene Person zu sein scheint, und zu erleben, wie es ist, diese

Person zu sein, und sie erreicht ihre Vollendung in der Erkenntnis, daß jene Person tatsächlich du selbst bist in einer anderen Person.

Das Omega-Bewußtsein des Neuen Zeitalters bedeutet, eine andere Person kommen zu sehen und zu denken: „Das bin ich, der da kommt." Das schönste Kompliment, das Sie jemandem machen können, ist, ihn mit den Worten „Hallo ich!" zu begrüßen. Hindu-Gurus benutzen manchmal die Grußformel „Geliebtes Selbst". Es ist schön, so etwas zu sagen: geliebtes Selbst. Es ist, wie wenn ein Blatt eines Baumes einem anderen Blatt desselben Baumes schreibt: „Geliebtes Selbst", denn sie beide sind Teil des Baumes.

Im letzten Jahrhundert lag der Akzent allgemein sehr auf dem Kampf des Individuums gegen andere Individuen, auf Wettbewerb und der Festigung von Eigendünkel. Man mag jetzt einwenden: Wollen Sie wirklich behaupten, daß wir unser Ego verlieren sollten? Hat das Ego nicht seinen Sinn? Selbstverständlich hat es. Die Schönheit des Lebens ist die ‚Unendlichkeit im Endlichen und Ewigkeit im Vergänglichen', um die Worte von Prentice Mulford zu gebrauchen. Man kann sich jedes Individuum vorstellen als eine Pyramide, deren Spitze für sich steht und die ihre Basis mit allen anderen gemeinsam hat. Wenn unser Handeln aus der Polarität kommt, von der Spitze der Pyramide, so haben wir die Konzeption unserer selbst als Teil der Gesamtheit und der Welt als von uns verschieden oder außerhalb unserer selbst. Doch wenn wir aus der Perspektive der Pyramidenbasis handeln, erleben wir uns selbst als das Ganze. Normalerweise geschieht das nur, wenn wir das Bewußtsein unserer Individualität verlieren; darum konnte al-Hallaj sagen: „Ana'-l Haqq" — ‚Ich bin die Wahrheit' — was besagt, daß er Gott ist. Die Sufis sagen, daß er diese Worte sprach, als er sein Ichbewußtsein verloren hatte: Es wäre der billigste und gröbste Ego-Trip, der überhaupt vorstellbar ist, wenn irgendjemand sagen würde, „Ich bin Gott", während er sich noch seiner selbst bewußt ist. Aus dieser Perspektive heraus kann nur der wirken, der alles Gefühl seiner selbst verloren hat.

Das Ich ist wichtig, denn dank der Vervielfältigung der Ichs hat die Totalität jene Vollendung erreichen können, die sich auf der Erde zuträgt. Der Grund für diese Vollendung liegt darin, daß all das, was im Urzustand latent war, sich jetzt gegenseitig befruchten kann. Wir sind nicht nur die Erben des ganzen Universums; ins uns ist mehr als das, was wir geerbt haben, und das ist das Ergebnis unserer Interaktion mit anderen Wesen. Es ist das, was Hazrat Inayat Khan den Charakter nannte, der mehr aus erworbenen Eigenschaften besteht denn aus ererbten. Jemand mag einen großen Einfluß gehabt haben auf Ihr Wesen, Ihre Begegnung mit ihm hat Sie verwandelt. Vor Ihrer Inkarnation durch die verschiedenen Sphären wäre das nicht möglich gewesen; es wäre nicht möglich gewesen im ursprünglichen Zustand. Etwas wird also gewonnen durch das Leben auf der Erde, und es wird gewonnen durch das Ego.

Wir wollen deshalb das Ego nicht einfach abtun; wir wollen es in Übereinstimmung bringen mit den Dimensionen des Unpersönlichen und Unendlichen. Hazrat Inayat Khan sagte es sehr schön mit den Worten: „Meine eigenen Wände begannen meinen Ellbogen wehzutun." Wir möchten, daß unser Ego eine Art Elastizität entwickelt, die es befähigt, die Ganzheit einzuschließen. Es ist eigenartig genug: Man ist nie eine so reiche Persönlichkeit, als wenn man völlig unpersönlich ist; es ist eigenartig, wie erst dann all die Qualitäten der Persönlichkeit hervortreten. Befreien Sie sich von Ihrer Persönlichkeit und sie wird sich entfalten.

Es ist eine so wunderbare Erfahrung, daß man vor Freude tanzen möchte: den Sinn seines Lebens zu entdecken. Es ist in der Tat unentschuldbar, ein langes Gesicht zu machen — der einzige Grund dafür ist, daß man in seinem Ichbewußtsein festsitzt. Die einzige verzeihliche Traurigkeit ist die um des Leidens Anderer willen, niemals um des eigenen. Und es gibt viel Leid in der Welt. Das Entscheidende am Omega-Bewußtsein ist, daß man sein Bewußtsein ausdehnt zum Bewußtsein aller Wesen und so ständig die SOS-Rufe auffangen wird von Menschen, die um Hilfe bitten.

Die meisten von uns sind eingegrenzt in ihrer unmittelbaren Umgebung, und es ist eine große Beschränkung, in seiner unmittelbaren Umgebung gefangen zu sein. Das ist die Bedeutung von Iota-Bewußtsein — eine Begrenzung des Bewußtseins, die sich konzentriert um das Gefühl, die Person zu sein, für die man sich hält. Es ist erhebend, sein Bewußtsein ausweiten zu können, es mit dem Bewußtsein aller Wesen verweben zu können. Es sind Meditationen für die Zukunft, es ist der nächste Schritt in der Evolution. Hazrat Inayat Khan nennt es das planetarische Bewußtsein, was ein wundervoller Ausdruck dafür ist. Eines Tages werden wir dieses Bewußtsein brauchen, um uns mit Wesen von anderen Planeten zu verständigen. Wir werden beginnen, unsere Identität als Menschen zu erkennen. Und zuletzt werden wir noch weiter hinausgreifen zum Bewußtsein der Galaxis und des Universums.

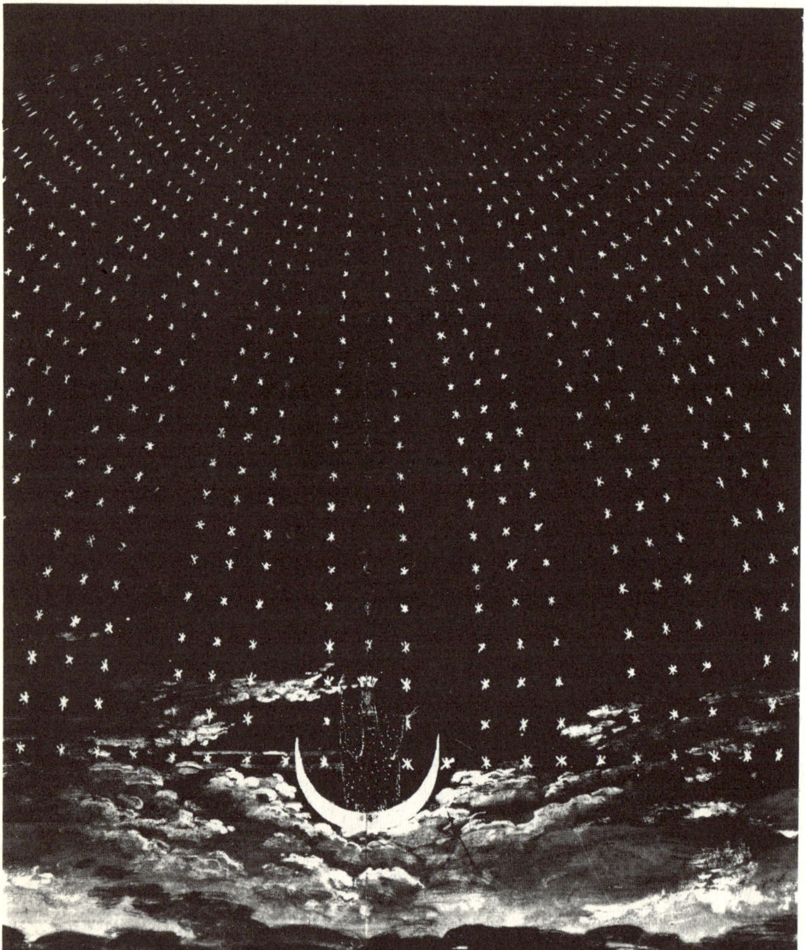

Kapitel 5

Von der Einsamkeit des Nichtwissens zum Stadium der Einheit

Möglicherweise herrscht im Verstand, Herz und Seele einer ganzen Reihe von Menschen, die einen geistigen Weg suchen, einige Verwirrung, denn es gibt viele hervorragende Meister, deren Lehren sich auf den ersten Blick durchaus widersprechen, bis man eine wirkliche Synthese zwischen ihnen herstellen kann. Es gibt ein Phänomen, welches man die Paradoxie des Neuen Zeitalters nennen könnte: Buchstäblich Tausende junger Menschen haben ihren Weg zu den Ufern Indiens gefunden, um dort auf eine Art ‚Guru-Jagd' zu gehen, nur um ziemlich enttäuscht heimzukehren oder sich irgendeinem exotischen Kult anzuschließen, der vielleicht noch viel rigider ist als jene Kirche, die sie hinter sich zurückgelassen haben — sie haben eine Religion eingetauscht gegen eine andere und gelangen nie zu der Wirklichkeit, nach der sie suchten, nämlich einer vollständig freien Annäherung an eine echte spirituelle Erfahrung.

Es ist Teil einer wichtigen Entwicklung dieses Neuen Zeitalters — des Zusammenschweißens all der einzelnen Komponenten der Menschheit zu einem Ganzen. Aus diesem Grund ist es gelegentlich notwendig, etwas zu übertreiben und noch mehr Moslem zu werden als die Moslems selber, oder mehr Hindu als die Hindus es sind. Das alles gehört zu jenem Prozeß, in dem sich die Menschheit mehr und mehr ihrer selbst bewußt wird als ein Ganzes, und zwar auf der wichtigsten Ebene, der spirituellen. Es passiert nolens volens, und einige ehrwürdige Meister beobachten mit Entsetzen, wie Leute Hindu-Mantrams singen und gleich danach zu Sufi-Tänzen übergehen und anderem mehr. Der Bereich des Spirituellen ist zu einem einzigen Tohuwabohu geworden.

Die indischen Meister sind natürlich recht traditionsgebunden und können nicht verstehen, wie jemand meinen kann, er könne mehreren Pfaden zugleich folgen. Doch der heutige ‚Zeitgeist' ist so stark geworden, daß einige dieser Lehrer notgedrungen erkennen mußten, daß etwas im Gange ist auf der Erde, und daß es der neue Weg ist, ob es uns gefällt oder nicht. Viele verhärtete Fronten müssen aufgegeben werden, und die Lehrer selbst sind gezwungen, für sich neue Wege zu finden.

Oftmals werden Praktiken auf ziemlich oberflächliche Art übernommen, ohne ein wirkliches Verständnis für ihre Bedeutung. Deshalb sollten wir, obgleich ich kaum glaube, daß Vernunft uns hier sehr viel weiterhelfen kann, trotzdem versuchen, genau zu sehen, was es mit alledem auf sich hat.

Auf der einen Seite scheint ein Verlangen nach einer Erfahrung jenseits des normalen Lebens zu bestehen — danach, die fernen Regionen des Niemandslandes jenseits des menschlichen Bewußtseins zu erforschen, ebenso nach anderen Formen der Wahrnehmung, wie etwa der außersinnlichen. Es ist dies der Vormarsch des Bewußtseins, wie ihn Teilhard de Chardin beschreibt im *Phänomen des Menschen*, der sich Bahn bricht zu neuen Horizonten und sich weit über das Fassungsvermögen des im Egogefühl oder im Selbst zentrierten Bewußtseins ausdehnt.

Tatsächlich wissen wir nicht einmal, was Bewußtseins überhaupt ist: Es ist das größte aller Geheimnisse. So weit wir wissen, und aus ihrem eigenen Verhalten zu schließen, sind Atome und Zellen, Pflanzen, Körper, der Verstand und vielleicht noch mehr von dem, was in uns ist, mit einem Bewußtsein ausgestattet. Wenn das Bewußtseins einer jeden Zelle des Körpers mit den anderen zusammen ein gemeinschaftliches Bewußtsein formt, entsteht das, was wir das Körperbewußtsein nennen. Daneben gibt es ein anderes Bewußtsein, welches im Englischen ‚mind' genannt wird und im Sanskrit ‚manas'. Es gibt in der deutschen und der französischen Sprache keinen Ausdruck dafür: Es ist nicht das ‚Gemüt' und nicht ‚esprit'. Der Grund dafür ist, daß die Wahrnehmung des *mind* so extrem unterschwellig ist; es ist wahrscheinlich richtig, zu sagen, daß es so etwas wie den *mind* überhaupt nicht gibt. Wir können sagen, daß es auf mentaler Ebene eine Art von Bewußtsein gibt, und daß eine Art Vereinigung oder Verschränkung oder Überlagerung existiert zwischen dem Körperbewußtsein und dem mentalen Bewußtsein. Darüberhinaus gibt es selbstverständlich weitere Ebenen.

Wenn Bewußtsein in einem Körper mit einem Zentralnervensystem operiert, wie es alle empfindungsfähigen Körper besitzen, werden natürlich alle Wahrnehmungen an ein Zentrum weitervermittelt. Es ist die bloße Organisation des Körpers, die ein Zentrum bildet und das Bewußtsein zentriert, indem es dessen sensorische Aufnahme vorstrukturiert. Deshalb sind wir in der Lage, zu denken: „Ich bin", oder: „Ich bin eine Person": Der Gedanke entspringt aus der bloßen körperlichen Konstitution. Es ist die Art und Weise, wie die Dinge erscheinen, wenn das Bewußtsein zentriert ist.

Das Meditationserlebnis besteht in der Erfahrung, wie die Dinge aussehen, wenn das Bewußtsein *nicht* zentriert ist. Der ganze Vorgang, dem Yoga und Hindu-Vedanta folgen, besteht in der Zerstörung des Ich-Bewußtseins. Auch der Buddhismus arbeitet an der Zerstörung des Ich-Bewußtseins, das die Trennung der Wesen bedingt. Wenn sie passiert, brandet das Bewußtsein mit großer Macht empor. Es bricht durch die Barrieren, die ihm aufgezwungen waren, und wird der Wirklichkeit auf einer kosmischen, atemberaubenden Ebene gewahr. Wenn man nicht darauf vorbereitet ist, kann dieser Durchbruch den Verstand zerstören. Es braucht große Kraft, langes Training und die Bereitschaft, den allmählich immer weiter werdenden Horizont in sich aufzunehmen, der sich unserem Blick öffnet — bis man jenen Zustand erlangt, der ‚Erleuchtung' genannt wird, wo man die gesamte Breite der Wirklichkeit auf einmal umfassen kann, ohne um den Verstand zu kommen.

Wir verfügen über einen natürlichen Schutz gegen das, was wir nicht begreifen, dem wir nicht begegnen können, weil uns die Geisteskraft oder der Mut dazu fehlen. Dieser Schutz ist schlicht und einfach jene Art von *blackout*, die gemeinhin Dummheit genannt wird. Man kann an einen Punkt gelangen, wo man geschützt ist durch den „Nebel der Unwissenheit" — was exakt die Bedeutung von *Maya* ist. *Maya* ist der Maßstab für unsere Dummheit und gleichzeitig für unseren Schutz.

So können wir unser ichzentriertes Bewußtsein zerstören und uns daraufhin in Finsternis wiederfinden. Wir sind wie ein neugeborenes Kind, das seine Augen öffnet und nicht begreift, was es sieht; es braucht lange, zu erkennen, daß das, was es sieht, einen Sinn ergibt. Durch Meditation entwickeln wir die Fähigkeit, einen Sinn zu erkennen, wo wir vorher keinen sahen. Wir entdecken eine völlig neue Logik. Und allmählich dämmert uns, daß unsere Art der Erfahrung und der Erkenntnis sehr begrenzt ist — begrenzt durch Ignoranz. Wir begreifen, daß wir Marionetten sind in der Hand der Dinge, die auf uns einwirken, und daß all unser Handeln eine bloße Reaktion ist auf Eindrücke und wir nicht Herr sind über die Situationen.

Und doch wissen wir, daß die Freiheit eine unserer vornehmsten Qualitäten ist und daß wir alle mit einem bestimmten Maß an Freiheit ausgestattet sind und uns mehr davon erobern können. Wir fühlen, daß der Rishi im Himalaya, der Derwisch, der kontemplative Mensch das Reich der Freiheit erforscht haben — und sie haben es in der Tat — und uns sagen können, wie wir unser Bewußtsein ausweiten können über die Grenzen des gewöhnlichen Alltagsbewußtseins hinaus, und daß sie uns dorthin führen können. Wir sind uns darüber im klaren, daß der Preis für diese Erfahrung eine Art von Tod ist — der Tod des Ego, der Tod unserer bisherigen Selbstwahrnehmung und der Verschiedenheit der Dinge und mancher anderer Vorstellungen. Aber wenn ich die Zentriertheit meines persönlichen Bewußtseins überwunden habe, dann bist du ich. Das ist die Bedeutung von Kontemplation: Es gibt keine Unterscheidung mehr zwischen Subjekt und Objekt. Auf dieses Wissen beziehen sich die Upanishaden — auf das Wissen um die Einheit von Subjekt und Objekt, wo kein Gefühl von Fremdheit mehr existiert.

Diese Erfahrung, die oft Gott zugeschrieben wird, ist die Art von Erfahrung, die wir machen, wenn unsere Selbstwahrnehmung ausgelöscht worden ist, und so spüren viele von uns ganz natürlich, daß dies Meditation ist: ein Weg, das Bewußtsein über seine normalen Grenzen hinaus zu erweitern. Es verlangt von uns, die Perspektive unserer individuellen Erfahrung aufzugeben und etwas zu beginnen, das unglücklicherweise oft ziemlich nach einem ‚Trip' aussieht. Deswegen tun es viele Menschen: um der Erfahrung willen. Und weil wir schon so viele Erfahrungen gemacht haben, ist es möglich, einen Zustand von Befriedigung zu erreichen und zu fühlen, daß es sich ganz einfach um eine andere Art der Erfahrung handelt, die man machen kann, und daß Kontemplation der beste Weg ist, dahin zu gelangen.

Es gibt Abkürzungen dorthin, oder besser Kurzschlüsse, wie gewisse Drogen, die mit erheblichen Nachteilen verbunden sind; der Weg der Rishis ist lang — ‚the hard way' — und sein Vorzug besteht darin, daß er einen bleibenden Bewußtseinszustand hinterläßt, der nie mehr verlorengeht. Er ist kein Trip; man steigt nicht empor, um wieder herunterzukommen. Das Bewußtsein bleibt im Zustand der Offenheit.

Hat man seine Ich-Begrenztheit abgelegt, so ist das Bewußtsein nicht länger zentriert, und von einem gewissen Punkt an wird es allwissend. Doch, wie schon gesagt, wenn man versucht, es zu erzwingen, besteht die Gefahr, das Bewußtsein völlig zu verlieren. Solange das Bewußtsein nicht seine Kontinuität behält, ohne sich selbst zu verlieren, gerät man lediglich in einen Trancezustand und erreicht überhaupt nichts. Wir wollen in der Lage sein, den Ariadnefaden der Erinnerung festzuhalten, um einen Bezugspunkt im Bewußtsein aufrechtzuerhalten — den Brennpunkt auf dieser Welt.

Praktisch gesprochen: Während der Meditation erinnern wir uns noch an unsere frühere Denkweise, erinnern wir uns unseres Körpers, nehmen wir an, daß wir ihn einmal wieder werden gebrauchen können, und wir erinnern uns auch daran, einmal einen gewöhnlichen Verstand gehabt zu haben. Wir erkennen, daß die Art und Weise, wie wir jetzt denken, sehr verschieden ist von der Denkweise des normalen Verstandes: Was wir hier beobachten, ist das Prinzip, das dem Denken des Verstandes zugrundeliegt. Wir sehen das Allgemeine anstelle des Besonderen; und kennen wir das allgemeine Prinzip, dann ist das Besondere nur noch eine Sache der Anwendung.

Normalerweise sind unser Körper- und Verstandesbewußtsein abgetrennt vom Bewußtsein der höheren Ebenen unseres Wesens durch jenen Nebel der Unwissenheit, denn die Natur glaubt, daß wir nicht fähig sind, alle Ebenen der Erfahrung im selben Augenblick zu erfahren. Wenn wir schlafen, schließt die Natur die Fenster des Bewußtseins der physischen und mentalen Ebenen, um andere Bewußtseinsebenen zu öffnen, die unmittelbar über dem normalen logischen verstandesmäßigen Denken liegen. Der Bereich der Wirklichkeit, der dann erfahren wird, ist viel weiter als unsere Alltagsrealität. Unsere Persönlichkeit ist anders.

Es ist möglich, sich an seine Träume zu erinnern, aber können wir uns auch daran erinnern, wie wir uns im Traum gefühlt haben bei der Erinnerung an das Bewußtsein des Tages? Im allgemeinen ist die Wahrnehmung der Erinnerung an das Tagesbewußtsein, die man während des Traumes hatte, ausgeschaltet, während man der Erfahrung des Tages ausgesetzt ist. Das hat seinen Grund darin, daß unser Ichgefühl im Traum so völlig anders ist. Wir haben viel mehr Mut — im Traum bringen wir es fertig, beim Chef an die Tür zu klopfen und frech um eine Gehaltserhöhung zu bitten —, wir können sogar fliegen und spüren das im Körper. Im Traumbewußtsein sind wir uns einer großen Menge von Möglichkeiten bewußt. Und der Meditierende weiß das.

In unseren Träumen entdecken wir einen ungeahnten Reichtum unseres Wesens. Nur vergessen wir diesen Reichtum wieder, wenn wir zurückkehren in den Tag; im allgemeinen kehren wir zurück in unsere eng begrenzte Persönlichkeit. Doch wenn wir uns im täglichen Bewußtsein daran erinnern können, was wir eigentlich sind, dann sind wir es. Und das ist das Geheimnis der Meditation. Sie ist nicht nur eine Erfahrung; sie befähigt uns, unser Wesen zu entfalten. Das Geheimnis besteht darin, die Tür offenzuhalten zwischen der mentalen Ebene und dem, was man die Ebene des Traumes nennt.

Wie Sie wissen, ist es möglich, in einem Zustand zwischen Schlaf und Wachbewußtsein zu verharren. Ist man in diesem Zustand und bewegt sich nur minimal in die eine Richtung, so schließt sich die Tür zum Traumbewußtsein und man erwacht zum Tagesbewußtsein; bewegt man sich in die andere Richtung, schließt sich die Tür zum Tag und man ist im Bewußtsein des Traumes. Doch wenn man auf Messers Schneide eine Balance findet — was nicht leicht ist —, kann man die Tür offenhalten. Dann gelangen die Eindrücke des Traumes in das Bewußtsein der äußeren Welt.

Das versuchen wir in der Meditation. Während sich das Zentrum des Bewußtseins auflöst, ist noch die Erinnerung da, einmal einen Körper gehabt zu haben; tatsächlich existiert immer noch das Gefühl eines Körpers ‚da unten'. Ich glaube nicht mehr, daß es ‚mein Körper' ist; da ist nur noch ein Gefühl einer ‚Körperheit'. Tatsächlich besteht einer der Wege, das Bewußtseinszentrum, das von der Wahrnehmung der eigenen Persönlichkeit herrührt, zu zerstören, darin, den Körper als Teil eines Ganzen zu begreifen anstatt als sich selbst. Im Buddhismus zum Beispiel betrachtet man seinen Körper als einen in einer ganzen Serie von Körpern, von denen jeweils einer den anderen hervorbringt; man wird sich der Körper seiner Eltern und Vorfahren bewußt. Sieht man den ganzen Vorgang dynamisch, so gibt es so etwas wie den ‚eigenen' Körper nicht mehr — es gibt nur noch eine Serie von Verkörperungen, von denen eine der anderen folgt. Und sobald man das erkennt, verschwindet das Gefühl, ein Körper zu sein. In diesem hohen Bewußtseinszustand erinnert man sich nur noch daran, daß es dort unten einen Zustand der *Körperheit* gibt, der wohl einige Vorzüge besitzt, doch auch etliche Nachteile; und bis zu dem Moment, wo man sich selbst befiehlt, dorthin zurückzukehren, kann diese Rückkehr geradezu schwierig sein. Gelangt man sehr hoch, so ist es schwer, wieder herunterzukommen. Man sieht ohnedies keinen Sinn darin.

Das gleiche trifft für den Verstand zu, auf subtilere Weise. Jedermann wird bestätigen können, daß das, was uns in der Meditation zurückhält, die Tatsache ist, daß Gedanken sich gewaltsam hereindrängen über die Schwelle zwischen bewußtem und unbewußtem Denken. Man ist diesen Gedanken ausgeliefert und fragt sich: „Wie kann ich den Verstand zu Ruhe bringen?" Die Lösung ist recht einfach: Der Schlüssel zu dem, was ‚Gedankenkontrolle' genannt wird, ist nicht der Wille. Was allgemein ‚Wille' genannt wird, ist der Wille des bewußten Verstandes, während es außerdem einen unbewußten Willen gibt. Der Wille des bewußten Verstandes kann die Kräfte des Unbewußten nicht beherrschen, deshalb ist es notwendig, den Willen des Unbewußten mit Hilfe des bewußten Willens zu trainieren; danach kann der unbewußte Wille das Steuer übernehmen. Es ist ähnlich wie beim Erlernen des Klavierspiels oder des Maschinenschreibens: Zuerst muß man die Fingerbewegungen mit dem bewußten Willen einüben, danach geschehen sie automatisch — und das Unbewußte kann es viel besser, als man es durch bewußte Anstrengung tun könnte. Hat das Unbewußte einmal die Führung übernommen und man versucht, mit seinem bewußten Willen zu intervenieren, zerstört man den ganzen Vorgang. Es kommt allein darauf an, seine Bewegungen automatisch leiten zu lassen.

So besteht in der Meditation der einzige Weg, jene recht störenden Eindrücke zu bändigen, die an der Pforte des Bewußtseins Einlaß begehren und unsere Aufmerksamkeit wollen — und es sind, wie der Buddha lehrte, genau diese Gedanken, die uns in die Inkarnation ziehen —, darin, eine Haltung absoluten Losgelöstseins und absoluten Gleichmuts einzunehmen. Wenn wir diese Haltung einnehmen, so sollten wir allerdings ständig im Gedächtnis behalten, daß ‚Losgelöstsein' — *detachment* — Gegenstück von etwas positivem ist. Wir sollten es nicht als eine negative Qualität ansehen. Das positive Gegenstück zu Losgelöstsein ist Ekstase. Loslösung ohne Ekstase bringt dich ins Nichts.

Wenn wir müde sind, selbstverständlich, suchen wir Frieden. Irgendwo in den Tiefen unseres Wesens fühlen wir, daß im Frieden ein großer Schatz verborgen liegt. Ihn zu heben, haben wir nicht immer selbst die Kraft; wir zählen auf Christus oder auf die Kirche oder einen Guru, um es für uns tun zu lassen. Doch das Wichtigste ist, daß wir in uns dieses mächtige Streben haben nach einer Emotion, die jenseits der Emotionen liegt, die keine Emotion mehr ist: Heiterkeit und Frieden. Die Sufis sagen es sehr schön: Sie nennen es die Sehnsucht Gottes nach Rückkehr in seinen Zustand des Nichtwissens.

Zwei Bewegungen scheint es zu geben im Einatmen und Ausatmen Gottes. Sein Ausatmen ist der Einstrom in die Manifestation, den die Sufis ‚die Befreiung dessen, was latent in Seinem Wesen liegt, aus der Einsamkeit des Nichterkennens' nennen. In der Gegenbewegung nimmt Gott die Vielheit wieder zurück in die Einsamkeit, die ein Zustand von Einheit ist. Dasselbe erleben wir in uns selber — obwohl man genauer sagen müßte, daß Gott es durch uns erlebt oder wir durch Ihn: in das Gefühl der Einheit getragen zu werden, ein Ausruhen von der Mannigfaltigkeit.

Die Sufis erfahren auch zwei verschiedene Haltungen der Seele: sich dem Osten zuzuwenden, von wo uns das Licht scheint, und sich selbst in einem anderen Selbst zu suchen; und sich dem Westen zuzuwenden, der Welt der Schatten, um im Geformten das zu suchen, was im Formlosen zu finden man nicht in der Lage ist. Etwas in uns verlangt nach der Welt der Formen und nach den Erfahrungen der Sinne, des Verstandes und all der anderen Instrumente, die uns gegeben sind. Doch es kommt der Moment, wo wir das Gegenteil suchen und, wie die Sufis sagen, teilnehmen an dem Vorgang, in dem Gott sich aus der Mannigfaltigkeit in die Einheit zurückzieht. Dieses Letztere wird leicht verstanden, und viele Menschen halten es für Meditation, bedauerlicherweise; doch es ist nur die Hälfte der Meditation. Die andere Hälfte — jene vervollständigend — besteht darin, wie Hazrat Inayat Khan sagte, „Gott Wirklichkeit werden zu lassen".

Die Sehnsucht nach Freiheit und Frieden könnte einen dazu bringen, seine Umwelt zu fliehen, die Gesellschaft hinter sich zurückzulassen, alles Handeln aufzugeben, sich irgendwohin in eine Zelle zurückzuziehen und den Rest seines Lebens in Meditation zuzubringen — und sich weiter und weiter zu entfernen von der physischen und mentalen Erfahrung. Zuletzt erreicht man einen Punkt, wo man sich daran erinnert, einmal gewesen zu sein; man ist nicht mehr. Man weiß nicht einmal mehr, daß man nicht ist, denn es ist niemand mehr da, dies zu wissen. Dennoch existiert eine unglaubliche, durchdringende Erkenntnis des Sinnes, wie man sie unmöglich hätte haben können, solange man noch im Räderwerk der Existenz steckte.

So oft rennen wir mit dem Kopf gegen die Wand, gegen das Schicksal, fragen: „Warum ist das Schicksal so gemein zu mir?" Ein geliebter Mensch ist gestorben und wir sagen: „Nein, das darf nicht wahr sein!" Wir können es nicht annehmen; wir können das Unannehmbare nicht annehmen. Die große Lektion ist, das *warum* zu begreifen: *Warum* mußte dieser Mensch sterben? Warum bin ich gescheitert? Warum ist das Leben so gemein? Auf dieser Ebene der Meditation sieht man, warum — doch, wie gesagt, man ist nicht da, es zu sehen. Doch dann erlebt man die eigenartige Erfahrung, zurückzukehren aus diesem Zustand mit der beginnenden Erkenntnis, daß man nicht *gewesen* ist; man tritt aus dem Nichtsein heraus ins Sein, um sich dann zu erinnern, daß man dasselbe Wesen ist, das man war, bevor man aufhörte zu sein. Schreitet man noch weiter — denn dies ist immer noch erst die halbe Erkenntnis —, so kann man jene Ebenen durchqueren, wie sie im Hinduismus beschrieben werden, um zuletzt ins Absolute vorzustoßen, Atman zu erfahren, die eine Seele. Buddha selbst glaubte nicht, daß sich jemals ein Ende abzeichnen würde, und er gab uns das Bild eines endlosen Horizontes: Je weiter du voranschreitest, desto weiter weicht der Horizont zurück. So kann man niemals in der Meditation sagen: „Das ist es."

Kapitel 6

„Ich will"

Oftmals kommen Menschen zu mir und sagen: „Bitte erklären Sie mir, wie man meditiert, was muß ich tun?" Ich würde sagen, daß zuerst eine andere Frage zu klären ist, nämlich: „Warum überhaupt meditieren?" Wir alle kennen jene Augenblicke, wo es scheint, daß wir am Zenit unseres Wesens stehen — Augenblicke, in denen wir den Pulsschlag des Lebens spüren. Wir erleben einen Durchbruch der Kräfte der Freude, ein Erwachen, eine unglaubliche Klarheit, fühlen, daß wir uns auf einem sehr hohen Punkt eingestimmt haben. Wir beginnen eine tiefere Wirklichkeit zu spüren. Es ist ein erheblicher Unterschied zu jenen Zeiten, da wir diesen Kontakt mit dem Göttlichen verloren haben und in der Tat recht armselig und banal sind. Es besteht in allen feinfühligen Menschen ein sehr großes Bedürfnis nach Entfaltung. Wir wissen, daß wir uns in unserem Verhältnis zur Wirklichkeit auf dem Weg der Kommunikation entfalten, und daß unser gesamtes Erleben zu einer extremen Einschränkung wird, wenn es reduziert ist auf die bloße physische oder mentale Erfahrung — wenn es gefiltert wird durch jenen Brennpunkt des Bewußtseins, der auf der Ebene des Ego arbeitet. Manche Menschen leiden unter Frustration, Langeweile, sogar Verzweiflung, weil es ihnen nicht gelingt, den Sinn ihres Lebens zu finden. Wir wissen, daß die Meditation unserem Leben und unserer Erfahrung viele Dimensionen hinzufügen kann, und daß die Erfahrung unseres normalen Lebens gerade zehn Prozent dessen umfaßt, was in der Gesamtheit der Meditation möglich ist. Wir wissen auch, daß wir in der Lage sein sollten, diese größere Wirklichkeit zu erfahren, diese zusätzlichen Dimensionen, ohne Meditation inmitten unseres Alltags, doch wir sind es nicht; es ist zu schwierig. Solange die Sonne scheint, kann man die Sterne nicht sehen. Jene subtile Realität, wie sie während der Meditation erfahren wird, scheint ausgelöscht, wenn unsere Sinne voll sind von den lärmenden Eindrücken der äußeren Welt. Was während der Meditation erfahren wird, ist überaus fein, subtil und nicht leicht zu erkennen. Meditation ist ein besonderer Zustand, in dem wir abgeschirmt sind von den groben Eindrücken — die allerdings aus derselben Quelle stammen wie jene feineren, denn es gibt nur einen Ursprung: die göttliche Wirklichkeit in ihrer Gesamtheit.

In uns ruht das Erbe unzähliger verschiedener Quellen, und all diese Erbschaften erwachen zum Leben, wenn wir in Beziehung zur Welt treten. Ständig besteht eine Konfrontation zwischen dem, was aus unserer Vergangenheit stammt und dem, was latent in uns liegt und zum Leben erweckt wird durch den Kontakt mit seinem jeweiligen Gegenstück in der Außenwelt. Manchmal tritt das Erbe unseres Körpers in den Vordergrund, dann wieder das Erbe aus früheren Inkarnationen oder noch anderen Quellen; und gelegentlich bricht plötzlich unser göttliches Erbe hervor, und die gewaltige Tragweite dessen, was herausbricht, verwandelt unser Wesen. In der Meditation gleichen wir uns dem an, was wir an Erfahrungen empfangen, genauso, wie wir uns ständig den Erfahrungen der irdischen Wirklichkeit angleichen. In einer Verbrecherwelt werden wir selber Verbrecher; wir empfangen diese Eindrücke und benehmen uns wie Verbrecher. In der Meditation bringen wir uns in Kontakt mit himmlischen Einflüssen.

Wie schreiten wir voran? Die Eindrücke der Sinne und des Verstandes haben eine einschränkende Wirkung. Nicht daß sie schlecht wären: Sie sind wunderbar, nur sollten wir verstehen, daß wir in der Natur nur soviel sehen als in unserer Seele ist — und es gibt Menschen, die überhaupt nirgends Schönheit sehen können. Wir sollten aber auch wissen, daß, wie Johannes vom Kreuz sagte, verglichen mit der Schönheit Gottes die Schönheit der erschaffenen Dinge nichts ist. So entsteht in der Meditation eine Bewegung der Seele einem Objekt von erhabener Schönheit entgegen, das wir ohne unsere Sinne erkennen können, und das Schönheit in unser eigenes Wesen hineinträgt. Man kann natürlich sagen, daß man es schon in sich trägt, doch bis das, was in uns ist, zum Ausdruck kommen kann, zur Manifestation, zur Entfaltung, ist es notwendig, das äußere Gegenstück zu dem, was innen ist, zu erlangen.

Wie können wir etwas erlangen, das keine physische Konsistenz hat, wenn man es nicht durch die Sinne erlangen kann? Es handelt sich hier nicht um irgendetwas, das man in der Natur erfahren kann. Es ist möglich, daß die Schönheit der Natur uns bis zu den Höhen der Erkenntnis begeistert, doch das, was es hier zu begreifen gilt, gehört einer völlig anderen Ordnung an; die Natur ist nur eines der Mittel, durch welche sich die ganze göttliche Vollkommenheit manifestiert. Ihr Bild ist von großer Schönheit, doch sehr begrenzt, denn wenn wir an die Natur denken, denken wir an die physische Ebene. Doch es gibt so etwas wie eine nicht-physische Ebene: die Ebene der göttlichen Attribute, die sich durch die Natur manifestiert, doch von anderer Ordnung ist als jegliches, das sich in der Zeit in Form und Struktur offenbart.

Was dann gibt es zu begreifen? Es ist eine Realität, die keine Form hat und zunächst aus bloßen Eigenschaften zu bestehen scheint. Doch schreiten wir weiter, so erkennen wir, daß wir mit etwas zu tun haben, das jenseits aller Eigenschaften liegt, und daß es verschiedene Ebenen des Begreifens gibt. Der entscheidende Punkt in der Meditation ist die Konfrontation mit der Erfahrung eines unaussprechlichen Etwas, und um es erfahren zu können, müssen wir sehr aufmerksam hinhören; es ist, als lausche man einer Stimme aus dem Weltraum, oder als beobachte man etwas nahezu Unsichtbares. Es verlangt eine ganz besondere Schärfung unserer Aufmerksamkeit, die sich grundlegend unterscheidet von unserem normalen Gewahrsein der dichteren Dinge in der äußeren Welt. Es handelt sich gleichsam um die Fähigkeit, Dinge von immer weniger konkreter oder physischer Natur wahrzunehmen, während man sich gleichzeitig einer Methode der Vervollkommnung bedient, nämlich eines Bewußtseins, das zunehmend verstärkt und auf immer höhere Ebenen gehoben wird.

Wir beginnen mit dem Bewußtsein des physischen Körpers; wir lassen die Objekte der äußeren Wahrnehmung zurück und versuchen, etwas unendlich viel feineres zu erfahren als das, was uns durch die Sinne erreicht. Damit dies möglich wird, muß das wahrnehmende Subjekt etwas anderes sein als das Ichbewußtsein. Das ist der Grund, warum die meisten Menschen Meditation schwierig finden — denn sie verbleiben in ihrem ichhaften Bewußtsein. Es ist das Ichbewußtsein, welches denkt und entscheidet und fühlt und wahrnimmt, und solange unser Bewußtsein an diesem Punkt bleibt, gibt es keine Meditation, es sei denn insoweit, als daß das Ichbewußtsein sich ausweiten kann in etwas höhere Bereiche. Das Ich ist in gewisser Weise elastisch und kann deshalb Dinge wahrnehmen, am Rand des Bewußtseinsfeldes, von sehr subtiler Natur. Eine feinfühlige Person, die fest gegründet ist auf der Erde, aber dennoch über subtile Wahrnehmungen und Intuition verfügt, wird sogar noch wesentlich feinere und schönere Dinge empfinden können. Doch das ist keine Meditation. Meditation ist die vollständige Transformation unseres ganzen Wesens, so daß unser Bewußtsein schlagartig in einer unglaublichen Weise erleuchtet wird und alles in großer Klarheit erscheint: Es ist ein Erwachen. Man fühlt, daß man all die Zeit in Dunkelheit war, gefangen in einer Illusion, und plötzlich, durch die Meditation, ist man davon frei. Und obwohl das Maß an Freude, das das Ichbewußtsein erleben kann, in der Tat groß ist — denn das Ichbewußtsein hat die Fähigkeit, sich an Schönheit zu erfreuen, und Freude ist immer verbunden mit Schönheit —, verglichen mit der maßlosen Freude des erwachenden Bewußtseins ist sie ein Nichts. So besteht das Problem darin, wie man sein Bewußtsein aus dem niederen Zentrum des Ich emporheben kann in jenes höhere Bewußtsein. Ich habe oft das Wort ‚Ichlosigkeit' benutzt, ebenfalls ‚Losgelöstheit'. Hazrat Inayat Khan sagt: „Gleichmut und Unabhängigkeit sind die beiden Schwingen, auf denen die Seele fliegen kann." Gleichmut bedeutet, losgelöst zu bleiben von allem Geschehen, nicht mehr persönlichen Anteil zu nehmen an seinen Gefühlen; und Unabhängigkeit bedeutet, im Erleben von Freude nicht mehr von äußeren Umständen abhängig zu sein.

Man kann diese Seelenhaltung verstehen lernen, indem man sie mit ihrem Gegenteil vergleicht. Abhängigkeit beispielsweise ist jenes schlimme Gefühl, das uns befällt, wenn wir uns abhängig wissen von einer Sache oder einer Person, die uns im Stich läßt. Der Mensch, der aus Gewohnheit rauchen muß oder Drogen nehmen oder ins Kino gehen oder das gesellschaftliche Leben braucht oder sonst irgendetwas, befindet sich im Zustand der Abhängigkeit. Losgelöstheit ist das Gegenteil von Bindung. Wir binden uns an Personen und Umstände. Den Zenit unseres Lebens erlangen wir in dem Moment, wo wir Bedingtheit und Zwang überwunden haben. So besteht die erste Lektion in Meditation darin, innerlich frei zu werden. Meditation ist unmöglich, solange wir uns nicht gefühlsmäßig lösen von allem, was uns bindet, und diese Loslösung muß bewußt geschehen. Sie kann ein vorbereitender Schritt sein, bevor wir mit der Meditation beginnen. Wir machen eine Bestandsaufnahme unseres Lebens — wo wir im Leben stehen, was wir wollen, was wir brauchen, wie tief wir darin verwickelt sind, wie frei wir sind, und inwieweit wir Andere von uns abhängig machen. Sind wir fähig, zu lieben und zur selben Zeit den Menschen, den wir lieben, freizugeben? Es ist dies eine Grundvoraussetzung für die Meditation: uns unserer Freiheit bewußt zu werden. Wenn wir dann anfangen zu meditieren und es kommt ein Gedanke, so können wir sicher sein, daß jeder Gedanke genau unserer eigenen Anteilnahme an dem, was er ausdrückt, entspricht. Der Gedanke ist einfach ein Bote, der dir sagt, daß dich etwas bindet. Er beruht immer auf einer emotionalen Anteilnahme. Das bedeutet nicht, daß man keinen gefühlsmäßigen Anteil nehmen sollte, doch wer diesen Pfad beschreiten will — diesen königlichen Weg —, der muß in der Lage sein, die Dimension der Freiheit in sein Wesen einzufügen. In diesem Moment wird die Welt nach dir greifen, wird sich an dir rächen wollen, denn du hast den Versuch gewagt, dich ihrem Griff zu entziehen, und sie arbeitet durch die Kanäle des Unbewußten. Aus dem Unbewußten springen die Gedanken über die Schwelle in das Bewußtsein.

Solange des Bewußtsein im Ichhaften zentriert ist, wird es diese Gedanken annehmen, denn, wie Martin Buber sagt, jedes „Ich" setzt entweder ein „Es" oder ein „Du" voraus. So konstituiert das „Ich" des Ego-Bewußtseins ein „Es" — ein Objekt, ein Nicht-Ich — und folglich werden immer Gedanken auftauchen, wenn das Bewußtsein im Ego zentriert ist. Der einzige Weg, sich von der Tyrannei der Gedanken zu befreien, besteht darin, sich über das Bewußtsein des Ego zu erheben.

Das Geheimnis, das Bewußtsein zur nächsthöheren Ebene zu erheben, liegt darin, sich auf das „Du" zu beziehen anstatt auf das „Es". Anstatt sich auf die Welt der Objekte zu beziehen, bezieht man sich auf eine Gegenwart. Dies ist ein magisches Wort und ein Schlüsselwort: die göttliche Gegenwart.

Was ist der Unterschied zwischen der Gegenwart und dem Gegenstand? Der Gegenstand hat eine Form, eine Eigenschaft. Die Gegenwart besitzt weder Form noch Eigenschaft; sie ist nicht im Raum lokalisiert. Das, was sich in uns der Gegenwart bewußt ist, ist etwas anderes als das, was sich der Objekte bewußt ist. Und deshalb ist Meditation so eng mit Religion verknüpft: Ob wir wollen oder nicht, es ist eine Erfahrung Gottes und nicht eine Erfahrung der vergegenständlichten Gestalt Gottes im Universum.

Nur jene Sehnsucht der Seele nach Vereinigung mit ihrem Urgrund wird uns befähigen, die Barriere zwischen dem Ichbewußtsein und dem höheren Bewußtsein zu überspringen. Wir wenden uns entweder nach dem Osten oder nach dem Westen. Nach dem Westen wenden wir uns, um das Antlitz Gottes zu erblicken, wie es sich in Formen manifestiert. Gen Osten wenden wir uns, um jenem Urgrund zu begegnen, dessen Abbild wir sind, und dann sind wir nicht länger Gegenstand. Der Urgrund ist der Gegenstand, dessen Abbild wir sind. Wir suchen das Bild Gottes in den Gegenständen des Westens — der Welt des Exils —, doch in der Meditation orientieren wir uns nach der Quelle, aus der unser Bewußtsein stammt. Darum ist es nicht möglich, Bewußtsein zu erlangen, oder auf die Quelle des Bewußtseins zu blicken; wir können uns ihm nur zuwenden, wie sich die Sonnenblume der Sonne zuwendet. Wir versuchen, etwas im äußeren Raum zu erfassen, das in uns liegt. Wir versuchen nicht, etwas zu beobachten. Eben deshalb, weil so viele Menschen in der Meditation *beobachten* wollen, gelingt ihnen die Meditation nicht. Beobachtung ist Demütigung: Man macht etwas zum Gegenstand seines Wissens. Die rechte Beziehung zu einem Menschen ist Teilung und Kommunion, nicht Beobachtung. So siehst du dich selbst in ihm und er sieht sich in dir.

Jetzt haben wir zwei Geheimnisse, die wir in der Meditation verwenden können. Das erste ist, daß wir auf eine Reise gehen und etwas zurücklassen. Wir lassen das Exil der äußeren Welt hinter uns. Wir wissen, daß wir zurückkehren werden, doch für den Augenblick lassen wir alles zurück; wir wollen frei sein, denn wir folgen dem Drängen unserer Seele, dem wir sonst nicht nachgeben. Menschen sind sehr hart zu ihrer Seele. Lassen wir einmal die Seele ihren Weg gehen! Die Seele ist wie ein Spiegel. Sie ist der Welt zugewandt und voll von den Eindrücken der Welt, und sie gleicht sich den Konturen der Welt an; sie wird Welt. Doch wendet sie sich nach der anderen

Seite, so werden all diese Eindrücke in einer Sekunde ausgelöscht. Die Seele ist so rein wie ein Spiegel; sie ist niemals befleckt. Sie kann sich in einem Augenblick befreien. Meditation ist das Wenden der Seele, das Zurückziehen der Aufmerksamkeit von der äußeren Welt.

Wenn die Seele sich nach innen kehrt, ist sie frei, und wir wissen, was dieser Zustand von Freiheit bedeutet — es ist, wie wenn man in den hohen Bergen wandert und die Städte hinter sich läßt. Unsere Haltung sollte sein: „Es ist gleichgültig", was genau das Gegenteil ist zu jener Haltung, die man im Leben annimmt, sobald man Verantwortung auf sich nimmt. Meditation ist nur für eine gewisse Zeitspanne, und diese sollte kurz sein. Ich würde eine halbe Stunde morgens und eine halbe Stunde abends vorschlagen; danach sollte man in die Verantwortlichkeiten des Lebens zurückkehren. Wir wollen ein Umherwandern vermeiden, einen Zustand des ‚zwischen zwei Welten Hängens', in dem man dann weder ganz in Meditation ist noch wirklich aktiv im Leben. Es ist, als säße man auf dem Zaun. Wir wollen aktiv und wirkungsvoll an der Evolution des Planeten Erde arbeiten, in vollem Bewußtsein unserer Verantwortung, unserer Pflichten, unserer eigenen Beteiligung — doch mit jenem Plus, das in den zusätzlichen Dimensionen besteht, die durch Meditation erlangt werden können, zusammen mit der Souveränität, die aus jenem Losgelöstsein, jener Einsicht und Klarheit herrühren, wie sie in einem erwachten Bewußtsein entstehen, und mit der Erleuchtung und Kraft, die aus Ichlosigkeit entstammen. Das sind die Qualitäten, die wir im alltäglichen Leben finden, und wir wissen, daß wir sie jenseits des Lebens finden können. So sind wir entweder vollständig aktiv oder aber tief durchdrungen von Meditation. Doch Meditation ist weder Tagträumerei noch Trägheit. Sie ist im Gegenteil eine überaus aktive Angelegenheit, nur nimmt die Aktivität eine andere Richtung als während des normalen Lebens. Jetzt gehen Sie, sitzen Sie, sprechen Sie, wie Buddha sagt, mit Stil. Meditation ist nicht Entspannung. Sie ist etwas sehr Intensives.

So ist unser erstes Geheimnis die Loslösung; sie bedeutet, daß wir genau die gegenteilige Haltung annehmen als im aktiven Leben und sagen: „Es ist gleichgültig". In diesem Augenblick ist das Einzige, was zählt, die Begegnung zwischen der Seele und der Vollkommenheit. Mit anderen Worten, man blickt in die Sonne,und was auf der Erde abläuft, ist unwichtig. Wichtig ist das, was man von der Sonne empfängt. Wenn man diese Haltung kompromißlos einnehmen kann, kann einen keinerlei Gedanke mehr belästigen. Dies ist nicht eine Willenshaltung, es ist eine Haltung der Seele. Es gibt nur noch eine einzige großartige Freude, neben der alle gewöhnlichen Gedanken verblassen. Meditation muß in einer völligen Hingabe in diesem Augenblick der Kommunion bestehen.

Das zweite Geheimnis ist die Übertragung des Brennpunktes unseres Bewußtseins vom Ich-Zentrum in das höhere Zentrum, das keine ‚Ichheit' mehr erlebt, sondern nur noch ‚Du-heit'. Dies kann nur erlangt werden durch extreme Aufmerksamkeit, durch völlige Hingabe — nichts anderes zählt mehr für den Augenblick. Dies ist der Zeitpunkt, wo du in Berührung kommst mit etwas sehr Subtilem, wo du aus großer Entfernung den Pfeil abschießt ins Auge des Stiers. Und, wie der Zen-Bogenschütze sagt, der Pfeil ist schon im Ziel, bevor er losschnellt, denn in diesem Augenblick wird der Bereich der Kausalität überschritten. Wo Gedanken sind, da ist Kausalität, denn ein Gedanke führt zum nächsten. Doch auf dieser Ebene hat ‚Zeit' keine Funktion mehr. Die Zeit hat dort eine Funktion, wo es Raum gibt — wo wir uns mit Strukturen und Bildern beschäftigen. Die Zeit ist eine Dimension des Raumes; wo kein Bild, keine räumliche Beziehung mehr ist, gibt es auch keine zeitliche Beziehung mehr und damit auch keine Kausalität. Es gibt deshalb auch keine Begrenzung und Bedingung mehr, nur noch Freiheit.

Unterhalb dieses Punktes gibt es Zwischenstadien. Vielleicht haben Sie Visionen — beispielsweise von Engelsgesichtern oder von Tempeln aus Licht, von Weltuntergängen oder von Menschen, die über die Schwelle des Todes geschritten sind. Vielleicht haben Sie auch akustische Wahrnehmungen, hören Klänge, wie die Symphonie der Sphären. Dies alles sind nur Zwischenstationen, und Sie sollten nicht zulassen, von ihnen gefangen oder aufgehalten zu werden. Sie sollten diesen Zustand auch nicht von sich aus bestärken, denn er bewirkt ein Aufblähen des Ego, und wenn Sie zurückkehren in das Alltagsbewußtsein, ist die Versuchung groß, sich solcher Erlebnisse zu rühmen, was das Bewußtsein auf das Ego zentriert. Es ist auch möglich, daß Sie Ihre Visionen im nachhinein falsch interpretieren. Es empfiehlt sich keinesfalls, über derartige Erlebnisse zu sprechen. Meditation ist kein Erlebnis, sie ist eine Kommunion; wo es Erfahrung gibt, da gibt es ein ‚Ich' und ein ‚Es', und jemand, der über eine Vision spricht, befindet sich in einem

Zwischenzustand. Es existiert noch ein ‚Es', wenn auch ein verwandeltes Es. Man kann steckenbleiben in jeder dieser Ebenen, wie etwa der astralen und viele beschreiben diesen Zustand. Er ist eine Spaltung des Bewußtseins. Psychologisch entspricht er dem Zustand der Schizophrenie: Er ist ein Annehmen zweier verschiedener Persönlichkeiten. Eine Gruppe von Erfahrungen entspricht der einen Persönlichkeit, eine andere der anderen Persönlichkeit, und so ist man gespalten zwischen zwei Welten. Astralreisen bringen somit gewisse Gefahren mit sich. Oft manifestieren sie sich in der betreffenden Person als Schizophrenie.

Viele Menschen können mit diesen beiden Formen des Bewußtseins nicht umgehen, da sie nicht integriert wurden. Meditation ist tatsächlich eine Integration der verschiedenen Bewußtseinsebenen in eine Einheit; indem man sein Bewußtsein in hohe Ebenen ausweitet und dann ständig diese hohen Erfahrungen in Beziehung setzt zu der Erfahrung auf den niederen Ebenen, ist man befähigt, ein harmonisches Ganzes aufzubauen. Es ist eine sehr verlockende und sehr gefährliche Erfahrung, denn es ist möglich, daß man dem Angriff jener astralen Wesen, denen man begegnet, nicht begegnen kann und vollständig unter ihren Einfluß gelangt und von ihnen unterjocht wird. Viele Menschen haben es getan und fanden sich nicht mehr in der Lage, sich von diesen astralen Wesen zu befreien. Dies nur zur Warnung. Die Zwischenstufen auf dem Weg sind wunderbar, sie sind schön; laßt sie uns nehmen wie sie kommen und weiterschreiten. Die heilige Theresa von Avila sagt, daß du beginnen wirst, solch herrliches Licht zu sehen und solch herrliche Klänge zu hören — daß du vielleicht sogar Botschaften empfängst —, und dies ist so schön, daß du es wieder und wieder haben willst. Doch die Zeit wird kommen, wo du aufhören mußt, es erleben zu wollen.

Was dann *ist* Meditation? Sie ist ein großartiger Durchbruch der Mächte der Verherrlichung. Ich gebrauche das Wort ‚himmlische Feier'. Meditation erreicht ihre Fülle, wenn sie ein Hosanna wird, ein Hallelujah, und das ist keine persönliche Freude, und deshalb sage ich ‚himmlische Feier' anstatt Freude. Die Kräfte der Freude können hysterisch werden, wenn sie persönlich sind, während das Licht der Seele erhaben ist, denn es ist ichlos. Es entspricht dem Übergang von Feuer in Licht. Wir können unterscheiden zwischen der Freude bei Brahms, wo er in seiner Symphonie die Schatten der Verzweiflung überwindet — es ist eine persönliche Freude der Seele —, und der himmlischen Feier bei Bach, die jenseits aller Dinge ist. Bach drückt das Kreisen der Planeten aus und die Harmonie der Sphären, die eine höhere Ordnung der Freude darstellen als alle persönliche Freude — es ist Freude von kosmischer Dimension. Diese Freude ist viel intensiver; sie ist atemberaubend, wie die Hosannas in der Hohen Messe von Bach. Sie ist jenseits des Persönlichen.

In der Meditation stimmen wir uns ein. Aller Reichtum unseres Wesens wird auf einen höheren Akkord eingestellt und gestimmt. Wenn ich eine gemischte Metapher gebrauchen darf: Wir müssen zuerst das Instrument reinigen, bevor wir es stimmen können. Wir müssen den Organismus reinigen, bevor wir ihn stimmen können. Wir müssen ihn ichlos machen, denn das Ich kann mit Freude nicht umgehen. Es paßt Freude seinen Bedürfnissen an, während wir in der Meditation wie eine Äolsharfe werden, die mit dem Wind der Sphären schwingt und durch sich hindurch eine Symphonie erklingen läßt. In ihrer Essenz ist Meditation Kunst, nur hat diese Kunst keinen äußeren Gegenstand: Man selbst ist ihr Gegenstand. Wir bieten all unsere Kraft auf und alles, was in uns ist. Wir bestehen aus so vielen Dingen: Da ist Kraft in uns, da ist Freude, da ist Frieden, da ist Weisheit und da ist Gleichgewicht. Alle diese Elemente werden integriert und zu einem Ganzen zusammengefügt. Sie werden Teil unseres Bewußtseins; anstatt Gegenstände zu sein, werden sie Teil unserer selbst. Dies können wir nur erreichen, indem wir etwas, das größer ist als unser Wille und unser Bewußtsein, die Führung übernehmen lassen.

Dann geschieht etwas in unserem Bewußtsein. Zum Beispiel spüren wir nicht mehr die Konturen unseres Körpers. Es entsteht tatsächlich ein kinästhetisches Gefühl, nicht mehr unser Körper zu sein. Ebenso ‚funktionieren' wir nicht mehr in unserem eigenen Verstand und identifizieren uns daher auch nicht mehr mit ihm. Tatsächlich erscheint uns unser Verstand an diesem Punkt recht unwichtig. Wir treten nicht heraus aus dem Verstand — wir wissen, daß wir jederzeit genausoviel aus ihm bekommen, wie wir hineingeben. Er steht uns zur Verfügung; wir können ihn gebrauchen, doch wir müssen über ihn hinausgelangen.

Jetzt haben wir das Bewußtsein über den Punkt hinausgehoben, wo es das Bewußtsein eines begrenzten Wesens ist, und wir erlauben ihm, jenseits der Begrenzungen von Körper und Verstand zu wirken. In diesem Moment denken wir von uns selbst nicht als von einem begrenzten Bewußtsein. Wir sind nur noch *des* Bewußtseins gewahr, des gesamten Bewußtseins, das alles zu erleuchten scheint, das es durchdringt. Es entspricht einem Gefühl von Transparenz: Wir bieten dem Bewußtsein keinen Widerstand mehr. Von dem Augenblick an, wo wir uns Bewußtsein nicht mehr aneignen, dehnt es sich aus über den gesamten Raum, es beginnt, uns zu durchströmen, und wir haben das Gefühl, als ob jede einzelne Zelle des Körpers von Bewußtsein erleuchtet werde. Man kann sich Buddha vorstellen, sitzend unter dem Bodhibaum, völlig Licht geworden, als wäre er durch und durch von Licht durchtränkt. Selbst das Gehirn scheint von Licht durchdrungen, und jetzt identifizieren wir uns selbst mit diesem leuchtenden Bewußtsein — wir sind ein leuchtendes Bewußtsein geworden —, und alles ist klar geworden. Das ist es, was ich Erwachen nenne. In diesem Augenblick fühlen wir uns in Kommunikation mit einer mächtigen Wirklichkeit, die sich nicht mehr in Materie manifestieren muß, um zu sein: Sie ist einfach. Alles, das sich in der Materie manifestiert, ist nur ein Ausdruck dieser Wirklichkeit.

Dies ist der Punkt, an dem Hazrat Inayat Khan uns auffordert, uns zu vereinigen mit der Hierarchie der Regierung des Kosmos: mit den Meistern, Heiligen und Propheten. Dies wird uns ein Gefühl geben für unsere Verantwortung auf der Erde. Ohne dieses Gefühl müßten wir uns selbst verlieren angesichts der Erfahrung dieser gewaltigen Wirklichkeit. Es ist der Moment, um wieder zurückzukehren. Für jeden von uns gibt es einen solchen Moment der Umkehr. Über diesen Punkt hinaus sollte man nicht gehen. Wenn du ihn erreicht hast, so kehre um, und wisse, wie du umkehren kannst. Kehre nicht mit einem Plumps aus der Meditation zurück.

Es gibt vier Richtungen in der Meditation. Die erste ist von außen nach innen, sie ist die Loslösung. Die zweite ist von innen nach oben, sie ist Unabhängigkeit. Die dritte ist von oben nach unten, sie ist Inkarnation. Und die vierte geht von innen nach außen, sie ist Ausstrahlung. So besteht die zweite Hälfte der Meditation, nachdem wir den Zenit unseres Wesens erlangt haben (der mit Worten nicht mehr zu beschreiben ist), in der Rückkehr ins Leben — oder, besser gesagt, darin, all das, was wir erlebt haben, herunterzubringen, es zu verkörpern und auszustrahlen. In dem Augenblick, da wir den Zenit erreicht haben, verlieren wir kurzzeitig jeden Kontakt mit der irdischen Welt. Wir wollen versuchen, diesen Augenblick einzugrenzen, und tatsächlich erleben wir ihn nur, wenn wir einatmen, in dem Moment, wo der Atem angehalten wird. In den fortgeschritteneren Formen der Meditation gibt es eine Zeit, da der Kontakt zur irdischen Welt auf ein Minimum reduziert wird; er wird zu einer schwachen Erinnerung an etwas sehr Unwirkliches, obgleich man weiß, wie man dorthin zurückkehren kann. Ich kannte eine Dame, die *Kundalini-Yoga* praktizierte, die Erweckung der schlummernden Kräfte an der Basis der Wirbelsäule, die für drei Tage ihr Bewußtsein verlor und nicht zurückkehren konnte; und selbst danach dauerte es wochenlang, bis sie wieder vollständig hier war. Ich will Ihnen keine Angst machen, doch es gibt gute Gründe, hier sehr vorsichtig zu sein. Wenn wir uns auf derartige Dinge einlassen, müssen wir wissen, wie man richtig mit ihnen umgeht. Die Vorbereitung gibt uns einen bestimmten und konkreten Weg, dem wir folgen können. Danach steigen wir in die Meditation ein. Erkennen Sie ständig die Größe Ihrer Kraft, und kehren Sie zurück, und beim nächsten Mal gehen Sie etwas weiter. Bleiben Sie immer Herr der Lage.

An jedem Punkt Ihres Aufstieges müssen Sie auch wissen, wie Sie wieder herabgelangen. Achten Sie auf jene beiden Kräfte, die ständig auf Sie einwirken: die Kräfte des Auftriebs und die Schwerkraft. Die Schwerkraft läßt sich körperlich fühlen, und sie zieht an jedem Teil unseres Wesens, die Seele eingeschlossen. Deshalb sind wir inkarniert — weil die Schwerkraft auf uns einwirkt, und diese Einwirkung verstärkt sich, wenn man der Erde nahe ist. Wir können einen Teil unseres Wesens innerhalb des Gravitationsfeldes belassen, und dieser Teil wird alle übrigen Teile unseres Wesens wieder mit herunterziehen. Das einzige, mit dem dies zu bewerkstelligen ist, ist das Gefühl einer Verantwortung, denn das, was uns sonst in der Meditation zurückhält, ist unsere Erdhaftigkeit, und wenn wir uns von ihr befreien, was kann uns dann noch zur Rückkehr bewegen? Nichts; wir werden dort oben bleiben wollen. Es ist sehr schmerzhaft, zurückkehren zu müssen nach all dem, was man dort erfahren hat. Nur unser Verantwortungsgefühl kann uns dazu bewegen, unsere Liebe zu anderen Menschen, denn sie brauchen uns, und das fühlen wir, wenn wir dort oben sind. Man erkennt: „Ja, ich muß zurück, es gibt etwas für mich zu tun". Und so kehrt man zurück.

Wir hoffen sehr, daß Menschen durch die Meditation nicht weniger geneigt sein werden, ihrer Verantwortung zu begegnen. Wir hoffen im Gegenteil, daß sie die Menschen sich ihrer Verantwortung stärker bewußt werden läßt. Es wäre sehr bedauerlich, wenn Sie auf die Erde zurückkehren, ohne etwas von da oben mitzubringen. Der ganze Sinn überhaupt, dorthin aufzusteigen, ist nicht gewesen, zu lernen, oben zu bleiben, sondern seinen Verantwortungen besser begegnen zu können. Hazrat Inayat Khan spricht in diesem Zusammenhang von ‚Herrschaft' oder ‚Königreich'. Jeder von uns ist ein rechtmäßiger König — oder eine Königin —, und der Bereich, wo wir arbeiten, wo wir dienen, ist der Bereich, wo wir Einfluß haben auf andere Menschen. Wir wünschen, fähiger zu werden, und so wollen wir als bessere Menschen zurückkehren. Es ist unser Wunsch, strahlend heimzukehren, mit hohem Feingefühl, friedvoll und souverän; wir bringen eine Macht mit uns — eine Form von Energie, die ganz anders ist als jene, die uns emporgehoben hat. Sie ist von einer Kraft, die wir uns nie hätten vorstellen können; wir sind vollständig überwältigt von ihrer Macht und Schönheit. Das beste Wort dafür ist ‚Souveränität', denn sie nötigt uns Respekt ab. Sie ist würdig und friedvoll, sie ist Stille; sie ist von himmlischer Natur. Man fühlt, daß einem etwas Heiliges, etwas Göttliches anvertraut wurde. Merkur, der Götterbote, hat die Aufgabe, diese wundervolle Sache weiterzugeben. Und Sie müssen nicht dafür bezahlen — im Gegenteil: Je weniger Sie selbst dazu tun, desto besser. Sie *ist*. Sie strahlt in ihrem eigenen Licht. Danach müssen Sie fähig sein, das Spiel zu spielen und es nicht zuzulassen, daß das, was Sie erlebt haben, vom Ego vereinnahmt wird. Das Ego hat grundsätzlich die Neigung, sich Dinge anzueignen. Es will sie besitzen, und es will jene Macht ebenfalls besitzen. So mag es kommen, daß wir uns für sehr wichtige Leute halten, daß wir ein sehr heiliges Gesicht machen. Was wir wiedergewinnen müssen, ist wahre Menschlichkeit, und dabei ist Ichlosigkeit von größter Bedeutung. Es ist der Moment, ein Kind zu sein unter Kindern, genauso unwichtig und natürlich zu sein; es ist die Zeit, andere Menschen abzuschirmen von der Intensität des Lichts, denn es könnte zu stark für sie sein. Es kann einen Menschen vollständig aus dem Gleichgewicht bringen.

Beim Abstieg müssen Sie sehr langsam und allmählich vorgehen und sich ständig vergegenwärtigen, daß der einzige Weg für Ihr niederes Selbst, mit jenem Licht, das Sie von oben empfangen haben, umgehen zu können, darin besteht, diese Energie auszustrahlen, wenn sie herabsteigt. Halten Sie sie nicht. Dies ist der Moment für ein Versprechen, für das Gelübde der Hingabe — der Moment, Ihren Bund zu erneuern mit den Meistern, Heiligen und

Propheten, ihnen zu dienen. So können wir ihnen helfen, Ordnung zu schaffen, indem wir sie in unsere eigenen Handlungen bringen. Ihre Handlungen müssen dem geistigen Niveau entsprechen, das Sie erreicht haben. Auf Ihrem Herabstieg werden Sie entdecken, daß Sie bei Ihrem Aufstieg die Tore zu den himmlischen Sphären geöffnet haben. Sie haben die Aufmerksamkeit der Engelwesen auf sich gelenkt, die sich freuen, wann immer jemand emporsteigt. Es herrscht eine unglaubliche Freude in den Himmeln. Diese Wesen sind beschrieben in den Berichten vom Herabstieg Buddhas und Christus' durch die verschiedenen Sphären. Dasselbe geschieht jedem Menschen, der sein Bewußtsein auch nur etwas emporhebt. Die Antwort kommt sofort — die himmlische Feier — und du bist im Mittelpunkt dieser Feiern, dieser Freude; und wenn du herunterkommst, kannst du dich dieser Wesen erinnern. Sie haben dir ihren Segen gegeben, und in jenem Augenblick, wo dieser Segen in großer Demut empfangen wird, wird der Bund geschlossen; und danach steigst du herab.

Meditationsübung

Entspannen Sie zuerst Ihre Rückenmuskeln, die Wirbelsäule, die Arme und Beine. Setzen Sie sich danach völlig aufrecht hin, die Wirbelsäule ganz gestreckt. Am besten ist es, auf einem Buch oder einem Kissen zu sitzen, denn dann können die Knie auf dem Boden aufliegen. Wenn Sie es einmal versucht haben, werden Sie merken, wie außerordentlich bequem diese Position ist. Die Wirbelsäule wird automatisch gestreckt. Sitzen Sie auf dem flachen Boden, so stehen die Knie etwas hoch und die Wirbelsäule krümmt sich. Jetzt sind Sie startklar. Sie lassen alles hinter sich zurück, nehmen eine Haltung völligen Losgelöstseins an. Sie geben nicht die Eindrücke der äußeren Welt auf — Ihre Wahrnehmungen —, Sie lassen Ihren Verstand hinter sich zurück. Dann geben Sie Ihr Körper- und Ichbewußtsein auf. Stimmen Sie Ihre Seele auf einen sehr feinen Ton. Jetzt können Sie die Begrenzungen Ihres Wesens aufgeben, die des physischen Körpers und die des Denkens; stellen Sie sich den großartigen Reichtum vor, der durch Sie hindurchströmt und der Sie sind. Stellen Sie sich vor, daß Sie die Verkörperung des gesamten Universums sind. Sie ergreifen ein Element des Raumes nach dem anderen. Sie fangen an, kosmische Dimensionen zu gewinnen.

Lasse jetzt das kosmische Bewußtsein dich durchdringen, ohne es dir aneignen zu wollen; du erlebst die Gegenwart kosmischen Bewußtseins — Bewußtsein, das sich von seinen Stützen befreit. Dies ist der Moment, dich emporzukatapultieren: Du identifizierst dich mit reinem leuchtenden Bewußtsein. Du wirst völlig transparent, und das Bewußtsein ist ohne Ich. An diesem Punkt kannst du den Zug der Erdenschwere fühlen und ebenso den Auftrieb der Seele. Je weiter dich dieser Drang der Seele emporzieht, desto mehr vernimmst du die Feiern und die Herrlichkeit der höheren Sphären. Es ist eine erhabene Erfahrung; niemand kann sie aus seinem Ichbewußtsein heraus machen. Dein Bewußtsein muß von diesem Ich-Zentrum befreit werden. Du hast dich selbst über den Bereich der Gedanken hinausgehoben. Der nächste Schritt ist, dich selbst zu verherrlichen — an der Herrlichkeit teilzunehmen. Erhebe dein Bewußtsein und stimme dich ein auf den allerhöchsten Punkt, wo dein ganzes Wesen zu einem einzigen Akt der Verherrlichung wird. Du erlebst den Frieden dieser Höhen; du spürst eine gewaltige Macht — eine extrem feine, eine erhabene Macht. Jetzt bist du durchdrungen von dieser Macht.

Richte jetzt dein Bewußtsein wieder abwärts, und bringe deine Vision von Schönheit und den Frieden der Höhen herab und die subtile Macht jener Sphären — Würde und Souveränität — und strahle sie aus, während du herabsteigst. Du fühlst die große Freude auf allen Ebenen, die du durchquert hast, und du fühlst die Verpflichtung, das Erlebte zu manifestieren. In diesem Moment kommt der Segen über dich — in dem Moment, wo du deinen Bund erneuerst mit den Meistern, Heiligen und Propheten der großen Hierarchie der kosmischen Regierung, vereint mit all den erleuchteten Seelen, die den Meister verkörpern, den Geist der Führung. Du fühlst, wie der Einfluß der höheren Sphären immer noch um dich wirksam ist; du trägst die Atmosphäre dieser Sphären mit dir, du spürst, daß dir etwas sehr Heiliges anvertraut worden ist.

Du kannst den Kontakt mit den höheren Ebenen immer wiedergewinnen. Bringe dein Bewußtsein herab, indem du dem Zug der Verantwortung folgst — dem Gefühl, daß du etwas zu tun, etwas zu erreichen hast hier unten. Erhalte den Zustand des Erwachtseins aufrecht, das geschärfte Bewußtsein, die hochgespannte Sensitivität — die Macht der göttlichen Wesen, ihren Frieden, ihre Souveränität —, aber gib den Kontakt zum Normalen nicht auf. Ein Verbindungskanal ist geöffnet worden, und wenn er einmal besteht und gereinigt ist, kannst du jederzeit Kontakt aufnehmen nach oben. Halte die Verbindungslinie offen.

יהוה

Kapitel 7

Neue Dimensionen des Bewußtseins

Es gibt eine Beziehung zwischen Erkenntnis und Entwicklung: Wir entfalten uns entsprechend unserer Fähigkeit, das Geschehen im Universum zu verstehen. Wir sind eingeladen, in den Geist des Kosmos zu schauen. Durch unseren Körper haben wir Anteil am Stoff dieses Planeten, der seinerseits Teil des planetarischen Systems und des gesamten physischen Universums ist, und gleichzeitig sind wir in der Lage, das Innere zu sehen und in einem gewissen Grad den zugrundeliegenden Sinn zu verstehen, entsprechend unserer Fähigkeit, uns über die Grenzen unseres individuellen Verständnisses zu erheben. Darum suchen Menschen nach etwas, das ihren Verstand übersteigt — sie erkennen, vielleicht unbewußt, daß unsere Art, uns selbst die Dinge zu erklären, durch unseren persönlichen Blickpunkt beschränkt ist.

Unsere Vorstellung des physischen Universums ist tatsächlich nicht mehr als eine vage Ahnung dessen, was das physische Universum wirklich ist. Wir können gerade ein Fünfzigstel des elektromagnetischen Spektrums beobachten — einen winzigen Teil des Universums. Was wir sehen, sind unsere Eindrücke von der Welt. Wie weit sind wir uns zum Beispiel bewußt, daß der einzige Grund, warum wir den Raum für dreidimensional halten, in der begrenzten Struktur unseres Gehirns liegt? Der Raum ist multidimensional. Wären Sie ein zweidimensionales Lebewesen, dann wäre die Welt für Sie wie ein Blatt Papier. Es könnte gekrümmt sein, aber es wäre immer noch ein Blatt Papier, und Sie könnten nur das wahrnehmen, was die Fläche dieses Blattes schneidet. Alles andere liegt außerhalb Ihrer Wahrnehmung, und von dem, was das Blatt Papier schneidet, könnten Sie auch nur den Teil erkennen, der schneidet, alles übrige bliebe Ihnen verborgen. Ganz ähnlich ist all das, was wir als Lebewesen mit einem dreidimensionalen Begriffsvermögen wahrnehmen können, nur der Teil des unendlich-dimensionalen Universums, der unseren dreidimensionalen Realitätsbereich schneidet.

Sehr viel schwerwiegender ist die Vorstellung, die wir von uns selbst haben, und die gänzlich falsch ist. Die meisten von uns sind davon überzeugt, daß wir unsere Persönlichkeit sind. Manche Menschen denken, wir seien unser Körper, gelegentlich verraten wir uns unabsichtlich, wenn wir sagen: „*Ich* habe Zahnschmerzen". Ramana Maharshi pflegte zu sagen: „Der Körper hat Schmerzen" — nicht: „*Mein* Körper hat Schmerzen", sondern „*der* Körper".

Über die eigene persönliche Perspektive hinauszugelangen: Darum geht es überhaupt in der Meditation. Was ich jedenfalls versuche, ist, den Weg des Asketen ins moderne Leben einzuführen. Es ist eine große Herausforderung — aber stellen Sie sich nur einmal vor, Sie verfügten über die innere Freiheit des Asketen: Ihre ganze Welt könnte zusammenbrechen, und es würde Ihnen nichts ausmachen. Sie würden nur lachen. Und Sie könnten Ihren Körper so innerlich losgelöst betrachten, daß Ihnen der Gedanke an Krankheit und Tod keinerlei Angst mehr bereitet.

Stellen Sie sich vor, Sie hätten so große Disziplin, daß Sie einige der Kunststücke der Asketen vollbringen könnten. Ich machte einmal ein Retreat an den Gangesquellen. Der Kontrast zwischen der Backofenhitze in Delhi und der extremen Kälte dort oben an den Quellen ist außergewöhnlich; und da saß ich also morgens um drei, zusammen mit einigen Asketen. Ich hatte begriffen, daß es sinnlos war, ein Feuer zu machen: Es half nichts, es machte keinen Unterschied. Man muß lernen, die Kälte zu lieben, sie herbeizuwünschen und die frische kühle Luft durch alle Poren einzusaugen. Es war erstaunlich, wie gut ich mich den Bedingungen anpassen konnte. Das ist der Weg des Asketen; wenn Sie das einmal getan haben, fühlen Sie, daß Ihnen nichts mehr unmöglich ist. Es gibt ein herrliches Selbstvertrauen. Und das ist ganz besonders wichtig für Menschen, die eine Art künstliches Leben in einer Überflußgesellschaft zu leben haben.

Wir möchten so voller Freude sein, daß wir nur noch tanzen. Die Menschen fragen sich gewöhnlich, ob etwas mit uns nicht stimmt, wenn wir vor Freude tanzen, aber kümmern wir uns nicht darum und tun wir es einfach! Sie sollen sich nicht zwingen, voller Freude zu sein; worauf es ankommt ist, all jene Argumente zu entkräftigen, die Sie selbst dagegen vorzubringen haben, voll Freude zu sein — und es gibt selbstverständlich immer gute Argumente dagegen.

Ich habe Mutter Teresa in Calcutta besucht, wo sie und ihre Ordensschwestern sich um die Sterbenden kümmern. Die Bedingungen, unter denen sie arbeiten, sind einfach entsetzlich — man kann sich keine Vorstellung davon machen, womit sie es dort aufgenommen haben —, und sie alle sind voller Freude. Es gibt niemals eine Entschuldigung dafür, nicht voller Freude zu sein. Ich habe Menschen gesehen, die in Konzentrationslagern überlebt und die fürchterlichsten Qualen überstanden haben; einige von ihnen, die wahrhaften Helden, waren dabei voller Freude, und ihre Freude hat andere Menschen gerettet und ihnen Lebensmut gegeben. Es gibt im Süden Frankreichs eine Christusstatue, die ihn auf dem Kreuz tanzend zeigt — ein herrliches Symbol der Auferstehung.

Auch wollen wir frei sein — so frei, daß jedermann uns beleidigen kann und es uns nichts ausmacht, frei vom Bild unserer Person, so daß wir uns nicht mehr mit ihr identifizieren. Eine weitere große Herausforderung ist es, sich von seinen Meinungen zu befreien. Meinung ist das Resultat eines Blickpunktes. Wenn Meinungen richtig wären, würde jeder ihnen zustimmen. Um eine Angelegenheit wirklich korrekt beurteilen zu können, muß man sie von allen Seiten gleichzeitig betrachten. Eine Meinung ist starr — sie ist die Summe einer Erfahrung oder ihre Autopsie, einer Erfahrung, die zum Fossil geworden ist. Wo Wirklichkeit erfahren wird, ist sie immer neu und immer lebendig — und sie ist etwas, das sich nie sagen läßt.

Wir müssen uns außerdem befreien von persönlichen Emotionen — von jener Art von Erfahrungen, die wir machen, wenn etwa unser Partner uns verläßt und eine Welt für uns zusammenbricht. Wenn Sie innerlich absolut frei sind, dann können Sie lieben, ohne von Gegenliebe abhängig zu sein. Der Weg, dies zu vollbringen, ist, in die Emotionen des Kosmos hinter den individuellen Emotionen zu gelangen. Dann erkennt man, daß man eingeladen ist, teilzunehmen an den großen Feiern im Himmel, während man sich hier sorgt um einen Sturm im Wasserglas. Man stelle sich das wunderbare Erlebnis vor, aufzuwachen aus der eigenen Perspektive und das Wunder des Lebens zu begreifen, das wir allezeit verpassen!

Wie kann man sich auf die kosmischen Dimensionen einstimmen? Wir können mit ganz einfachen Dingen beginnen, wie etwa im Wald zu wandern. Viele von uns besitzen die Fähigkeit, mit der Natur zu kommunizieren — und in Amerika gibt es heute, glücklicherweise, eine ganze Bewegung, die sich zum Ziel gesetzt hat, zurückzugehen zu Mutter Erde, zu versuchen, sie zu verstehen und tatsächlich das Gefühl einer Kommunikation mit der Erde zu entwickeln. (Dies hat auch seine Anwendung im Bereich der Ernährung, und den Beweis liefert uns vielleicht eines Tages unsere Gesundheit.)

So kann man lernen, einzutreten in das Bewußtsein der Bäume und der Blumen. Wie fühlt es sich an, eine Blume zu sein? Sie können es erleben — alles, was Sie zu tun haben, ist, sich vor die Blume zu setzen und in ihr Bewußtsein zu gelangen. Sie kennen sie nicht wirlich, wenn Sie sie nur von außen betrachten. Stellen Sie sich vor, eine Blume zu sein: Stellen Sie sich vor, mit welcher Sehnsucht sie versucht, all den verborgenen Reichtum ihres Wesens zu verwirklichen, die Unsicherheit, die sie empfindet bei ihrem zerbrechlichen Halt auf der Erde, und wie sie den Tod überlebt, indem sie zu Parfum wird. Im Bewußtsein der Blume gibt es viel mehr, als man jemals mitbekommen könnte, wenn man sie lediglich von seinem eigenen Standpunkt aus betrachten würde.

Sind Sie jemals in das Bewußtsein Ihres Hundes gelangt? Sein größter Kummer besteht darin, daß Sie ihn behandeln wie einen Hund. Würden Sie in sein Bewußtsein eintreten, so würden Sie feststellen, daß er ständig versucht, in Ihr Bewußtsein zu gelangen, während Sie ihn zurückweisen und wie einen Hund behandeln. Er bewundert Ihre Intelligenz. Er bleibt gefangen in seinen Instinkten und es gelingt ihm daher der Versuch nicht, sich so weit zu erheben, daß er Ihr Bewußtsein erreichen könnte. Etwas ganz anderes ist es dagegen, wenn *wir* versuchen, in das Bewußtsein anderer Wesen einzutreten!

Wir können selbstverständlich eintreten in das Bewußtsein menschlicher Wesen. Nehmen Sie zum Beispiel den Menschen, der Ihnen am meisten das Leben schwer macht: Wenn es Ihnen gelingt, in seine Haut zu gelangen, werden Sie ihn vielleicht sehr viel besser verstehen lernen und werden zumindest begreifen, daß er sich selbst bei seinen Handlungen im Recht fühlt — ob seine Rechtfertigungen legitim sind oder nicht und ob Sie seinen Argumenten zustimmen, ist eine andere Frage. Oder: Wenn Sie mit jemandem sprechen, so können Sie, anstatt ihn von Ihrem persönlichen Standpunkt aus zu beurteilen, sich vergegenwärtigen, wie Sie auf ihn wirken — ja sogar, wie Sie äußerlich auf ihn wirken — und was Sie ihm antun, anstatt nur zu erfahren, was er Ihnen antut. Sie gelangen in das Bewußtsein der anderen Menschen und erkennen, daß es im ganzen Universum kein Wesen gibt, zu dem Sie nicht Kontakt aufnehmen können. Wenn man Zugang hat zum Bewußtsein aller Wesen, so gewinnt die Natur einen Reichtum, den man sich vorher nicht hätte vorstellen könne. Zuvor hat man sie nur vom eigenen Standpunkt aus wahrgenommen; jetzt erlebt man den ganzen Reichtum, der sich zu seinen Füßen ausbreitet, während man durch die Natur wandert und in das Bewußtsein jedes einzelnen Grashalmes und aller Blumen und Bäume eintritt. Es gibt uns eine völlig neue Sichtweise der Welt: Wir erleben uns selbst als das beobachtete Objekt anstatt als beobachtendes Subjekt. Die gesamte Natur ist völlig umgewandelt. Wie die Sufis sagen: Wir erleben das, „was durchscheint durch das, was erscheint".

Auf einer bestimmten Stufe der Meditation beginnt man eine Art von Programmierung hinter den Ereignissen zu spüren. Doch es ist eine Programmierung besonderer Art: Sie wird fortlaufend umgeschrieben, verbessert, angepaßt; es ist nicht jene Sorte Programm, die von allem Anfang an fest vorgegeben ist. Dieses Programm rechnet mit dem freien Willen der Menschen. Um zurückzukommen zu jenem Menschen, der Sie wütend macht: Vielleicht ist er dazu ausersehen worden, der Stock zu sein, mit dem Gott Ihnen einen Stoß gibt. Es mag sein, daß gerade er sich besonders gut für diese Rolle eignet, doch das ist seine Sache. Soweit es Sie betrifft, gibt es Gründe dafür, warum gerade diese Person gewählt wurde. Der Programmierer möchte Sie zu einer bestimmten Einsicht bringen, und auf einfache Weise ist es ihm nicht gelungen, so mußte er es auf die harte Tour machen — obwohl es auch damit nicht immer gelingt.

Doch jener kurze Blick in die Programmierung des Universums ist die erste Dimension der Meditation — die kosmische Dimension. Der erste Schritt, über seinen eigenen persönlichen Standpunkt hinauszugelangen, ist, den Standpunkt eines Anderen einzunehmen. Wir sind davon überzeugt, daß uns das unmöglich ist, daß wir immer die Dinge aus unserer Perspektive werden sehen müssen; es ist uns seit jeher so gelehrt worden. Wir glauben, daß unser Bewußtsein so etwas ist wie ein kleiner Mann in einer Maschine, und daß es sich genau hier in unserem physischen Körper befindet.

Tatsache ist, daß das Bewußtsein durch den Raum reisen kann. Man stelle sich zum Beispiel eine Pyramide oder einen Tetraeder aus Kunststoff oder Kristall vor, der von der Decke herabhängt. Man kann sich vorstellen, wie er aussieht vom einen oder vom anderen Winkel aus betrachtet, von oben oder von unten. Dies zeigt, daß man sein Bewußtsein durch den Raum reisen lassen kann — es ist nicht auf den physischen Körper beschränkt. Die kosmische Dimension wird erreicht durch die Fähigkeit, das Bewußtsein über seinen Brennpunkt hinaus zu erstrecken. Man könnte sagen, daß das gesamte Bewußtsein des Universums gebündelt ist im Menschen, ebenso wie das Wasser fokalisiert ist in den Strudeln und Strömungen des Ozeans. Wir gehen davon aus, daß ‚Bewußtsein' lediglich die Fokalisierung von Bewußtsein ist. Wenn Sie die Psychophysiologie studieren, werden Sie finden, daß das Bewußtsein des Menschen sowohl fokalisiert als auch holistisch ist, womit gesagt ist, daß es nach Art einer Linse arbeitet: Die Linse reduziert die Landschaft auf ein Bild. Ebenso reduziert unser Bewußtsein die Gesamtheit unserer Erfahrung auf eine sehr begrenzte *Wahrnehmung*. Andererseits sehen unsere zwei Augen zwei vollständig verschiedene Bilder und machen ein Ganzes daraus, und so wissen wir, daß unser Bewußtsein holistisch arbeiten kann. Man kann die Einstellung des Bewußtseins verschieben, um eine mehr holistische Arbeitsweise zu erreichen: Das Bewußtsein kann sich erweitern, so daß man erfahren kann, wie es ist, alle Dinge zu sein. Es ist dies die elementarste aller mystischen Erfahrungen.

In der Meditation ist es tatsächlich sehr hilfreich, zu erkennen, daß lediglich der partikelartige Aspekt des Körpers im Raum lokalisiert ist. Sein wellenartiger Aspekt ist ausgebreitet über das gesamte Universum. Wir haben somit lediglich die Vorstellung, daß unser Körper im Raum lokalisiert ist und räumliche Grenzen hat. An diesem Punkt kommt uns die moderne Wissenschaft zu Hilfe, um uns der Wahrheit dessen zu vergewissern, was eine der grundlegendsten mystischen Erfahrungen ist. Jedermann geht von der allgemeinen Annahme aus, daß Teilchen oder Personen oder Körper auf verschiedene Orte im Raum verteilt sind. Doch das ist nur eine Dimension der Wirklichkeit — der explizite Zustand, wie ihn David Bohm nennt. Im impliziten Zustand existiert jedes Teilchen als Welle, interferierend mit allen anderen über den gesamten Raum hinweg. In diesem Sinne können wir sagen, daß wir uns auf dem einen Ende der Skala als verschiedene Körper und verschiedene Individuen erfahren und mit anderen Individuen kommunizieren, die von uns verschieden zu sein scheinen. Doch es gibt eine Dimension unseres Wesens, wo wir alle eins sind, und wo wir kommunizieren, ohne in Begriffen des Anderen als von uns verschieden zu denken. Es gibt keinen Anderen, und es gibt keinen Raum und keine Zeit.

Auch unser Denken pendelt zwischen diesen beiden Extremen. Beispielsweise können wir von uns selbst denken in Begriffen des ‚Hier-seins', des ‚Ich', des Bewußtseins — „Ich nehme jenen Baum dort wahr", oder: „Jene Person dort, die anders ist als ich und deren Gedanken von den meinen verschieden sind". Doch ein Teil unseres Denkens, hauptsächlich das intuitive Denken, ist eine Art übergreifenden Verstehens, das viele verschiedene Gedanken einschließt — eine globale Erkenntnis, die sich nicht aus einzelnen Gedankenkörnern zusammensetzt, sondern in der alle Gedanken zu einer einzigen Erkenntnis zusammengeschmolzen sind. Es gibt ein Denken, das völlig sachbezogen ist, doch es gibt auch einen Zustand der Versunkenheit, wo wir nachsinnen über die Bedeutung einer Situation. All die verschiedenen Gedanken werden in ein Gesamtbild vereinigt, welches man die implizite Form des Denkens nennen könnte, wie man sie während der Meditation erlebt, wenn man die raumzeitliche Wahrnehmung überwunden hat und nur noch der Sinn übrigbleibt. Tatsächlich erreicht man, wie Buddha sagt, einen Punkt, wo das Wort ‚Ich' keinen Sinn mehr hat. Das sind die großen Augenblicke. Es ist eine großartige Erfahrung, und sie findet ihre Vollendung, wenn wir, anstatt unser Bewußtsein nur in die Leere hinein auszubreiten, tatsächlich eindringen in das Bewußtsein aller Wesen. Wir nehmen Kontakt zu ihnen auf durch unser Bewußtsein, denn alles ist Teil eines einzigen Bewußtseins, des göttlichen Bewußtseins. Das ist die kosmische Dimension.

Die andere ist die transzendentale Dimension, wie wir sie nennen. Es ist die zweite Stufe: einzutreten in das Denken, das die Blume oder der Baum *geworden* ist — das Denken der göttlichen Ordnung hinter dem Universum. Man sieht das gesamte physische Universum als die Kristallisation von Gedanken — den Gedanken des einen Wesens — und hinter ihnen die Emotion jenes Gesamtwesens und dahinter sein Bewußtsein. Man kann sich die kosmische Dimension als horizontal und die transzendentale als vertikal vorstellen. Transzendentale Dimension bedeutet den Eintritt in verschiedene Ebenen der Realität.

Es ist eigenartig genug: Genau das tut die Wissenschaft. Die Schalen eines Atoms beispielsweise, seine Umlaufbahnen werden beschrieben als Elektronen, die den Atomkern umkreisen. Sie sind angeordnet nach Regeln der Harmonik oder der Mathematik. Selbst wenn einige dieser Schalen nicht von Elektronen besetzt sind: Sobald ein Elektron in einen angeregten Zustand gelangt, verläßt es seinen Orbit und springt in einen höheren — doch innerhalb einer vorbestimmten Ordnung. Dies ist ein Hinweis dafür, daß Geist der Materie zugrundeliegt, eher als daß er ihr vorausgeht, und er hat den Vorrang, weil jene ganze noëtische Realität — die Ordnung hinter dem Universum — die Struktur aller Dinge im Universum vorgibt. Das Interessante ist, daß man in das Bewußtsein dieser Ordnung eintreten kann; tut man es, so entdeckt man eine Art von Harmonie. Was man dabei erlebt, ist dem, was Johann Sebastian Bach in seiner Musik beschreibt, sehr ähnlich, denn er tritt ein in den Strom der Ordnung hinter dem Universum und in seiner Musik kommt es zum Vorschein. Es geht darum, in eine Resonanz zu kommen mit jener Ordnung, und man kann beginnen bei Lebenwesen wie Blumen, Tieren und so weiter, aber schließlich darüberhinaus gelangen und zuletzt in die Ordnung hinter dem Universum eintreten. Dann wird man den Unterschied erkennen zwischen dem Denken eines Baumes und dem Denken, das ein Baum *geworden* ist.

Wenn Sie im Wald spazierengehen, was sehen Sie von den Bäumen? Sie sehen nur ihre Rinde; um die Wirklichkeit des Baumes zu erfahren, müssen Sie in sein Bewußtsein gelangen. Die Rinde ist nur ein sehr kleiner Teil des Baumes, und das ist alles, was Sie sehen. Dahinter liegt das Bewußtsein, das Baum geworden ist. Gelangt man in dieses Bewußtsein, so wird man über das eigene Verständnis hinausgetragen und erkennt, daß jenseits des Verständnisses des *mind* ein Gefühl von Beziehungen existiert, oder eine *ratio*, was die lateinische Wurzel von ‚rational' ist — auch wenn sich dieses Wort inzwischen völlig von seinem etymologischen Ursprung entfernt hat, der eine ganz andere Bedeutung hatte als der Begriff der Logik. Es hat zu tun mit einem Empfinden von Proportionen, wie etwa die arithmetische, die geometrische und die harmonische Reihe. Wenn Sie in die Ordnung hinter dem Universum eintreten, entdecken Sie wunderbare Proportionen und Beziehungen — die Matrix aller Dinge, ihre Grundlage —, und dann wird alles recht verwickelt und vielschichtig. Der Einfallsreichtum der göttlichen Ordnung ist unbeschreiblich.

Man kann es vergleichen mit dem Modell einer unendlichen Musik mit einem ständig wiederkehrenden Thema, ein wenig wie der ‚Bolero' von Ravel etwa, auch wenn darin eine relativ geringe Vielfalt herrscht, verglichen mit den hochgradig komplexen Toccatas und Fugen von Bach, wo drei und manchmal vier verschiedene Themen sich mischen, verbinden und miteinander wechselwirken und damit ganz neue Themen hervorbringen. Hinter die Ordnung des Universums zu gelangen ist von einer Faszination, die sich nicht beschreiben läßt.

Doch es gibt noch mehr, und das ist die Emotion hinter dem Universum. Gelangt man in diese, so entdeckt man plötzlich hinter allem, was man durch seine Sinne erfährt, die Unterströmung einer kosmischen Emotion. Vielleicht dämmert Ihnen dann, wie überaus belanglos Ihre persönlichen Emotionen sind. Ich habe mich oft gefragt, ob Mutter Teresa irgendwelche persönlichen Probleme hat — natürlich wird sie welche haben, wie jedermann —, aber ich denke, daß sie ihr einfach unwichtig geworden sind, und es gibt einen Weg, denke ich, sich zu erheben über die eigenen persönlichen Stürme im Wasserglas und an jenen großen Zyklonen kosmischer Emotionen teilzunehmen. Dieses Erlebnis transformiert unser Wesen.

Vielleicht ist die drängendste Not eines jeden Menschen das Verlangen nach Transformation — und zwar in einer praktischen und greifbaren Weise, in der eigenen Persönlichkeit. Wie läßt sich eine Verwandlung der Persönlichkeit herbeiführen? Man wird es nicht schaffen, indem man an sich selbst arbeitet, um dann zu sagen: „Mir fehlt Stärke — ich muß mit Kraft arbeiten, um stärker zu werden". So geht es nicht. Doch ist man einmal in die Emotion hinter dem Universum gelangt, so passiert von selbst eine grundlegende

Transformation. Man beginnt die Freuden und Leiden der Menschen zu fühlen, spürt die Unehrlichkeit der Menschen, wenn sie nicht aufrichtig sind oder wenn sie versuchen, uns zu manipulieren. Darüberhinaus sieht man haargenau, auf was man sich in seinem Leben eingelassen hat. Die meisten von uns begreifen überhaupt nicht, wie sehr sie sich verstrickt haben in alle möglichen Umstände. Wir haben unsere Freiheit, das Wertvollste in der Welt, für ein Linsengericht verkauft. Und jetzt ist es allerdings recht schwer, aus all dem, worin man verwickelt ist, wieder herauszukommen. Jene transzendentale Dimension gibt uns eine Art von Perspektive, aus der wir unser Leben sehr objektiv überblicken können.

Das führt uns zu der Frage, was denn Transzendenz eigentlich ist. Es ist einer der grundlegendsten Glaubenssätze, die wir haben, daß das, was wir mit dem Wort ‚Gott' meinen, ein Wesen ist, dessen Körper die Gesamtheit des Universums ist. Wir gelangen zu dieser Erkenntnis, wenn wir unseren eigenen Körper betrachten und sehen, daß er aus dem Stoff des Planeten geformt ist und daß wir in unserem Körper an der Natur des gesamten Planeten teilnehmen. Die Alten pflegten zu sagen, daß unser Körper nur geborgt ist, doch es ist auch wahr, daß wir unser Körper sind; es ist nur für den Verstand schwer, zu begreifen, daß es möglich ist, zweierlei gleichzeitig zu sein. Als ich an der Universität Logik studierte, lernte ich den folgenden Syllogismus: „Der Mensch ist sterblich. Sokrates ist ein Mensch. Also ist Sokrates sterblich". Das ist Logik, und nach ihr kann Sokrates nicht sterblich und unsterblich zugleich sein. Er ist entweder das eine oder das andere. Die katholische Kirche schränkt diese Logik ein, indem sie sagt, daß Christus sowohl göttlich als auch menschlich sei, doch wie, das sei ein Mysterium. Heute ist die Wissenschaft zu dem Schluß gelangt, daß jene veraltete Logik unserem Verständnis der Phänomene im Wege steht — etwa der Erkenntnis, daß Materie gleichzeitig Welle und Partikel ist.

Jedenfalls ist die Grundannahme der meisten Menschen, wenn sie das Wort ‚Gott' gebrauchen, die, daß Gott ein Wesen sei, dessen Körper das physische Universum ist, und dessen Wirklichkeit sich entsprechend über alle anderen Ebenen erstreckt — die des geistigen Wesens, des emotionalen Wesens und so weiter. Diese Sichtweise ist das, was Immanenz genannt wird. Viele Theologen können diese Sichtweise nicht akzeptieren, aus dem einfachen Grund, daß in diesem Universum so viel Unvollkommenheit existiert.

Wie kann man das Gott nennen? Wenn alles, was wir sehen, Gott ist, ergeben sich Probleme, und so wird man vielleicht bei Seiner Transzendenz bleiben wollen und sagen: „Nein, dies ist nur die Schöpfung, und Gott ist jenseits der Schöpfung". Doch man könnte auch einen Vergleich ziehen zum menschlichen Körper und sagen, daß, auch wenn Fingernägel und Haare zum Körper gehören, sie doch offenbar weniger intelligent sind als etwa die Gehirnzellen; es gibt eben graduelle Abstufungen. Man könnte das physische Universum als eine Art Auswuchs Gottes betrachten, der ein ganz besonderer Kern innerhalb dieser Ganzheit ist. So läßt sich das Konzept der Transzendenz aufrechterhalten — wenn auch natürlich nur im Verstand.

Ich weiß nicht, welche Art von Chemie oder welches Zusammentreffen von Umständen es einem menschlichen Wesen ermöglicht, Gott zu erfahren, und ich bin dieser Frage stets skeptisch gegenübergestanden, denn ich habe mich oft gefragt, ob wir Gott nicht anthropomorphisieren oder in unserer eigenen Vorstellung erschaffen und Ihm dann Dinge zuschreiben, die uns vertraut sind. Die Erfahrung Gottes ist etwas, das wir erlangen, wenn wir in das Bewußtsein der Ordnung hinter dem Universum eintreten und in die Emotion hinter dieser Ordnung. Dann erkennen wir Gott plötzlich sehr klar, nicht als ein Prinzip, sondern als Wesen. Selbstverständlich spreche ich aus eigener Erfahrung, und man kann einwenden: „Mag sein, doch Ihre Erfahrung kann verzerrt sein durch Ihren Hintergrund und anderes". Ich bin mir bewußt, daß ich mich hier auf dünnem Eis bewege: Man muß die Erfahrung selbst machen und wird selbst erkennen.

Es ist das Gefühl von Heiligkeit, das uns die Überzeugung gibt. Es ist ein Wort, das heute in Vergessenheit geraten ist: Wir haben den Sinn für das Heilige verloren. In der Vergangenheit gab es Geschichten von Menschen, die wirklich heilig waren — die Geschichte von Vater Seraphim zum Beispiel, einem orthodoxen Mönch, der im achtzehnten Jahrhundert lebte. Er hatte die offizielle Kirche verlassen und lebte als Einsiedler im Wald. Menschen pflegte er aus dem Weg zu gehen und versteckte sich hinter Bäumen, wenn Leute nach ihm suchten — nur wenn Kinder da waren, kam er hervor, denn er liebte Kinder. Eines Tages gelang es einem Mann, ihn zu finden und ihn anzusprechen: „In der Kirche reden sie über den Heiligen Geist, aber keiner kann mir sagen, was das ist". Vater Seraphim ließ seine Holzfälleraxt fallen, packte den Mann bei den Schultern und schüttelte und schüttelte ihn. Später berichtete der Mann, daß ein derartiges Licht in den Augen von Vater Seraphim geleuchtet habe, daß er plötzlich in seiner Seele eine Art Schock fühlte und in diesem Augenblick den Heiligen Geist erkannte.

Dies ist eine wunderbare Geschichte, denn wir haben unsere Vorstellungen von Spiritualität, doch sie ist etwas, das erfahren werden muß. Und der einzige Weg, sie zu erfahren, ist durch ein menschliches Wesen. Es gibt Menschen, die reiner Geist geworden sind. Auf einer Pilgerfahrt durch Indien traf eine Gruppe von uns den wohl größten Rishi Indiens. Niemals besucht er jemanden, und meistens ist er im Samadhi versunken. Selbst wenn man zu ihm geht, hat man keinen Kontakt mit ihm. Doch er kam, um uns zu sehen, und als er da war, erfüllt er den ganzen Raum mit seiner Gegenwart, deren überwältigender Wirkung sich keiner von uns entziehen konnte. Man kann sich nicht vorstellen, was mit einem Menschen geschieht, der derart ergriffen ist vom Wesen Gottes. Er war nahezu neunzig Jahre alt; sein Körper war ein Wrack, er konnte nur noch Früchte essen. Er konnte nicht mehr gehen, aber er konnte tanzen. Er tritt für drei oder vier Tage in tiefes Samadhi ein. Dann kommt er für einen Augenblick zurück und bittet um Essen. Man reicht ihm einen Apfel, legt ihn in seine Hand. Wenige Minuten später gleitet der Apfel aus seiner Hand und er ist wieder im Samadhi, für weitere drei Tage. Durch diese Lebensweise ist er ein Kanal geworden für eine Art von Heiligkeit, die wirklich außergewöhnlich ist.

Es ist unser Wunsch, Menschen in ihren spirituellen Idealen zu bestärken, denn es hängt so viel ab von jener zaghaften Hoffnung eines menschlichen Wesens, daß seine hohen Ideale nicht nur bloße Einbildung sein mögen. Darum geben so viele Menschen sich selbst auf — weil sie überzeugt sind, daß das, woran sie einmal glaubten, Illusionen sind. Es ist die Verzweiflung des Menschen, und darum ist Spiritualität so wichtig. Doch eine vorgekaute, intellektuelle, unwirkliche Spiritualität schadet mehr als sie nützt. Man muß Spiritualität wirklich leben. Und wirklich zu erleben, was sie bei einem Menschen bewirken kann, ist das allerwichtigste. Von diesem Moment an ist Spiritualität kein Glaube mehr; sie wird Wirklichkeit.

Dies ist die Botschaft, die ich für Sie habe: Sie können die Erfahrung bekommen. Sie sollten allerdings bedenken, daß jede Erfahrung interpretiert wird: Die *Erfahrung* sagt uns, daß die Sonne sich um die Erde bewegt, und darum muß sie reinterpretiert werden, damit wir erkennen können, daß das

Gegenteil richtig ist: daß die Erde sich um die Sonne dreht. Erfahrung allein ist nicht genug. Sie muß verdaut werden. Und was noch sehr viel ernsthafter ist: Manchmal wird die Erfahrung behindert durch unseren geistigen Hintergrund. Meinungen und Grundsätze stehen der Erfahrung im Weg, und es kann sein, daß, solange ein Mensch fortfährt, auf seine Weise zu denken, er niemals die Erfahrung machen kann. Einige unserer Denkgewohnheiten müssen verschwinden, bevor wir mit der Meditation beginnen können.

Zuerst müssen wir verstehen lernen, daß die Art und Weise, wie die Dinge aussehen, von unserem Standpunkt abhängt. Dann gilt es zu begreifen, daß unser Verständnis durch unsere Logik beschränkt ist — durch die Annahme, daß ein Ding nicht gleichzeitig sein Gegenteil sein kann. Die traditionelle Methode, sich der Erfahrung von Transzendenz zu nähern, die in Indien gepflegt wird, besteht darin, seinen Körper zu betrachten und zu erkennen, daß er aus dem Stoff der Erde gemacht ist. Dann sagt man sich: „Wie kann ich Knochen sein und Fleisch und Blut und Herz? Das kann ich nicht sein; es ist nur so geworden — es ist die Weise, wie die Natur die Dinge darstellt. Warum denke ich, daß ich das bin?" Und so löst man sich von der Verhaftung an seinen Körper.

Danach betrachtet man seinen Geist und überlegt: „So ist also der Geist beschaffen — warum denke ich, es seien *meine* Gedanken? Die Natur hat die Körper der Menschen ähnlich erschaffen, und ebenso ähneln auch die Gedanken der Menschen einander. Wie kann ich denken, daß es meine Gedanken sind?" Man mag weiter denken, daß man immerhin eine eigene Meinung hat, die von der Meinung Anderer verschieden ist, daß man also doch einige originelle, authentische Gedanken habe. Wir haben Einfluß auf unseren Körper: Wir können diesen Klumpen Fleisch in Bewegung setzen, was eigentlich sehr bemerkenswert ist. Wir haben eine ganz besondere Beziehung zu diesem einen Klumpen Fleisch — nur ihn allein können wir bewegen. Doch daraus folgt nicht, daß wir dieses Stück Fleisch *sind*. Ganz genauso haben wir eine besondere Verbindung zu unserem Denken. Ich benutze lieber den Begriff ‚Denken' als den des ‚Verstandes', denn ‚Verstand' ist ein statischer Begriff und ‚Denken' ein dynamischer. Doch wir sind nicht unser Verstand, wenn es auch wahr ist, daß wir ihn lenken können.

Dann kommen wir zu unserer Persönlichkeit und dem Erbe unserer Vorfahren — nicht nur unserer Eltern; tatsächlich hat das ganze Universum zur

Formung dieser unserer Persönlichkeit beigetragen. Die Natur hat dieses Werk vollbracht. Kann man sagen: „Das bin ich?" Der Hinduphilosophie entsprechend müßte man sagen: „Nein. Ich bin nicht meine Persönlichkeit. Ich bin nichts, das erschaffen ist". Und ich vermute, daß das seinen Grund darin hat, daß man irgendwie spürt, daß alles, was erschaffen wurde, eines Tages wieder vergehen wird, und daß, wenn ich sage „Ich", ich irgendwie ganz grundsätzlich davon ausgehe, daß ich etwas überdauerndes meine — zumindest in der Hinduphilosophie. Es existiert ein Gefühl von Ewigkeit im menschlichen Wesen, und so kann man etwas, das vergänglich ist, letztlich nicht als sich selbst ansehen und muß es trennen von dem, was ewig ist. Das ist ein Grundaspekt der hinduistischen und buddhistischen Denkweise.

Im Christentum, wo das Motiv der Wiederauferstehung eine große Rolle spielt, denken wir anders. Der Christ wird dem Hindu antworten: „Nein. Die Dinge sind nicht vergänglich, denn es ist möglich, daß das, was geformt wurde, einmal verewigt wird — daß es verwandelt wird und ewig, und das ist der Sinn der Auferstehung." Man kann dies ein Dogma nennen; aber was bedeutet es letztlich? Heißt es, daß sich der Körper einmal aus dem Grab erheben wird, wie manche Menschen dachten? Nein. Wenn wir tief in diese Frage eindringen, werden wir den wahren Sinn verstehen. Der beste Vergleich ist: Wenn wir tausende von Blumen haben, so werden sie sicher verblühen, doch können wir ihren Duft, ihr Parfum herausziehen, so wird dieses Parfum ewig leben. So ist Auferstehung zu verstehen.

Nichts im Universum geht verloren. Das ist eine Wahrheit in der Naturwissenschaft, und es ist eine allgemeine Wahrheit. Was immer Sie durch Ihren Körper erlangt haben — etwa Ihr Gesicht —, selbst wenn es allmählich vergeht mit dem Älterwerden, verloren geht es niemals. Es muß sich verwandeln, natürlich. Und wenn es so ist, dann ist das, was die Hindus für vergänglich ansehen, nicht vergänglich. Es ist Wirklichkeit und es ist wertvoll. Es wird überleben, und darum können wir nicht auf den Körper blikken und sagen: Es ist nur der Körper. Wenn Sie tatsächlich beginnen, in das Bewußtsein des Körpers einzutreten — in das Leben der Zellen, die Intelligenz der Zellen und sogar der Moleküle, der Elektronen und Photonen —, so werden Sie begreifen, was für ein Wunder unser Körper ist. Er ist ein Wunder. Und was noch mehr ist: Etwas ist gewonnen worden dadurch, daß im lebenden Körper der Geist eindringen konnte in die Materie.

Darum haben wir jetzt einen neuen Weg. Wir müssen anerkennen, daß wir zugleich sowohl vergänglich als auch ewig sind. Es ist im Grunde recht einfach, zu sagen: „Ich bin nicht mein Körper, nicht mein Verstand, nicht meine Persönlichkeit". Und, selbstverständlich, wird man auch an jenen kritischen Punkt gelangen, wo man sein Bewußtsein betrachtet und erkennt, daß es auch nur erschaffen ist — daß es nur ein Wirbel ist im Ozean des Bewußtseins. Ist man in der Lage, sich mit dem gesamten Bewußtsein zu identifizieren — nicht mit einem Blickpunkt, sondern mit dem übergreifenden Bewußtsein — und dann dieses Bewußtsein zu betrachten und zu sehen, wie die Dinge erscheinen vom Blickpunkt des begrenzten Bewußtseins aus, dann kann man erkennen, daß es seinen Wert hat, seinen relativen Wert, während man dennoch darüber hinausblickt. Es ist eine großartige Erfahrung, und es ist leicht, Transzendenz zu erleben, wenn man diese Methode benutzt.

Doch in Wirklichkeit sind wir auch unser Körper und unser Verstand und unsere Persönlichkeit, und wenn wir fähig sind, in das göttliche Bewußtsein zu gelangen, ohne durch den persönlichen Standpunkt begrenzt zu sein, so haben wir die Antwort. Die neuen Methoden der Meditation führen uns nicht zur Flucht aus der Realität, indem wir etwa unser Bewußtsein in eine Art abstrakten Zustand emporheben, sondern sie führen uns mitten hinein in das göttliche Bewußtsein, und wir sehen, was im Kosmos geschieht und in uns selbst. Hazrat Inayat Khan sagt, daß es die Freude Gottes ist, sich selbst im vollkommenen menschlichen Wesen zu entdecken. So können wir sagen, daß unser Sinn darin liegt, soweit als möglich ein Ausdruck des göttlichen Erbes zu werden und es sichtbar manifestieren zu können.

Als wir von der Persönlichkeit sprachen, stellten wir fest, daß sie in der Zeit entstanden ist. In uns liegt das Erbe unserer Eltern und Vorfahren — unserer Vorfahren in Engelswelten und vielleicht in früheren Inkarnationen — doch am allerwichtigsten ist das göttliche Erbe. Als Christus sagte: „Seid vollkommen wie euer Vater im Himmel", meinte er damit, daß wir das göttliche Erbe in uns tragen, und daß wir uns dessen bewußt werden müssen. Wir tragen die göttliche Vollkommenheit in uns. An diesem Punkt steht uns unser eigenes Verständnis im Weg: Wir halten uns selbst für einen Teil des Ganzen, und es ist sehr schwer zu begreifen, daß wir beides sind: Teil des Ganzen *und* das Ganze.

Wie können wir dieses vollkommene Erbe Wirklichkeit werden lassen? Die Antwort liegt darin, daß wir, um das werden zu können, was wir sind, uns selbst in einem anderen Wesen, einem anderen ‚uns selbst' erkennen müssen, das eher fähig ist, das zu manifestieren, was wir sind, als wir selbst es sind. Wir tragen es in uns, doch wir müssen es sehen, um es werden zu können, und darum suchen wir uns selbst im anderen Selbst — in anderen Menschen. Wenn Sie in einem anderen Menschen Qualitäten erkennen, die in Ihnen selbst liegen, so gibt Ihnen das den Mut, sie selbst zu leben. Sie erkennen, daß es möglich ist. Ansonsten zweifeln Sie daran, daß es möglich ist, selbst so zu sein: ‚Es scheint zu schön um wahr zu sein'; es scheint unwirklich. Darum ist der charismatische Guru heute so populär — obwohl in der Tradition der Sufis, wie Jalal ud-din Rumi sagt, der Pir-o-Murshid das Idol zerstört, das die Menschen aus ihm machen.

Plotin sagt: „Was man in der Kontemplation nicht erfahren kann, das versucht man in der Außenwelt zu erfahren". Doch alles ist innen. Gott ist gegenwärtig in der geheimen Kammer des Herzens. Aber du mußt Ihn sehen in der aufgehenden Sonne, in der mächtigen Gestalt des Elefanten, im Vogelflug und in einem wunderbaren Menschen, in der Musik und in all jenen Dingen, die etwas ausdrücken, das schon in dir ist und das dich dir selbst offenbart. Das ist das Prinzip der Meditation.

Kapitel 8

Die Erfüllung des göttlichen Sinns

Wir alle haben, wie ich fühle, unseren Anteil an der Dichotomie zwischen dem Weg des Sannyasin und dem Weg der Erfüllung im Leben. Sie ist nahezu angeboren. Wenn ich aus einem Retreat zurückkomme, kann ich spüren, daß ich an einen Punkt gelangt bin, wo ich sehr sensitiv geworden bin für die Unreinheit, den Egoismus, die Unverschämtheit und die Gemeinheit der Menschen, und ich fühle, daß ich nur dann wirklich glücklich sein kann und in Einklang mit meiner Umgebung, wenn ich in den Wäldern bin oder auf einem Berggipfel. Aus dieser Perspektive ist deutlich zu spüren, daß wir unsere Umwelt so vollständig ihrer Natürlichkeit entfremdet haben, daß ein feinfühliger Mensch in ihr kaum noch leben kann.

Auf der anderen Seite haben viele von uns nicht nur ein Gefühl von Verantwortung, sondern freuen sich des Lebens und all jener Dinge, die sich im aktiven Handeln erfüllen — worunter die großen Errungenschaften der Menschheit sind. Ich selbst bin froh, daß wir das Auto haben, und mir ist klar, daß viele Menschen in den Fabriken hart arbeiten müssen, um es zu ermöglichen. Und ich bin auch glücklich, daß es Tonbandgeräte gibt, so daß wir Musik hören können, ohne jedesmal ins Konzert gehen zu müssen, was manchmal schwierig wäre. Und ich genieße es, mich morgens duschen zu können. Ich freue mich, all das zu erleben, was der Kunst und der Leistung der Menschen zu verdanken ist: die großen Städte und den Geist, den sie repräsentieren — diese Menge harter Arbeit, Hingabe und Disziplin und ihren Sieg. Es ist mir zu billig, hinauszugehen und in den Wäldern zu leben. Wir sind aufgerufen, Spiritualität in den Alltag zu bringen. Wir können ein Retreat als einen Urlaub betrachten von dieser harten Aufgabe; in der Natur sitzen zu können, ist tatsächlich ein Urlaub. Doch den größten Teil unserer Zeit verbringen wir nicht damit, im Wald zu sitzen, und so erhebt sich die Frage, wie wir uns für den Alltag rüsten können, während wir dort draußen sind.

Diese Dichotomie geht noch sehr viel tiefer. Sie zog sich wie ein roter Faden durch eines meiner Retreats, wo ich ein großes Bedürfnis fühlte, Samadhi und die buddhistischen Meditationen zu erleben — das Bedürfnis, über das Leben hinauszugelangen in den Urgrund des Seins. Man ist nicht mehr derselbe, wenn man einmal hinter den Vorhang schauen konnte, und es kann kein Zweifel daran bestehen, daß wir damit beginnen müssen. Dann gibt es natürlich die Übungen der Sufis, die uns helfen, den Sinn alles dessen zu erkennen, was im Universum geschieht und entsteht. Wenn wir diese verschiedenen Übungen praktizieren und ihre Wirkung auf uns erleben, so wird all dies recht deutlich. Es ist sehr wichtig, die eigene Einstimmung genau spüren zu können — seine geistige Einstimmung —, und die Methode zu kennen, diese Einstimmung zu verändern; man sollte darüberhinaus sogar fähig sein, Entsagung zu praktizieren inmitten des aktiven Lebens. Man ist nicht notwendigerweise entweder in dem einen Zustand oder im anderen. Zuletzt sollte man beide Wege vereinigen können. Doch bevor uns das möglich ist, müssen wir ohne Zweifel jeden der beiden sehr tief erfahren.

Wir haben den Planeten verschmutzt, um nicht zu sagen, verwüstet. Selbst der Geist der Menschen ist unrein geworden. Das hat mit das Verlangen entstehen lassen, zurück in die Natur zu gehen und Sannyasin zu werden. Lebt man in einem künstlichen Haus, umgeben von künstlichem Material, so schirmt man sich damit ab von vielen Formen natürlicher Energie, wie etwa der kosmischen Strahlung, die von dem Dach über dem Kopf abgefangen wird. Doch man kann herausfinden, daß man Zugang hat zu einer anderen

Form von Energie. Es ist möglich, mitten in der Großstadt in einem Hochhaus zu sitzen und Zugang zu haben zu einer sehr hohen Energie, die nicht von der Erde abhängt — es ist eine ganz andere Energieform. Die Zivilisation hat ihre Nachteile, doch sie hindert niemanden daran, ein spirituelles Leben zu führen.

Heutzutage ist es in der Tat eine viel größere Leistung, Spiritualität ins Alltagsleben zu bringen. Das ist die Botschaft unserer Zeit, und das war das Werk von Hazrat Inayat Khan. Wenn wir durch seine Lehren gehen, so werden wir sehen, wie er gelegentlich seiner Sehnsucht nach Einsamkeit Ausdruck gibt. Diese Sehnsucht schlägt eine Saite in uns an, denn wir alle fühlen sie. Am Ende seines Lebens wanderte er am Ufer des Jamuna in Delhi und sah einen Sannyasin, der in seiner Hütte saß. Murshid grüßte ihn, und man konnte die tiefe Sympathie zwischen beiden fühlen. Und Murshid sagte zu einem seiner *Mureeds* (Schüler), der ihn begleitete, daß er selbst diesen Weg — den Weg des Sannyasins — hätte gehen können, daß er sich aber stattdessen entschlossen hätte, in den Westen zu gehen. Für einen Menschen aus dem Osten ist dies besonders schwer, denn die Haltung des orientalischen Schülers seinem Lehrer gegenüber ist ganz anders. Ich erlebe es oft, daß Menschen zu mir kommen mit den Händen in den Hosentaschen oder einer Zigarette im Mund, oder daß sie liegen und mir die Füße entgegenstrecken. Niemand würde etwas derartiges im Osten tun; niemand würde auf seinen Lehrer zugehen und sagen: „Können Sie mir dieses und jenes mal erklären?" Murshid muß gelegentlich sehr schockiert gewesen sein. Er ging durch einige wirklich harte Erfahrungen bis hin zu Rassendiskriminierung.

Wir wissen, daß die Erfahrung der Ekstase von Einsamkeit und Samadhi, wenn man sie einmal gemacht hat, so umwälzend ist, daß es uns hinterher schwer fallen wird, uns mit den Dingen des Alltags zu beschäftigen. Wenn es uns aber gelingt, diesen Drang zur Einsamkeit zu überwinden und den Sinn hinter allem zu erkennen, was im Leben geschieht, dann allerdings fällt alles von selber an seinen Platz. Das ist der Grund, warum Murshid so nachdrücklich betont, wie wichtig es ist, das göttliche Bewußtsein in der Manifestation der Welt zu erfahren. Man kann spüren, daß sich der göttliche Sinn im Bewußtsein des göttlichen Wesens erfüllt — in der Ekstase der Manifestation des göttlichen Wesens.

Hazrat Inayat Khan spricht von einem zweifachen Erwachen. Er sagt, es gibt ein Erwachen im Schlaf in der Nacht der Zeit und ein Erwachen an der Oberfläche der Welt, dem Bereich der Manifestation. Wir neigen dazu, die Sache etwas zu übertreiben, wenn wir uns abwenden von dem künstlichen Leben, das wir im allgemeinen führen. In unserem Leben gibt es vieles, das nicht in Einklang ist mit der Natur. Das eigentliche Ziel allerdings besteht darin, sich nicht von seiner unmittelbaren Umgebung in die Falle locken zu lassen, sondern das Bewußtsein weit geöffnet zu halten, sich nicht fangen zu lassen in dem Gefühl seiner Begrenztheit, sondern das Bewußtsein hoch zu halten. Den Schlüssel dazu kann man in den Worten von Hazrat Inayat Khan finden, wo er sagt, daß der Derwisch, ob er in einer Blechhütte lebt oder in einem Palast, immer ein König ist. Der Ort, an dem ein Mensch lebt, ist es nicht, was den eigentlichen Unterschied ausmacht. Das Bewußtsein macht den Unterschied. Ob Sie Holz hacken, ob Sie einen Chor dirigieren, ob Sie waschen, schreiben, in der Fabrik arbeiten, Sie können dennoch ein König sein oder eine Königin. Es ist eine Sache des Bewußtseins Ihrer göttlichen Erbschaft.

Unser Problem ist, daß wir alle in unserer Identifikation mit unserer eigenen Begrenztheit gefangen sind, und so ist es ganz natürlich, daß wir Minderwertigkeitsgefühle entwickeln. Wenn Murshid sagt, daß man ein König ist, so klingt das ziemlich nach persönlichem Größenwahn, solange, bis man sich wirklich dieser Dimension — dieser ewigen Dimension — seines Wesens bewußt geworden ist, der Ewigkeit des eigenen Wesens. In diesem Augenblick verwandelt sich das Bewußtsein. Es hat nichts zu tun mit persönlichem Stolz; es ist viel eher das Gefühl der Würde seines Erbes, der göttlichen Erbschaft. Dies wird äußerst wichtig, wenn wir Problemen gegenüberstehen — besonders, wenn wir mit uns selbst und unseren Minderwertigkeitsgefühlen konfrontiert sind. In diesem Moment einen Zugang zu haben zu diesem transzendentalen Bewußtsein, bewahrt uns davor, in jener letzten Illusion gefangen zu werden, in der Illusion der Begrenztheit.

Die Sufi-Meditationen führen genau zu dieser Erkenntnis, und darin unterscheiden sie sich vom Samadhi der Hindus und dem *Sattipatana* der Buddhisten. Hazrat Inayat Khan empfiehlt uns einige Sufi-Übungen, die uns ein Gefühl unseres göttlichen Erbes vermitteln. Etwa, in sich selbst jene Urkraft zu entdecken, die das Universum bewegt — dieselbe Kraft, die die Planeten und Galaxien bewegt, die Moleküle und Atome, den Lebenssaft der

Bäume; es ist die Kraft, die die Zellen des lebenden Körpers teilt und den Embryo wachsen läßt, die Kraft, die einen Menschen dazu bringt, ein Held zu sein oder ein Märtyrer oder aufzustehen für seine Ideale. Es ist keine persönliche Kraft; es ist eine Kraft jenseits des Ego. Es ist die Kraft, die Meisterschaft verleiht. Es ist die Kraft, mit der man seine Impulse bändigen kann, sich selbst in die Hand bekommt, Herr wird über sein Leben. Sie setzt uns in die Lage, Situationen unter Kontrolle zu bekommen, sie nicht aus der Hand gleiten zu lassen; zuletzt gibt sie uns die Fähigkeit, Verantwortung zu tragen. Sie ist die Erbschaft unseres ewigen Wesens.

Außerdem spricht Murshid von einer anderen Art von Einstimmung, die wir Ekstase nennen. Wir kennen alle die Ekstase, die durch besondere Umstände ausgelöst wird. Ein Fußballspiel, Bergsteigen, Drachenfliegen, Musik hören, verliebt sein, jemandem, der uns beleidigt hat, zu vergeben — all das gibt Ekstase. Auf etwas, das man sehr gern hat, zu verzichten, sein Leben zu riskieren, um jemanden zu retten, gibt Ekstase; von allem losgelöst zu sein, gibt Ekstase. Alles das ist Ekstase, die durch besondere Umstände hervorgerufen wird, oder die sich herbeiführen läßt, indem man besondere Umstände schafft. Doch Murshid spricht von einer völlig anderen Dimension der Ekstase, Sie ist nicht etwas, das dem zeitlichen, dem vergänglichen Teil unseres Wesens entstammt — sie entstammt den tiefsten Wurzeln unseres Seins, entstammt der ewigen Dimension. Es ist der Moment, wir wir in unserem eigenen Innern die Tiefe des Universums fühlen. Es ist völlig anders als das, was wir durch die Sinne oder durch den Verstand erfahren. Wir spüren es in den Knochen, in unserem tiefsten Wesensgrund. Ekstase ist die Erbschaft der Seele. Sie ist von den Umständen nicht abhängig. Sie ist die höchste Form der Energie — eine überwältigende seelische Energie, die eine unglaubliche Kraft verleiht, Dinge zu vollbringen. Es gibt nichts, was Menschen stärker beeinflußt — und selbst Tiere und Pflanzen. Stellen Sie sich vor, Sie seien fähig, mit dem Leben des gesamten Universums in Berührung zu kommen. Davon sprach Hazrat Inayat Khan, als er einen Rishi beschrieb, der in der Bergeinsamkeit saß, und dessen Ekstase die gesamte Welt einschloß. Dann ist man nicht mehr abhängig von einer Umgebung: Man kann in einem Hotelzimmer sitzen oder in einer Bar oder in der Eisenbahn — überall, selbst im Gefängnis, wie Baha'ullah, — und ist nicht mehr eingeschlossen in der unmittelbaren Umgebung. Dies ist tatsächlich der einzige

Weg, Zugang zu gewinnen zu dieser kosmischen Energie: Nicht zuzulassen, von der unmittelbaren Umgebung eingeschlossen zu werden. Das ist das große Geheimnis. Die Umgebung kann uns in ein sehr enges Areal einschließen. Wenn wir unser Bewußtsein weit geöffnet halten, fühlen wir das Leben des ganzen Universums, nicht nur die nächste Umgebung.

Wir erfahren die Umwelt durch unsere Sinne und unseren Verstand, doch wir erfahren das ganze Universum über jene tieferen Wurzeln unseres Wesens, die ich den ewigen Aspekt nenne. Das Geheimnis besteht darin, sich das Bewußtsein des Einen Wesens vorzustellen, dessen Körper das Universum ist. Man kann versuchen, sich die Ekstase eines Bewußtseins vorzustellen, dessen Körper alle Galaxien und Sternhaufen ist, der Sternenstaub und die Kometen und Quasare und die schwarzen Löcher, all die Atome und Moleküle. Man versuche, sich diese Ekstase vorzustellen, und denke daran, daß die Wurzeln des eigenen Wesens in dieses Bewußtsein eintauchen. Wir sind nur Abzweigungen dieses Bewußtseins, und wir können dorthin zurückkehren. Das ist das Bewußtsein des Derwisch. Viele Rishis mögen es gleichermaßen erfahren, doch ist es nicht typisch für das Bewußtsein des Rishis. Es ist das Bewußtsein des Derwisch.

Man kann sehr viel Energie aus der Umgebung ziehen, wenn man sich in einer natürlichen Umwelt befindet, wenn man in ihr sitzt, geht oder gar liegt. Doch wir besitzen die Fähigkeit, Energie zu schöpfen aus der Weite jenseits der unmittelbaren Umgebung, und wir können in irgendeinem Zimmer sitzen und zu dieser Energie Zugang haben. Es ist Sache des Bewußtseinszustandes, und diese Energie ist das, was *prana* genannt wird. Die Energie am unteren Ende der Wirbelsäule wird sicher verstärkt, wenn man auf der Erde sitzt, denn sie ist die Energie der Erde; vielleicht ist sie die Kraft des geomagnetischen Feldes. Auf jeden Fall handelt es sich um eine sehr materielle und greifbare Energie, und sie kann umgewandelt werden, wenn man sie die Wirbelsäule hinaufführt. Es ist eine wunderbare Sache, das tun zu können. Doch es gibt auch jene andere Energie, die durch den Solarplexus einströmt, und sie ist von der Umgebung unabhängig. Man kann sie überall aufnehmen. Man muß dazu nur das Bewußtsein in die Weite des Raumes ausdehnen.

Wir wissen nicht einmal, was der Raum wirklich ist; frühere Naturwissenschaftler haben angenommen, daß der Raum leer ist, ein Nichts, heute beginnt man zu erkennen, daß er angefüllt ist mit Neutrinos und dem Feld zwischen ihnen. Wir sprechen hier vom Raum der Materie, aus dem die Materie sich ableitet. Jenseits dieses materiellen Raumes ist der ‚Raum des Raumes'. Und so ist wahrscheinlich jene Energie, von der wir sprechen, nicht die Energie, die die Wissenschaftler messen, wenn sie sich in Materie verwandelt und Materie sich zurückverwandelt in Energie. Wir haben es hier mit etwas grundlegenderem zu tun als jenem, wenn es auch nicht ganz das ist, was man unter ‚Geist' versteht. Ich würde sagen, daß es die kosmische Dimension der Energie ist, während der Geist ihre transzendentale Dimension ist. Wenn wir unser Bewußtsein ausdehnen — nicht nur an die Weite des Raumes denken, wie sie sich *uns* von *unserem* Standpunkt aus darstellt, sondern ausgreifen nach allen Punkten des Raumes gleichzeitig, unser Bewußtsein über die Weite des Raumes ausstreuen und sein Zentrum auflösen — dann gewinnen wir Zugang zu *prana*. Wenn wir einatmen, ziehen wir die Energie in das Herzzentrum und in den Solarplexus, und die Energiemenge, die man einziehen kann, hängt ab von der Einstellung des Bewußtseins. Ist das Bewußtsein auf einen großen Bereich eingestellt und dezentriert, so haben wir Zugang zu sehr viel Energie.

Eine weitere Form der Energie, zu der wir Zutritt erlangen können, ist das, was wir ‚den Geist' nennen, und das Kronen*chakra*, jenes sehr feine Energiezentrum am Scheitel, ist das geeignetste Instrument, diese Energie zu erfahren. Manchmal nennen wir sie ‚Energie des Himmels' oder ‚transzendente Energie'. Transzendent bedeutet ‚jenseits des Jenseits', in Sanskrit *parat param*. Transzendenz bedeutet somit etwas, das immer jenseits ist von allem, das wir je ermessen können, und wir gelangen dorthin, wenn wir ganz klar die physische Welt als Materialisation oder Konkretisierung oder Existentiation oder Kristallisation des reinen Geistes erkennen. Um diese Energie zu erreichen, muß man die Vorstellung, ein körperliches Wesen zu sein, aufgeben; man muß körperlos sein, ätherisch, raumlos, zeitlos. Man muß sich von der Kraft der Gravitation befreien, die uns herunterbringt in das Ichbewußtsein und die Festigkeit des Körpers. Dann wird unsere gesamte Einstellung verändert: Wir werden reiner Geist. Man kann fühlen, daß man eingestimmt ist auf eine andere Form der Energie. Die Erdenergie scheint sich die Wirbelsäule aufwärts zu bewegen, während jene Energie heruntersteigt. Wir haben es zu tun mit einer unglaublichen Kraft; wie sie sich ihren Weg bahnt herunter in die Manifestation, ist schwer zu verstehen. Es ist etwas ganz anderes als die Kraft, die uns Problemen entgegentreten läßt: Es ist die Kraft hinter der Kraft, der Katalysator. Es mag sein, daß sie eine andere Kraft auslöst, eine greifbarere. Sie macht uns sehr sensitiv und kann uns leicht von den anderen Menschen entfremden; vielleicht fällt es uns mit ihr schwer, mit der Welt klarzukommen. Doch sie gibt uns die Kraft zu heilen, und nur, wenn man eingestimmt ist auf den Heiligen Geist, kann man sich Menschen nähern, die im Sterben liegen, und ihnen helfen, anstatt sie durch seine Gegenwart nur zu verstören. Es ist die einzige Einstimmung, die uns befähigen kann, uns dem Heiligtum der Heiligtümer zu nähern, dem brennenden Dornbusch.

Die Stimmung dieser Energie — es gibt zu jeder Art von Energie eine entsprechende emotionale Stimmung — ist eher Nüchternheit denn Ekstase. Es ist etwas ganz anderes als die Euphorie oder Begeisterung eines erfüllten Lebens; es ist eher die Art von Emotion, die erlebt wird, wenn man alles überwunden hat und sich befreit hat von allen Wünschen. Das grundlegende Problem ist jetzt, wie sich diese sehr feine Form von Energie ins Leben integrieren läßt. Es ist keine Energie, die uns schützen kann gegen Brutalität, oder die sich zum Erreichen irgendwelcher Ziele verwenden läßt, doch sie kann solche Energien auslösen, die zu Erfüllung führen, zum Erreichen von Zielen, zu Aufbau, Kreativität, Motivation. Es ist die geheime Macht im Hintergrund. Wenn sie fehlt, neigt man leicht dazu, sich von der eigenen Begeisterung hinwegreißen zu lassen.

Hier können wir den Weg des Sannyasin mitten ins Leben bringen. Wie Murshid sagt, gibt Erfolg Kraft, doch Entsagung gibt noch viel mehr Kraft. Es gibt eine Zeit, Ziele zu verwirklichen, und es gibt eine Zeit für Entsagung. Was wir versuchen wollen, ist Entsagung inmitten des Strebens zu praktizieren. Wenn man auf die Früchte seiner Arbeit verzichtet, kann man sehr aktiv sein, ohne in der Zufriedenheit über das Erreichte steckenzubleiben. Man kann die Emotion der Nüchternheit haben, die jenseits aller Emotion liegt, und zur selben Zeit die Freude von Erfüllung und Erfolg. Es ist ein wunderbares Gleichgewicht.

Zuletzt können wir lernen, in die Wirklichkeit des Einen Wesens zu gelangen. Unser Verständnis nimmt zu mit unseren Erfahrungen in der Kommunikation mit der physischen Welt und der Welt des Geistes. Doch hinter diesem Verstehen, das in der Auseinandersetzung mit der Außenwelt entsteht — dem vergänglichen Aspekt unseres Wesens — gibt es eine Erkenntnis, die aus den ewigen Wurzeln unseres Wesens entspringt, die nicht durch Erfahrung entsteht, sondern angeboren ist. Selbstverständlich muß ein gewisser Austausch bestehen zwischen diesen beiden Formen des Wissens. Unsere eingeborene Erkenntnis kämpft ständig mit unserem Verständnis, und wenn nicht etwas erreicht würde in der Existenz, so würde unser Verständnis in keiner Weise zu dieser eingeborenen Erkenntnis etwas beitragen können. Unsere tiefere Erkenntnis muß aus unserem Verstehen Gewinn ziehen. Doch, wie Murshid sagt, wenn wir beginnen, in das Bewußtsein des göttlichen Wesens in der Aktion einzutreten, so fangen wir an, die Ursache der Ursache der Ursache zu erkennen und den Sinn hinter dem Sinn des Sinnes. Der Verstand sieht die Ursache; die Schlußfolgerung gelangt zur Ursache. Der Weg der Erkenntnis besteht darin, die Ursache der Ursache zu sehen und das Motiv hinter dem Motiv: Er bleibt nicht bei rationalen Schlußfolgerungen stehen. Das Bewußtsein arbeitet immer in einer höheren Dimension; es ist niemals gefangen in den Begrenzungen von Argument und rationalen Schlüssen. Wir müssen uns an die ganz andere Dimension unseres Wesens wenden. Es ist genau das, was mit göttlichem Bewußtsein gemeint ist.

Der Abzweig, der unser Bewußtsein ist, ist eine Projektion des gesamten Bewußtseins. So ist das Erlangen von Erkenntnis eine Sache des Zurückgehens in den Ursprung des eigenen Verstandes. Hazrat Inayat Khan stellt es sehr gut mit den Worten dar, daß wir ständig an die Oberfläche des Lebens gezogen werden, wo die Ereignisse stattfinden, doch die Ursachen liegen in der Tiefe. Darum sprechen wir von tiefer Weisheit: die Kraft des Weisen kommt immer aus der Tiefe. Es geht darum, nicht durch Urteil noch Meinung beeinflußt zu sein. Man überwindet das, was Buddha ‚den Dornenstrauch der Meinungen' nennt; tatsächlich stammt der Ausdruck ‚Orthodoxie' von dem griechischen Wort für ‚rechte Ansicht' her. Erkenntnis liegt jenseits von Ansichten, jenseits des Urteils des Verstandes. Sie ist der Moment, wo schlagartig alles Sinn bekommt.

Wir müssen unseren Verstand in seine unendliche Dimensionen hinein ausstrecken; wir müssen. Tatsächlich ist die Dimension der Ewigkeit die Grundlage, aus der das Zeitliche herausprojiziert wird: Man kann sagen, daß die Erkenntnis das Fundament ist, auf dem sich der Verstand erhebt. Man wirft seinen Verstand nicht weg; man dringt ein in seine Grundlagen. Unser Verstand denkt „ich" und denkt, das göttliche Bewußtsein sei etwas anderes. Sobald wir erkannt haben, daß das göttliche Bewußtsein jene Tiefe ist, aus der wir selbst hervorgekommen sind, wird es einfacher. Wir müssen auf jeden Fall über das Gefühl der Andersheit Gottes hinauskommen, das eine sehr gefährliche Vorstellung ist.

Zuletzt erkennen wir sehr deutlich unsere Persönlichkeit als aus der göttlichen Natur entstammend. Auch unsere Persönlichkeit hat ihre Wurzeln in dieser göttlichen Natur; sie ist nicht verhaftet in ihrem eigenen Wachstum, sie ist keine abgetrennte Wesenheit. Sie ist verbunden, verwurzelt in ihrem Ursprung, und sie wächst. Und wir können uns mit unserer Persönlichkeit identifizieren und gleichzeitig zu den Wurzeln dieser Persönlichkeit vordringen. Und wir werden finden, daß die Qualitäten der Persönlichkeit, je tiefer wir zu den Wurzeln gelangen, desto vollkommener werden. Vielleicht verfügen Sie über ein gewisses Maß an Mitleid, ein gewisses Maß an Geduld, an Aufrichtigkeit, Reinheit, ein gewisses Maß an Freude und dergleichen mehr, doch all diese mögen begrenzt sein: Wie wir wissen, machen es uns einige Menschen sehr schwer, sie zu lieben. Doch irgendwie, wenn Sie zu den Wurzeln gelangen, so entdecken Sie in Ihren Qualitäten ein unbegrenztes Potential — und es gibt keine Grenze zwischen den Wurzeln der Persönlichkeit und der Persönlichkeit. Es ist ein und dasselbe. Die einzelne Persönlichkeit entwächst jenem Grund, der allen Wesen gemeinsam ist. Es liegt darin ein Geheimnis: sich nicht im Konzept der eigenen Begrenztheit einzuschließen und dann zu denken, daß Gott vollkommen ist, sondern zu begreifen, daß alles eine Ganzheit ist, die an einem Ende begrenzt ist, doch am anderen verbunden bleibt mit der Vollkommenheit, so daß man, wenn man in die Tiefe dringt, sich der Vollkommenheit all jener Qualitäten bewußt werden kann, von denen man annahm, daß sie im eigenen Wesen unvollkommen wären.

Wenn wir den *Dhikr* üben, so erhebt sich in jedem einzelnen von uns das Gesamtwesen — die Gesamtheit des ganzen Wesens erhebt sich in jedem seiner Teile. Wer es einmal erlebt hat, weiß, was Hazrat Inayat Khan meint, wenn er davon spricht, sich seiner göttlichen Erbschaft bewußt zu werden. In diesem Moment wird es Wirklichkeit. Dies sind typische Sufi-Übungen, *Wazifas* oder der *Dhikr*, die zusammen mit der Hilfe von Murshids Gedanken eine völlige Verwandlung unserer Perspektive herbeiführen können und eine Verwandlung unseres Wesens, die an den Grundlagen unserer gesamten Existenz rüttelt und einige jener weitverbreiteten Annahmen korrigiert, die unserer geistigen Entfaltung im Wege stehen — mitunter sogar unserer Entfaltung überhaupt. Es ist nicht Samadhi und es ist nicht *sattipatana*; es ist jene Art von Meditation, die jetzt neu entsteht im Licht des Sufitums, wie es durch Hazrat Inayat Khan in den Westen gebracht wurde.

Kapitel 9:

„Warum suchst du Gott da oben? Er ist hier!"

Der Derwisch ist in der Welt und dennoch nicht von der Welt. Er sieht, wie alle Dinge geschehen, doch er weiß, daß sie nicht das sind, was sie zu sein scheinen. Er sieht die unsichtbaren Fäden hinter den Handlungen der Menschen, die sie in verschiedene Richtungen ziehen gleich Puppen. Für ihn ist alles paradox: In jedem Gewinn erkennt er den Verlust und in jedem Verlust den Gewinn. Er sieht, wie die Menschen emporgehoben werden in die hohen Himmel und hinuntergezogen werden in die Tiefen der Unterwelten; und in allen Manifestationen sieht er den einen lebendigen Gott, der auf unergründlichen Wegen wirkt.

Er sieht, wie die Menschen gefangen sind in der Illusion ihres Lebens und nicht die Hand Gottes erkennen können, die hinter allen Dingen am Werk ist. Er trinkt das Gift der Liebe wie den Nektar, der ihm Ekstase schenkt, und er ist so verliebt in Gott, daß er in jedem Menschen den göttlichen Geliebten sieht. Er ist unheilbar trunken von Liebe. Was wäre des Anschauens wert außer dem Geliebten? Er kommt an Orte und weiß doch, daß er nirgendwohin gelangt: Es ist nur der Körper, der irgendwohin geht; er erkennt, daß er keine Füße braucht zum Gehen.

Seine Seele fliegt in den Himmel und erkennt doch die Widerspiegelung des Himmels auf der Erde; er vergißt niemals jene Magie, mit Hilfe derer Gott auf Erden Wirklichkeit wird. Sein ganzes Sein ist Sehnsucht, und doch erkennt er, daß seine Sehnsucht in Wahrheit die Sehnsucht Gottes ist, Seine Sehnsucht, Sich selbst in einem anderen Selbst zu entdecken. Er erkennt, daß er der ist, in dem Gott Sich selbst sieht, und daß er deshalb leben muß, obwohl er lieber sterben würde. Er muß leben, um der Spiegel zu sein, in dem Gott Sich selbst erkennt.

Er weiß, daß, solange auch nur eine Spur seines Ichbewußtseins existiert, Gottes Vision Seiner selbst in ihm begrenzt ist durch seine eigene Begrenzung; er erkennt, daß er nur dann ein vollkommenes Instrument der Vision Gottes sein kann, wenn er selbst gerade zwischen Leben und Tod schwebt. Er ist der lebende Tod. Wohin er geht, bringt er das Leben, doch für sich selbst ist er tot — er ist *fana*, vernichtet. Ruft man ihn bei seinem Namen, so fühlt er sich kaum angesprochen. Wenn jemand Allah anruft, so sagt er: „Hier bin ich!" In dieser Antwort liegt keinerlei Arroganz, denn er könnte sich der göttlichen Gegenwart nicht anders bewußt sein als dadurch, daß er sich seiner selbst als Wesen nicht mehr bewußt ist; er sieht sich als eine vorübergehende Erscheinung, die sich ständig wiederholt und so sehr in Gottes Hand ist, daß sie keine eigene Existenz hat. Darum sieht er ohne Augen, und er sieht in die Herzen der Menschen — sieht ihre Wahrheit und ihre Lügen, sieht ihre Wünsche, ihre Hoffnungen und Ängste. Er sieht das ganze Drama des Lebens in jedem Tropfen des Ozeans der Schöpfung, und er sieht, wie alles einer großen Erfüllung entgegengeht.

Der Derwisch erlebt die Freuden und Leiden Gottes in den Wünschen der Menschen; er sieht, wie Gott entthront wird durch die Lästerungen der Menschen, wie Seine Liebe verraten wird von jenen, die sich laut zur Religion bekennen. Er sieht, wie Gott sich aus Liebe seinen Verrätern ausliefert. Doch gleichzeitig erkennt er die überwältigende Macht Gottes, die größer ist als jede Macht eines sterblichen Wesens, und er sieht, wie die Hand Gottes mit Schicksal schlägt, mitunter mit solcher Gewalt, daß Seine Gegenwart uns zerschmettert. Mit anderen Worten: Der Derwisch erlebt die völlige Bestürzung der Intelligenz. Sein Verstand ringt mit dem Leben, bis er zuletzt jeden Versuch des Verstehens aufgibt, und in diesem Moment wird er von göttlichem Verstehen durchdrungen. Er möchte es beschreiben, möchte es mitteilen, doch wie könnte er? Wer könnte jemals das Unverstehbare verstehen? Wer wird den Wahnsinn des Menschen verstehen können, der seinen Verstand verloren hat in der Erkenntnis Gottes? Der Verstand versagt auf diesen Ebenen; er kann nur noch sinnlose Verkündigungen von sich geben und Bekenntnisse einer Liebe und Ekstase, die dem normalen Verstand wahnsinnig erscheinen müssen.

Die Stimme des Derwisch ist die Stimme des Schweigens. Er erkennt: Je mehr die Menschen reden, desto weniger haben sie zu sagen, und sein Schweigen ist beredter denn die Worte des größten Redners. Das Schweigen des Derwisch erzählt von der Musik der Sphären, deren Harmonie jedes Geschöpf ergreift: Man ist durch seine Gegenwart entwaffnet. Sie mögen mit dunklen Ränken zu ihm kommen, wie Skorpione und Schlangen unter jenem Thron, von dem Murshid spricht, doch gelangen sie einmal in seine Gegenwart, so verläßt sie ihr ganzer Mut, denn seine Macht ist die Macht der Wahrheit; es ist die größte Macht überhaupt. Die Wahrheit braucht keine Worte: Sie ist. Sie spricht ihre eigene Sprache; sie ist das offene Buch mit der Schrift des Lebens. Sie ist wie das Licht der Sonne.

Der Derwisch sieht die Angst der Menschen, in das Licht zu blicken, ebenso wie ihre Angst vor der Wahrheit. Darum gibt es Menschen, die den Derwisch meiden wie die Pest: Sie fürchten seine Macht — und in Wahrheit ist es die Macht Gottes, die sie fürchten —, sie fürchten sie in solchem Maß, daß er die Menschen abschirmt von dieser Macht und wie ein unschuldiges Kind erscheint, das als Kind mit den Kindern dieser Erde spielt und sich ihrer Spiele erfreut. Er versteht ihre Falschheit und ihre Verfehlungen; alles gehört zum Prozeß der Entwicklung, und alles ist vorbestimmt. Er sieht die Rolle Satans in dem Spiel, der seine Aufgabe erfüllt, die Menschen zu testen. Wie könnten wir geprüft werden, wenn nicht um des Satans in uns willen? Der Derwisch sieht jene große Schlacht, die im Herzen jedes Menschen geschlagen wird. Der Derwisch ist der Geopferte, und er freut sich seiner Rolle, denn sie gibt dem Ego Befriedigung — solange, bis er sich selbst erhängt an demselben Seil, wegen der großen Spannweite, innerhalb derer es ihm vergönnt war, einzugreifen in die Ordnung des Universums und Chaos zu schaffen.

So ist der Derwisch der große Beobachter des Lebens. Er zieht sich nicht zurück aus der offenen Szenerie des Lebens, er gibt sich selbst bis zum Letzten. Er läßt sich mit schweren Ketten fesseln an Händen und Füßen, er läßt es sogar zu, ans Kreuz geschlagen zu werden — und doch besitzt er eine größere Freiheit als jedes andere menschliche Wesen, denn keine Fessel könnte je die Weite seines Bewußtseins begrenzen und kein Leid könnte seiner Freude ein Jota wegnehmen. Er wird sagen, wie es Derwische der Vergangenheit gesagt haben: „Sie dachten, sie hätten Christus gekreuzigt — welch ein Witz! Sie bekamen nur seinen Körper — und selbst der entfloh ihnen. Sie denken, sie könnten dem Willen Gottes widerstehen, sie denken, sie könnten in den göttlichen Plan eingreifen, sie denken, sie könnten die Heiligkeit Gottes entweihen — welch ein Witz!"

Die Dinge sind nicht das, was sie zu sein scheinen. Die Menschen erschaffen sich Illusionen gleich Kartenhäusern, zerbrechliche Konstruktionen des Verstandes und des Willens, die allesamt sang- und klanglos untergehen werden vor dem Angesicht Gottes. Der Derwisch wird zum König durch sein Bewußtsein der Majestät Gottes. Er ist ein König im Bettlergewand, ein König in zerfetzten Lumpen, denn er hat die vollständige und endgültige Nichtexistenz seiner selbst und seiner eigenen Macht erkannt. Er hat die allerhöchste Demut; und allein jene, die diese Demut besitzen, wagen es, die göttliche Macht auszuüben. Nur die die Überheblichkeit des Verstandes aufgegeben haben, können es wagen, den göttlichen Verstand zu gebrauchen, und nur die jedes Ichgefühl verloren haben, können die göttliche Liebe ausüben.

Wenn du in einer Höhle leben kannst, und wenn du denkst, es wäre gut, in einer Höhle zu leben und der Welt den Rücken zu kehren, dann folge dem Weg des Rishi. Doch wenn du findest, daß du in der Welt zu leben hast, und wenn du denkst, daß Gott mit Seiner Schöpfung einen Sinn verfolgt, dann folge dem Weg des Derwisch. Du läßt dich durch die Umstände nicht mehr belästigen, nicht mehr manipulieren durch irgendwelche Bedingungen, du nimmst die Dinge nicht mehr als das, was sie auf den ersten Blick scheinen, du urteilst nicht mehr über Menschen, du gebrauchst nicht mehr deine eigene Macht, du stärkst nicht mehr dein Ego, und du hast keinen Haß mehr gegen irgendein Wesen. Du beobachtest allein noch die Ereignisse vom hohen Gipfel des göttlichen Bewußtseins. Kannst du das tun in der Meditation? Kannst du dich selbst sehen, während du meditierst, als ein völlig vergängliches Geschöpf, das dazu bestimmt ist, Gott auf Erden Wirklichkeit werden zu lassen? Du solltest dich nicht als eine reine Illusion betrachten; denke von dir selbst als derart zerbrechlich, daß du völlig in Gottes Hand bist. Denke von dir selbst als einer vorübergehenden Projektion Gottes, auf daß Er Sich selbst erkennen könne: Du bist der Geliebte, durch den Er zum Liebenden wird, du bist Gegenstand Seiner Anbetung. Und dann wird Er Gegenstand deiner Anbetung. Um es genauer zu sagen: Du bist das Objekt Seiner Liebe, und Er wird das Objekt Deiner Anbetung. Und aus Seiner Liebe bist du erschaffen. Es gibt nichts, das schöpferischer wäre als die Liebe: Sie erschafft ein Wesen aus dem Nichts. Liebe ist immer ein Geben seiner selbst, seines ganzen Wesens an ein anderes Wesen; und so gibt Gott Sich selbst *in* dich hinein. Er gibt sich nicht *an* dich, denn du existierst nicht, es sei denn durch Seinen Akt der Liebe; Sein Geben Seiner selbst wird dich.

Und so sieht der Derwisch, anstatt Gott dort droben zu suchen, Ihn hier unten. Er erkennt, daß seine eigene Sehnsucht nach Gott eine Widerspiegelung der Sehnsucht Gottes ist nach Seiner Liebe und Seinem Anblick durch den Menschen. Niemals denkt der Derwisch, er selbst hätte Sehnsucht. Gott allein ist der Sehende, der Liebende, und Gott allein hat jene Sehnsucht, jenes Urverlangen, das alles Erstarrte in Bewegung setzt. Folgst du dem Weg des Derwisch, so wirst du in Verwirrung gestürzt: Du beobachtest dich selbst mit fassungslosem Staunen, denn du siehst in dir selbst die Manifestation des Einen, dem deine Liebe gilt — jenes Einen, dessen Liebe du fühlst in deiner eigenen Liebe für Ihn. Und ebenso verwundern dich die Menschen, denen du begegnest, denn auch in ihnen erkennst du den Ausdruck genau derselben Liebe.

Es gibt Zeiten, wo die Seele des Derwisch hoch hinausgetragen wird über die Welt durch einen Akt Gottes, indem Gott ihn in die Einsamkeit Seiner Einheit einschließt und isoliert; nur für einen Sekundenbruchteil enthüllt Gott ihm Seine Transzendenz und löscht damit Seine Immanenz aus. In diesem Augenblick trägt der Derwisch alle Wesen in seinem Wesen, so wie sie integriert sind und endgültig vereinigt durch den Stamm der göttlichen Einheit. Kehrt er aus diesem Zustand zurück, so beginnt er, die Einheit in der Mannigfaltigkeit zu erkennen — ebenso, wie er, in jenem Zustand, die Mannigfaltigkeit in der Einheit sah. Er begreift, daß man die Einheit nicht sehen kann, wenn man die Vielheit sieht, und die Vielheit nicht sehen kann beim Anblick der Einheit. Doch wenn man zwischen beiden schwebt, so sieht man die Einheit in der Vielheit und die Vielheit in der Einheit, und man sieht, wie Gott all die Mannigfaltigkeit in seiner Einheit auflöst, um danach wiederum den Überfluß seiner vielfältigen Gestalten in die Formung ausströmen zu lassen.

Der Derwisch erkennt, wie all das im Leben der Menschen stattfindet — wie zu Zeiten ihnen ein Überfluß an Gnade gegeben wird, um dann wieder von ihnen genommen zu werden. Der Mensch selbst wundert sich und fragt sich, warum ihm einmal die Sonne scheint, während er zu anderen Zeiten Gegenstand des göttlichen Zornes zu sein scheint und Sein Fluch über ihn zu kommen scheint; der Derwisch erkennt dies als den Atem Gottes, Sein Ein- und Ausatmen. Würden die Menschen sich in die Einsamkeit der göttlichen Einheit hineinziehen lassen, wenn Gott sie aus ihrer Entfaltung in der Welt der Manifestationen heraushebt, so könnten sie begreifen, daß es eine höhere Einweihung ist, anstatt es als Ungerechtigkeit des Schicksals zu beklagen. Darum nimmt der Derwisch jeden Gewinn als Gabe Gottes an und ebenso jeden Verlust als Geschenk Gottes — wie al-Hallaj, als er sagte: „Selbst wenn ich von Dir verlassen bin, so ist diese Verlassenheit mein Begleiter. Versucht nicht Gott jene, die Er liebt?"

Das ist Meditation in der Aktion — aber welch eine Aktion, welch eine Meditation! Da gibt es kein Gefühl mehr von Einsamkeit, kein Gefühl mehr, irgendetwas erreicht zu haben, kein Gefühl mehr einer Überlegenheit. Es gibt nur noch das Gefühl einer vollständigen Hingabe an die Wirklichkeit Gottes; das Gefühl einer totalen Vernichtung und im selben Moment eines Emporgehobenwerdens, einer Macht und einer Einsicht über alle Vorstellung hinaus. Das ist das Grundthema des Derwisch: Er geht ohne Füße, fliegt ohne Flügel, sieht ohne Augen und spricht in der Stille. Er ist das Instrument des göttlichen Blicks, wenn er nicht mehr ist, um zu sehen. Sein Leben spielt sich ab jenseits von Leben und Tod — er ist der lebende Tod. Was ihn trifft, trifft alle Wesen, und was ein Wesen trifft, trifft ihn.

اشهد ان لا اله الا الله و اشهد ان محمدا عبده و رسوله
الله
محمد
ابو بكر
عمر
عثمان
علي

Kapitel 10

„Wandle ohne Füße und fliege ohne Flügel!"

Je tiefer wir das Leben erfahren, desto tiefer sind wir erschüttert von allem, was uns zustößt und anderen Menschen. Wie gern wüßten wir, warum die Dinge so geschehen, wie sie geschehen! Wenn wir die Verzweiflung spüren in den Herzen von Menschen, die sich plötzlich einer Katastrophe unvergleichlichen und unvorstellbaren Ausmaßes gegenübersehen, und wenn wir uns dann inmitten dieser Katastrophe plötzlich dem überfließenden Reichtum der göttlichen Gnade gegenübersehen, wenn Sonnenschein unser ganzes Leben überstrahlt, so fragen wir uns ganz natürlich, was das alles zu bedeuten habe.

In gewisser Weise scheinen wir durch eine Art von Tod zu gehen — nicht im Sinne eines Ereignisses, das zu einem bestimmten Moment des Lebens stattfindet, sondern als einen fortwährenden Prozeß. Wir erleben das Sterben unserer Wünsche und Hoffnungen, um sie daraufhin durch neue Hoffnungen ersetzt zu sehen, die zum Teil noch viel wahnwitziger scheinen. Es findet ein ständiger Kampf statt um das Überleben jenes ewigen Aspektes unseres Wesens jenseits seiner zeitlichen Erscheinung, die dem Wandel und

Vergehen unterworfen ist. Wir sind aufgerufen, unsere Bereitschaft zu beweisen, von all den Dingen zu lassen, die vergehen müssen, damit unser wahres, unser unsterbliches Wesen überleben kann.

Wir können unsere ganze Lebenszeit auf diesem Planeten als eine große Pilgerfahrt begreifen, die einem unbekannten Pfad folgt, Horizonten entgegen, die um so weiter zurückweichen, je weiter wir voranschreiten. Der Weg wird von Schwellen markiert: Zu gewissen Zeiten fühlen wir, daß wir unsere Bestimmung erreicht haben — doch dann fallen alle die Werte, die wir in unseren zerbrechlichen geistigen Konzepten aufgebaut haben, wie ein Kartenhaus in sich zusammen, und wir stehen in völliger Finsternis. Dann überschreiten wir die Schwelle und finden uns wieder mit einem völlig neuen Ausblick und neuer Kraft. Alles scheint wundervoll zu sein, bis wir die nächste Schwelle erreicht haben und uns abermals an einem Punkt wiederfinden, wo wir erkennen müssen, daß wir nach Dingen greifen, die außerhalb der Reichweite des Verstandes liegen, und wir erfahren eine Art Zusammenbruch des Verstandes angesichts der Gewalt unserer Entdeckungen — bis wir zuletzt begreifen, daß jeder Fortschritt nur stattfinden kann als Folge der Vernichtung aller verhärteten Strukturen, die zuvor aufgebaut wurden.

Die alchiistische Formel lautet *solve et coagula* — Dinge lösen sich auf, um sich neu zu formen; eine neue Zusammensetzung tritt an die Stelle der alten, und auch diese wird wieder zusammenbrechen müssen, um weiteren Fortschritt zu ermöglichen. Blieben wir so wie wir sind, so könnten wir niemals voranschreiten, und so sollten wir den ganzen Prozeß begrüßen. Jede neue Entdeckung zerschmettert uns aufs neue, und diese Vernichtung ist Teil unserer Wiederauferstehung.

Unsere Dummheit ist der beste Schutz gegen das, was passieren würde, wenn wir der Wirklichkeit schutzlos entgegentreten würden. Haben Sie den Mut, der Realität ins Gesicht zu schauen? Wir alle wüßten gern die Wahrheit — wollen sie spüren oder fühlen —, doch wir fühlen uns vollkommen hilflos, wenn wir der Macht des Schicksals Aug' in Auge gegenüberstehen. Würden Sie versuchen, länger als ein paar Sekunden direkt in die Sonne zu blicken, so würde Ihre Retina vollständig zerstört werden, doch es gibt einige Rishis in Indien, die geradewegs in die Sonne blicken von morgens bis abends, ohne auch nur einmal die Lider zu bewegen. Es bestehen große Unterschiede in der Fähigkeit der Menschen, die Wahrheit zu ertragen. Al-Hallaj sagt, daß, wenn wir jemals dem göttlichen Verstand begegnen würden, unser eigener Verstand völlig vernichtet würde. Jalal ud-din Rumi sagt: „Das Geheimnis der Wahrheit ist verborgen . . . Würde ich offen darüber reden, so stünde die Welt kopf". Und Ibn al-'Arabi sagt: „Ein einziges Atom Seiner Welt würde unsere Welt in Stücke reißen".

Wir fühlen uns sicher in unseren kleinen Gebilden, unseren Häusern, unserem kleinen Leben, unseren Versicherungspolicen. Haben wir den Mut, in den Weltraum hinauszutreten, wo jedes Gefühl unserer selbst einfach *ausradiert* würde? Und haben wir den Mut, wir selbst zu sein? Den Mut, absolut wahrhaftig zu sein? Freilich, wir alle halten uns für aufrichtig, doch dann schließen wir Kompromisse mit der Wahrheit. Kompromißlose Aufrichtigkeit würde unser Leben recht schwer machen — und doch ist es genau diese Wahrheit, die ein Wesen ausmacht. Die größten Wesen sind Wesen der Wahrheit.

Ich ging einmal durch die Straßen von Hardwar in Indien, als gerade das große Kumbh Mela vorbereitet wurde, eine Versammlung heiliger Menschen, die alle zwölf Jahre stattfindet. Unzählige Menschen reisen nach Indien, nur um Gurus zu suchen, und die meisten von ihnen kehren heim und erzählen, daß sie nicht einen einzigen sonderlich eindrucksvollen Menschen gesehen hätten. Das ist allerdings wahr; wie könnten sie auch? Die wirklichen Großen leben versteckt in Höhlen. Man sieht sie nicht. Doch einmal alle zwölf Jahre zum Kumbh Mela kommen sie herunter, und dann sind sie da. Es ist unglaublich. Und als ich gerade die Straße entlangging, sah ich einen Mann vorbeigehen wie einen König aller Könige. Man kann sich keine Vorstellung machen von dieser Gestalt. In einer Hand trug er einen gewaltigen Krummstab, wie ihn Moses getragen hatte, in der anderen eine Bettelschale. Er war in Lumpen gekleidet. Die Macht seiner Augen war unvorstellbar. Sein Gefolge bestand aus einer Armee von etwa fünfzig Rishis — es waren Männer, die Jahrzehnte in Höhlen gelebt hatten. Bei diesem Anblick dachte ich an den Rest der Menschheit, an uns kleine Wesen mit unseren kleinen Leben — unseren Stürmen im Wasserglas und unserem Kampf mit unseren täglichen Problemchen. Wir haben keine Vorstellung von der Größe und Erhabenheit eines menschlichen Wesens, das den wirklich großen Werten des Lebens begegnet ist. Das Leben, das die meisten von uns führen, ist nichts anderes als ein gedankenloses Vergeuden menschlicher Initiative und menschlicher Kraft.

Was tun wir wirklich in unserem Leben? Diese Zeit ist eine einzigartige Gelegenheit, und was machen wir daraus? Doch zum Glück existiert etwas in uns, das die Enge unseres gewöhnlichen Lebens fühlt und Befreiung sucht. In uns ist eine Sehnsucht, und sie ist der größte Motor in uns — unsere Sehnsucht nach Vollkommenheit, unser intuitives Gefühl von größeren Dimensionen der Wirklichkeit und unser Entschluß, sie um jeden Preis zu erlangen. An diesem Punkt werden wir in der Kraft des Entschlusses geprüft — in unserer Fähigkeit, wirklich für das zu stehen, woran wir glauben — und es ist so viel einfacher, Kompromisse zu schließen. Das trifft nicht nur zu für die Dinge des äußeren Lebens. Oft denken wir, daß es ausreicht, die Lebensumstände zu ändern — doch es reicht nicht aus. Das Problem liegt woanders.

Selbstverständlich müssen Sie Ihr eigenes Leben gestalten. Sie müssen sich Ihren Himmel schaffen; dann haben sich die Menschen Ihrem Himmel anzupassen, anstatt daß Sie sich der Hölle der Anderen anpassen müssen. Es erfordert viel Standhaftigkeit und viel Kraft, den eigenen Himmel zu setzen, so daß die Anderen ihn entweder nehmen oder lassen müssen. Sie erschaffen Ihre eigene Atmosphäre. Irgendwie versuchen wir alle, einen Ort zu erreichen, doch Schams-i Täbris sagt: „Wandle ohne Füße und fliege ohne Flügel!" Wir meinen Füße zu benötigen, um zu gehen, und wir denken, daß wir irgendwohin gelangen, indem wir irgendwohin gehen. Buddha sagt: „Es gibt einen Ort, den du nicht erreichen kannst, indem du irgendwohin gehst". Wir begreifen nicht, daß wir keine Flügel brauchen, um zu fliegen; unser Drang nach dem Göttlichen ist es, der unser Bewußtsein emporhebt, doch wir machen keinen Gebrauch von diesen Flügeln. Gern würden wir sehen ohne Augen, wenn wir nur wüßten, um wievieles besser wir ohne Augen sehen: Wir blicken hinein in das Herz der Menschen, wohin keine Augen blicken können, denn es liegt verborgen hinter der Maske, die die Menschen tragen. Und dennoch sind wir ausgestattet mit der Fähigkeit, geradewegs hindurchzublicken bis ins Herz.

Es ist jene Sehnsucht nach der göttlichen Vollkommenheit, die uns in den Menschen nach ihr suchen läßt. Wenn man sie dort nicht sucht, wird man sie überhaupt nicht finden: Und sucht man nicht danach, so denkt man allmählich, daß sie überhaupt nicht existiert. Wer nach einem vierblättrigen Kleeblatt sucht, wird eher eines finden; wer nicht danach sucht, sieht es vielleicht nicht einmal, während er darüberläuft.

Was den Derwisch eigentlich ausmacht, ist das, was der ‚Rausch des Derwisch' genannt wird — ist die Entdeckung des Sinnes, eine Entdeckung, die Geist, Verstand und Herz derartig erschüttert, daß man davon völlig überwältigt ist. Es gibt andere Menschen, die durch all das hindurchgehen, ohne es überhaupt zu sehen. Wir entdecken, daß das Bild, das unser Verstand sich von den Dingen macht, absolut lächerlich ist. Der brutale, skrupellose, unehrliche Mensch scheint Erfolg zu haben und alles zu bekommen, und der Mensch, der seinem höchsten Ideal folgt und sich selbst opfert, wird bestraft, beleidigt, verachtet. Darin irgendeine Gerechtigkeit zu sehen oder auch nur ein System, einen Sinn, ist schwierig.

Ein Wissenschaftler sieht in allem ein gewisses System. Nur sehr selten scheint das System in sich widersprüchlich zu sein. Doch in den Dingen und Ereignissen unseres eigenen Lebens fällt es uns sehr schwer, das System zu erkennen, offensichtlich deshalb, weil wir nicht objektiv sein können. Doch nehmen wir einmal an, wir wären fähig, uns selbst als Objekt zu betrachten anstatt als Subjekt. Nehmen wir an, wir könnten einfach nur den Lauf unseres Lebens beobachten, anstatt mitten darin zu stehen und in die Ereignisse verwickelt zu sein, die Dinge nach dem Augenschein zu werten und die große Show zu verpassen — die Choreographie der Himmel. Könnten wir uns wirklich selbst erkennen, so würden wir sehen, daß in uns allen ein Pilger lebt, jener Besucher des Planeten aus dem Weltraum — und was immer auch jener Pilger sein mag, wie persönlich ist er? Das ist die Bedeutung von *Maya* — daß ich mich für eine Person halte, bis ich beginne, mich selbst genauer zu betrachten und dabei weder Anfang nach Ende auszumachen vermag. Teilhard de Chardin spricht von Fäden, die aus allen Teilen des Raumes in einen Punkt zusammenlaufen. Ist jener Punkt der Mensch, oder ist er die Gesamtheit aller Fäden? Was ist die Bedeutung von „Ich" in dem ganzen Bild? Die Frage macht den Verstand stutzen. Wir gelangen an einen Punkt, wo sich unsere Perspektive ändert: Wir blicken nicht mehr vom Standpunkt des Individuums auf die Dinge, denn wir sind uns nicht mehr sicher, ob dieses Individuum überhaupt existiert. So sind wir vorbereitet, unseren Standpunkt aufzugeben. Es ist eine außergewöhnliche Sache — es ist, als ließe man sich selbst zu Hause zurück, als trete man heraus aus dem, was man zu sein glaubte, in eine andere Sphäre, die dem persönlichen Bewußtsein verschlossen ist. Das meine ich mit ‚Sehen ohne Augen'. In Wirklichkeit bedeutet es, zu erfahren ohne Ego.

Jene Augenblicke, da wir emporgehoben werden, sind die Momente, wo wir die Kraft haben, unser Ich-Selbst abzulegen. Das geschieht normalerweise dann, wenn wir eine sehr starke und bedeutende Emotion spüren, die uns völlig aus dem Gleichgewicht wirft. Wenn wir dem Sinn, der tiefen Bedeutung, begegnen, sind wir emotional erschüttert. Dieses Gefühl läßt sich nicht beschreiben, denn jede Beschreibung wäre rein verstandesmäßig. Und genau das fühlen die Menschen des Neuen Zeitalters — jene fernen Bereiche der Emotionen, die wir entdecken können, wenn wir den Mut haben, über die Grenzen des Verstandes ins Niemandsland vorzudringen.

Nichts verwandelt uns mehr als Ekstase. Sie ist wie die Sonne, die jede Saat aufgehen läßt; sie ist das Licht der Sonne in der Entfaltung unseres Wesens. Zu Beginn, selbstverständlich, entfalten wir uns in der Konfrontation mit der Wirklichkeit; wir entdecken uns selbst im anderen Menschen, in der aufgehenden Sonne, im Mond, in Donner und Blitz, im fließenden Wasser, in der eisigen Polarlandschaft. Wir entdecken verschiedene Aspekte unserer selbst in jenen Dingen, die außerhalb von uns zu sein scheinen, aber in Wirklichkeit innerhalb sind. Solange wir uns als individuelle Wesen ansehen, werden wir fortlaufend in unserem Entschluß bestärkt, uns selbst zu sein, indem wir uns selbst in anderen Wesen erkennen, die mehr wir selbst sind, als wir selbst den Mut haben, es in unserer eigenen Existenz zu sein. Und letztlich ist es eine Frage des Muts — des Vertrauens in das eigene wahre Wesen, das letzten Endes das Wesen Gottes ist.

Religiöser Glaube kann sehr steril werden, und viele Menschen verlassen ihn, da er grundfalsch dargestellt wird, als ein dogmatisches Konzept, an das man zu glauben hat. Dennoch suchen wir unaufhörlich nach jener unbekannten Größe, die den Hintergrund oder Untergrund unseres Lebens bildet — den ‚Punkt Omega'. Wir spüren, daß es noch etwas anderes gibt, hinter allem Geschehen, das sich selbst fortlaufend in unsere Existenz projiziert, und wir haben den Wunsch, Kontakt mit ihm aufzunehmen. Nur wissen wir nicht, wie es geschehen kann.

Fariduddin 'Attar sagte einmal: „Du bist dein eigener Gefängniswärter". Denkst du etwa, du wärst nicht frei? Du bist frei, nur weißt du es nicht — und daß du nicht weißt, daß du frei bist, ist deine Begrenzung und deine Gefangenschaft. Erkenne deine Freiheit und du bist frei. Und ebenso, wie kannst du ein strahlendes Wesen sein, solange du nicht erkennst, daß du

Gott bist? Solange wir uns für menschliche Wesen halten, haben wir allen Grund, nicht zu strahlen. Wahrscheinlich hat es genug Menschen gegeben, die unfair und gemein zu dir waren, alles geht schief, und so weiter. Es ist tatsächlich schwer, zu strahlen, solange man sich mit seiner Person identifiziert, doch wenn man erkennt, daß das, was man für eine Person gehalten hat, überhaupt nicht existiert, dann gelangt man in eine neue Phase. Man wird fähig, sich als das Auge, durch welches Gott sieht, zu betrachten, wie die Sufis sagen. Man denkt nicht länger, daß man selbst der Sehende sei und wird sich so einer umfassenderen Intelligenz bewußt, die durch einen selbst hindurchwirkt. Man entwickelt eine offene Haltung gegenüber einer handelnden Intelligenz, die durch einen wirkt, und baut damit eine Beziehung zu der unbekannten Größe, genannt ‚Gott' auf.

Dann mag man sich plötzlich dabei ertappen, wie man spielende Kinder beobachtet und der Gedanke auftaucht: „Das bin nicht ‚ich', der diese Kinder sieht — die Vorstellung ist lächerlich. Was ist ‚ich'?" Und dann entdeckt man die Intelligenz, die durch die eigenen Augen blickt und entdeckt, daß diese Intelligenz *absolut grenzenlos* ist. Es gibt keinen Grund, warum man nur die Oberfläche des Spiels der Kinder sehen sollte. Wenn wir in der Lage sind, den ganzen Kosmos, den Tanz von Shiva in jenem Spiel der Kinder zu erkennen, dann wird uns klar, daß es ein Spiel des Kosmos ist und daß wir nicht auf diese eine Szene beschränkt sind: Wir lassen das Licht der göttlichen Intelligenz das gesamte Bild in seinem Glanz erleuchten. Es ist, als betrachtete man einen See von einem hohen Berg aus, wobei man bis auf den Grund sehen kann, anstatt vom Ufer, wo man nur seine Oberfläche erblickt.

Dies ist eine der Stufen, oder *Maqams*, die von den Sufis beschrieben werden. Auf dieser Stufe denken wir: „Ja, so ist es — ich bin nur das Instrument, durch welches Gott sieht". Doch dann erreichen wir eine nächste Stufe, und wir erreichen sie in dem Augenblick, wo wir erkennen, daß wir nicht nur das Instrument sind: Wir *sind* Sein Blick. Zuvor war man nur das passive Instrument; dann erkennt man, daß es völlig unsinnig ist zu denken: Hier ist Gott und dort ist Sein Instrument. Es gibt nur eine Wirklichkeit — wenn es auch verschiedene Stufen dieser Wirklichkeit gibt. Du erkennst, daß der Blick völlig unbegrenzt ist und daß dein ‚Ich' die einzige Begrenzung ist, die dieser unendlichen Wirklichkeit auferlegt wird, die *du* ihr auferlegst, weil du dich selbst für begrenzt hälst. Könntest du nur erkennen, daß es keine Grenzen gibt, so wären deiner Erfahrung keine Grenzen mehr gesetzt. Man wird in die Totalität der Erfahrung getragen, in das kosmische Bewußtsein. Jener Mensch, den ich in Hardwar sah, war absolut kosmisch. Es gibt Menschen, denen man sofort ansieht, daß sie vollständig eingeschlossen in ihre Person durch das Leben gehen; und es gibt andere, die das ganze Universum auf ihren Schultern tragen — sie sind kosmisch. Und so sollten wir alle sein. Das ist es, was wir *sind*. Das zu erkennen ist eine phantastische Entdeckung. Und ein Mensch, der sich der göttlichen Vollkommenheit bewußt geworden ist, wird zu einer Quelle unendlichen Friedens und einer göttlichen Ausstrahlung.

Darum sagt Hazrat Inayat Khan: „Göttlichkeit ist die menschliche Vollkommenheit, und Menschlichkeit ist die göttliche Begrenzung." Es ist alles eins. Dinge sind begrenzt, weil wir sie begrenzt haben. Wenn wir die göttliche Vollkommenheit zum erstenmal entdecken, so können wir sehen, daß sie in uns begrenzt ist und daß wir ihr Instrument sind. Doch entdecken wir die göttliche Vollkommenheit *in uns selbst*, so gibt es keine Begrenzungen mehr. Und so besteht eine der Übungen der Sufis darin, in das Bewußtsein der göttlichen Vollkommenheit einzutreten.

Es ist ebenso möglich, das Bewußtsein der Unendlichkeit zu üben. Wir betrachten uns selbst als im Raum lokalisiert, da unser Körper im Raum lokalisiert ist; wir denken: „Ich bin hier, und jene andere Person ist dort". Doch Jelal ud-din Rumi sagt: „Dies ist das größte Wunder: Daß du und ich, die wir hier in dieser Ecke sitzen, im selben Moment gleichzeitig beide im Irak sind und in Khurasan."

Wir meinen, daß wir an einem bestimmten Ort zu sein hätten, weil unser Körper an einem bestimmten Ort ist. Doch es ist nur der Körper, der sich an einem bestimmten Ort aufhält; wir können Menschen jenseits des Raumes begegnen. Es ist nur die Frage des Arbeitens auf jener anderen Ebene, wo Raumlosigkeit erfahren wird. Der Körper ist ein Teil der Erde, und wo immer er sich im Raum aufhält, muß er in diesem Raum an diesem bestimmten Ort sein, doch es gibt Teile unseres Wesens, die nicht im Raum lokalisiert sein müssen.

Raumlosigkeit ist nicht dasselbe wie Unendlichkeit. Raumlosigkeit bedeutet nichts anderes, als nicht im Raum zu sein. Der Raum ist nur ein Zustand unter vielen anderen. Das Üben der Raumlosigkeit wurde von Buddha in den *Arupa Jhanas* empfohlen, den ‚Kontemplationen jenseits der Formen'. Wenn es uns gelingt, von uns selbst als immateriell oder substanzlos zu denken — daß der Körper zwar eine Substanz besitzt, wir selbst aber nicht —, dann sind wir auch in der Lage, von uns selbst als nicht im Raum lokalisiert zu denken. Es ist der Augenblick eines ungewöhnlichen Erwachens: Jetzt sehen wir sehr deutlich, daß wir all die Zeit bis jetzt unter dem Eindruck standen, wir seien eine Persönlichkeit und ein Körper, und wir erkennen, daß das, was auf der materiellen Ebene geschieht, nichts weiter war als eine Illusion. Und jetzt sind wir in der Wirklichkeit. Es ist nur eine Frage des Standpunktes.

Es erfordert Mut, die Wirklichkeit der materiellen Welt anzuzweifeln, und es erfordert Mut, an die transzendente Wirklichkeit des eigenen Wesens zu glauben. ‚Transzendenz' ist das Schlüsselwort des Neuen Zeitalters, denn es führt in weitere Dimensionen und bringt uns den Zugang zu der göttlichen Intelligenz jenseits des Bereichs der physischen Materie und der gedanklichen Konzepte. Teilhard de Chardin spricht vom Vormarsch der Intelligenz, der die Materie durchdringt und sich Bahn bricht in neue Dimensionen. Wir Menschen sind die Speerspitze dieses Vormarsches, denn irgendwie sind wir fähig, über die Gerüste von Körper und Geist hinauszugelangen. Jahrhundertelang waren wir an den Verstand gebunden; wir glaubten an die Wissenschaft als ein präzises Wissen über den Geist. Doch die Wissenschaftler selbst — zumindest die wirklich Großen unter ihnen — haben größte Zweifel an Wert und Gültigkeit des denkenden Verstandes.

So greifen wir aus in jene weiteren Dimensionen. Die Menschheit wird sich ihrer selbst als ein Wesen bewußt. Die Bedeutung dieses Neuen Zeitalters liegt im Durchgang durch ein kritisches Stadium; man könnte sagen, daß die Menschheit in die Pubertät gelangt ist. Ein neues Bewußtsein entsteht: Anstelle des abgesonderten Bewußtseins der einzelnen Teile tritt das Bewußtsein der Menschheit. Sobald dieses neue Bewußtsein sich stabilisiert, ist es imstande, den Durchbruch zu vollziehen in Dimensionen des Geistes, die das Individuum nicht erreichen kann. Dann haben die Einzelwesen teil an der Vision der Ganzheit. Es geht tatsächlich etwas vor sich in der Menschheit, doch es erfordert hohen Sozialsinn, oder Gruppensinn, zu spüren, was in allen von uns passiert. Meditation geht uns jetzt alle an. Man kann sich nicht mehr absondern, isolieren in einer Zelle, um der Meditation zu pflegen und zu einer gewissen Erkenntnis zu gelangen. Was geschieht, geschieht uns allen. Wir stoßen vor in neue Dimensionen des Bewußtsein. Wir haben die Fähigkeit zu einer Kommunikation jenseits der physischen Welt — wir können einen Menschen über den Ozean hinweg erreichen. Die Welt ist klein geworden: Wir sprechen von Massenkommunikation. Doch im Laufe der Zeit wird die Kommunikation auf der Ebene der Seele immer wichtiger werden. Wir *können* fliegen ohne Flügel. Und wir können feinfühlig werden wie eine Antenne und Gedanken auffangen; und wir können lernen, auf Gedankenebene zu kommunizieren und Wesen anzusprechen. Man könnte sie auch auf der mentalen Ebene erreichen, doch es ist schwieriger: Es existiert eine Art von Schwerkraft auf dieser mentalen Ebene — wenn auch weniger stark als auf der physischen —, wohingegen in den höheren Bereichen immer weniger Masse existiert und die Reisen der Seele damit weniger Behinderung erfahren. Darum kann man die Seele eines Menschen einfacher erreichen als seinen Verstand. So kann man auf der seelischen Ebene kommunizieren, und der Mensch, den man auf diesem Weg erreicht, hat die Eindrücke, die er in seiner Seele empfängt, geistig zu interpretieren, wenn er die Kommunikation in Denken und Handeln konkretisieren will, und durch diesen osmoseartigen Vorgang beginnen wir, uns des ganzen Phänomens bewußt zu werden.

Wir wissen, daß ein Mensch tatsächlich Teil unseres Wesens werden kann — wir können beginnen, wie eine andere Person zu denken und zu handeln, oder wir können uns ihrer Gegenwärtigkeit so sehr bewußt werden, daß gleichsam ein Teil unserer selbst jene Person geworden ist. Zwischen Menschen besteht eine Art von Osmose. Das ist das Geheimnis der Liebe, und es ist der Sinn der Liebe. Doch man kann die persönliche Liebe, die man empfindet, auf alle Wesen ausdehnen. Wenn beispielsweise im Zugabteil jemand Sie anlächelt, so wird dieses Lächeln, diese Person für den Rest Ihres Lebens bei Ihnen sein, wird Teil Ihres Wesens werden. Jener Mann, dem ich in Hardwar begegnete, hat mein Leben verändert — und ich sah ihn nur für eine Minute. Es ist ein Beispiel für den enormen Einfluß, den ein Wesen auf ein anderes ausüben kann. Und man kann sein Empfinden ausweiten, alle Wesen mehr und mehr einkörpern, bis man kosmisch wird. Man verkörpert all die Qualitäten und Eigenschaften, die von den verschiedenen Wesen repräsentiert werden, und man gewinnt damit großen inneren Reichtum und Weisheit.

Es gibt verschiedene Wege dorthin. Einer ist die einfache Meditation auf den gestirnten Himmel. Wer in einer Stadt lebt, dessen Gesichtskreis ist eng. Niemals erblickt er die Weite des Horizonts, es sei denn, er lebe im obersten Stockwerk eines Wolkenkratzers. Doch sogar unsere physischen Augen haben das Bedürfnis, in die Ferne zu schauen. Tibeter meditieren mit dem Blick auf die fernen Berge gerichtet. Der Mensch bedarf der weiten Horizonte. Er muß sich ausweiten können im Raum, sich von seinem Geist hinaustragen lassen in den unendlichen Raum zwischen den Sternen. So kann man, anstatt hier auf der Erde zu sein und in den Weltraum zu schauen, sich vorstellen, im Weltraum zu sein und von dort aus diese Erde zu betrachten. Man kann es auch auf sich selbst anwenden — man sieht sich selbst dort wandeln und denkt: „Schau an, ist das nicht seltsam? Schau dir diesen Körper dort an!" Für gewöhnlich wissen wir überhaupt nicht, was es für ein Wunder ist, daß alles, was wir zu tun haben, ist, zu denken: „Ich will gehen", und der Körper setzt sich in Bewegung.

Man kann auch seinen Verstand aus jener Perspektive betrachten und erkennen, daß er bestimmten Gesetzen folgt, bestimmten Mustern, wie etwa dem Denken der anderen Menschen. Wenn man sehen kann, wie es geschieht, kann man darin nicht mehr gefangen werden. Man wird fähig, sich darüber zu erheben und es einfach geschehen zu lassen, ohne einzugreifen, denn die Natur weiß mehr als wir, und der Verstand hat seine eigene Arbeitsweise; er funktioniert viel besser, wenn er sich selbst überlassen wird, als wenn wir in seine Arbeit eingreifen. Man läßt ihn einfach gewähren.

Dann beobachtet man, wie die eigenen Emotionen aufsteigen, fragt sich, warum sie aufsteigen, und man denkt: „Schau her, wie ich in diesem Trip gefangen bin, wie ich es zugelassen habe, mich darin fangen zu lassen". Wenn man das so beobachten kann, so ist es unmöglich, sich selbst noch länger ernstzunehmen. Man kann nicht mehr wirklich ärgerlich werden, ausgenommen in jenen seltenen Augenblicken, wo man zum Werkzeug des göttlichen Zornes wird — und das ist kein persönlicher Ärger mehr, sondern etwas kosmisches, das durch einen zum Ausdruck kommt. Es ist der Moment, wo der große Sturm losbricht und die Atmosphäre klärt — es ist ein herrlicher Moment. Doch selbst dann könnte man lachen, wenn man sich selbst dabei beobachtet, denn man ist in Wirklichkeit nicht *darinnen*; man ist nur ein Instrument dieser gewaltigen Macht. Und man kann sich selbst beobachten, wie man traurig ist oder voll Freude; man kann sehen, wie die eigene Stimmung sich ändert entsprechend den Umständen und wie man selbst eine Marionette ist in den Händen dieser Emotionen.

Doch wenn man über den Sinn hinter alledem nachdenkt, dann erlebt man jene Emotion, die jenseits von Freude und Leid liegt: die Emotion der Ekstase. Freude hat ihr Gegenteil, das Leid; doch Ekstase besitzt kein Gegenteil, denn sie liegt jenseits der Dualität von Freude und Leid. Sie kommt mit jener Erkenntnis, die der gewinnt, der all das beobachten kann — all die Emotionen. Wenn man die Emotionen der Menschen beobachten kann — vulgäre Emotionen, sinnliche Emotionen, freudige Emotionen, transzendentale Emotionen —, so kann man sehen, daß jeder Mensch über eine ganze Tonleiter von Emotionen verfügt. In dem einen Menschen finden wir eine Skala von Emotionen, in einem anderen Menschen eine andere. Vielleicht gelangt man an einen Punkt, wo man geradezu sehen kann, wo ein Mensch gerade steht, allein dadurch, daß man seine Emotionen fühlt. Es gibt Menschen, die auf Schönheit reagieren, und es gibt solche, die durch sie blind hindurchgehen. Der Eine stellt sein Radio auf Bach ein, der andere auf Punk. Über Geschmack läßt sich nicht streiten.

Hazrat Inayat Khan sagt, daß jeder Mensch einen bestimmten Rausch hat, seinen eigenen Wein, und es ist der Wein, den er liebt. Es gibt jenen Menschen, der verrückt ist nach Fußball und nichts anderes im Sinn hat, als im Fernsehen oder draußen im Regen auf dem Fußballplatz es zu verfolgen. Es ist seine besondere Narrheit. Wir alle haben unsere Narreteien. Es gab einmal einen Derwisch, der stand auf der Straße und schüttelte sich vor Lachen. Jemand ging auf ihn zu und fragte ihn, weshalb er so lache. Der Derwisch antwortete: „Wenn du sehen würdest, was ich sehe, dann würdest du auch lachen." „Ich sehe nicht, was du siehst", sagte der Mann, und der Derwisch sagte zu ihm: „Sieh dir das doch an! All die Menschen hier, wie sie durch die Gegend rennen, und jeder ist von seiner eigenen Narrheit berauscht!"

Der andere Aspekt, den wir entdecken können, ist unsere Zeitlosigkeit. Wenn Sie Ihr Leben auf der Erde als eine Episode betrachten könnten in einer langen Reihe von Ereignissen und die Erinnerung wiedergewinnen könnten an das, was jenseits der Veränderungen, der einzelnen Episoden überdauert, so könnten Sie sich selbst erleben als jemand, der schon immer gewesen ist und der den Tod Ihrer Person überleben wird. Ebenso können Sie das betrachten, was vor Ihrer Geburt geschah. Glauben Sie wirklich, daß Sie vor Ihrer Geburt nicht existiert haben? Und glauben Sie, daß es eine Zeit geben wird, wo Sie nicht existieren? Unserer Seele ist das völlig unvorstellbar. Man kann seine Unsterblichkeit entdecken, sobald man in der Lage ist, sich nicht mehr mit seiner gegenwärtigen Persönlichkeit zu identifizieren und sie lediglich als eine Episode anzusehen, als einer unter Millionen von Episoden im Laufe seines ewigen Lebens. Dann beginnt man, sich mit jenem ewigen Wesen zu identifizieren, das sich durch die Zeit und jenseits der Zeit bewegt. Man entdeckt sich selbst in einer vollständig anderen Perspektive.

Die Furcht vor dem Tod ist verbunden mit dem Gedanken an die Vernichtung unserer Persönlichkeit, denn sie ist es, womit wir uns identifizieren. Doch wer sich mit seinem wahren Wesen identifizieren kann, mit seinem ewigen Wesen, hat keine Angst mehr vor Transformation oder Auslöschung, denn er spürt eine überdauernde Kontinuität. Dies gibt uns eine weitere Dimension jenseits der Raumlosigkeit — die Dimension der Zeitlosigkeit. Sie gibt uns eine gewaltige Macht: Wir sind aus der Ewigkeit gekommen und tragen in unserem Wesen die ganze Erfahrung der Ewigkeit. Sie liegt verborgen in den tiefen Schichten des Unbewußten, und es ist schwierig, die Erinnerung daran zu finden, doch sie existiert; sie zu entdecken, ist eine Sache der Überzeugung — der Überzeugung, ein ewiges Wesen zu sein und die gesamte Vergangenheit in sich zu tragen, nicht nur die des Planeten, sondern des ganzen Universums, und daß man sie in der Zeit manifestiert. Der sehr enge Rahmen der Zeit zwingt die Dimensionen der Ewigkeit in Form und Raum. Es ist das Wunder des Lebens.

Sind Sie jemals mit einem Menschen in einem Raum zusammengesessen und haben seine Zeitlosigkeit gefühlt? Es ist, als säße man nicht länger in jenem Raum, sondern irgendwo jenseits der Zeit und hielte Zwiesprache mit diesem Menschen in der Ewigkeit. Sie verstehen den Menschen auf völlig andere Weise, als wenn Sie auf der Ebene der Persönlichkeit mit ihm kommunizieren würden. Und wenn Sie ständig in ihrem ewigen Bewußtsein sind, so sehen Sie die Menschen in ihrem zeitlichen Bewußtsein, und Sie bedauern, daß sie nicht sehen können, was sie wirklich sind in ihrer Ewigkeit.

Und selbstverständlich erkennen Sie, wenn Sie Ihres ewigen Wesens gewahr werden, daß Sie das, was Sie zu sein glaubten, nicht sind. Je höher man gelangt, desto weniger spezifisch wird man und desto mehr archetypisch. Man wird kosmischer — das Bewußtsein der Zeitlosigkeit läßt einen die göttliche Vollkommenheit spüren. Ebenso, wie man die Raumlosigkeit erfahren kann, indem man in den gestirnten Himmel blickt und an die Unendlichkeit des Universums denkt, so kann man zurückblicken in die Geschichte bis ins Mittelalter und weiter und weiter zurück und erkennen, daß zu keiner Zeit die Zeit nicht war. Und doch sagt der Engel in der Apokalypse, „daß hinfort keine Zeit mehr sein soll". Zeit ist relativ; jenseits der linearen Zeit gibt es eine andere, kosmische Zeit, und jenseits davon eine Zeit der Ewigkeit — es gibt viele Dimensionen der Zeit.

Die meisten von uns haben eine Vorstellung von der heiteren Gelassenheit dessen, der sich mit einer Zone von Stille umgeben hat, der auf dem Wasser wandelt, wie Christus sagt — der die Schwingen von Gleichmut und Losgelöstheit besitzt, jene Schwingen, auf denen die Seele fliegen kann, wie Hazrat Inayat Khan sagt. Das sind die Dinge, die uns mit heiterer Ruhe durchs Leben gehen lassen, alles beobachtend und sich an allem freuend. Man schreitet durch verschiedene Phasen, sicherlich. Hazrat Inayat Khan spricht von fünf Phasen, die zu durchschreiten sind, bis diese Ebene der Entwicklung erlangt ist.

In der ersten Phase ist der Mensch wie ein Schmetterling; er fliegt von Blüte zu Blüte und denkt, wie schön und wunderbar alles ist. Er spürt keinerlei Lust, irgendwelche Verantwortung zu übernehmen — er genießt das Leben. Dieser Abschnitt entspricht unserer Jugend, obwohl er natürlich unabhängig ist vom Alter eines Menschen. Doch dann beginnt man zu denken: „Man macht einen Narren aus mir — ich sollte meine Interessen wahren. Sieh, wie dieser Mensch Karriere macht, jener vorankommt, und ich bin nirgendwo. Ich sollte versuchen, mir eine Existenz und ein Zuhause zu schaffen." Und so weiter. Und man baut sein Ego auf in dieser Rattenjagd. Dies ist die zweite Phase, und viele Menschen bleiben in ihr stecken, verbringen so ihr Leben.

Doch es gibt jene, die anfangen nachzudenken: „So weit, so gut, aber wozu das alles? Ich habe ein schönes Heim, ein schönes Auto, eine wundervolle Familie — na und? Was soll das alles? Ich würde gern verstehen, worum es geht — all das Spielzeug auseinandernehmen, um zu sehen, wie es funktioniert." Auf dieser Stufe entwickeln wir ein Verlangen nach Wissen und Verständnis. Es gibt dieses Verlangen nach Verstehen, denn die Dinge verwirren uns. Wir fühlen, daß es einen Grund geben *muß*. Doch was nützt es, nur an einen Grund zu glauben? Man muß ihn tatsächlich sehen. Und wer kan ihn uns zeigen? Man geht zu einem Lehrer in der Hoffnung, daß er ihn uns zeige, und dann ist man möglicherweise enttäuscht, weil er ihn uns nicht zeigen konnte. Er kann uns nur darauf hinweisen: Das ist die ganze Kunst des Lehrers, daß er uns den Kopf wenden läßt in die Richtung, in die wir zu blicken haben. Er kann nicht für uns sehen; er kann nur versuchen, uns auf etwas hinzuweisen. Sehen müssen wir selbst. Wir müssen an einen Punkt gelangen, wo wir sehen können, und es ist dies die Entwicklungsphase, wo wir das Verlangen haben nach Wissen.

Dann gelangt man an einen Punkt der Loslösung. Manche Menschen gebrauchen den Ausdruck *blasé*. Man hat so viel gesehen, ist so viel herumgekommen — man hat alles gesehen, und es ist alles dasselbe —, wozu noch mehr herumreisen? Plus ça change, plus c'est la même chose — je mehr es sich ändert, desto mehr ist es dasselbe. Man gelangt an einen Punkt, wo man fühlt, daß dies einen nirgendwo mehr hinführt, die Menschen sind eine Enttäuschung gewesen, und man kann nichts mehr vom Leben erwarten. Viele Menschen gelangen an den Punkt, wo sie den Wunsch spüren, sich irgendwohin zurückzuziehen, weit weg von allem, um vielleicht im Frieden der Einsamkeit etwas zu finden. So wie es ist, ist das Leben nicht mehr interessant. An diesem Punkt wird man zum Asketen. Selbstverständlich ist es sehr viel besser, wenn der Punkt erreicht wird, nachdem man durch ein intensives Leben gegangen ist. Es ist sehr schlecht, sich vom Leben zurückzuziehen wegen einer unglücklichen Liebe oder etwas ähnlichem. Viele Mönche und Nonnen sind Menschen, die das Leben nicht leben konnten und in einer geschützten Umgebung Zuflucht suchen. Das ist nicht gut, denn würden diese Menschen einmal wieder dem Leben draußen ausgesetzt sein, so würden sie wahrscheinlich ihre Ideale verfehlen. Viel besser ist es, hindurchzugehen durch alles, um dann an einen Punkt zu gelangen, wo man den Wert der Dinge versteht, wie das Kind, das erwachsen wurde und seine Spielzeuge weglegt. Man hat ein höheres Bewußtsein erreicht, man beginnt den wahren Wert der Dinge zu erkennen, und man beginnt zu erkennen, wie hohl die

Werte sind, denen die meisten Menschen nachfolgen. Was für sie wichtig ist, bedeutet einem nichts mehr.

Die fünfte Stufe ist die Stufe der Vollendung. Man hat sich vom Leben entfernt, und jetzt kehrt man zurück. Man spielt mit den Kindern der Erde und freut sich an allem ohne irgendwelche Heuchelei — und ohne jede Kritik. Auf der vorigen Stufe, der Stufe der Loslösung, gab es eine Art von Kritik oder Urteil. Hier gibt es kein Urteil mehr. Man erkennt, daß die Menschen sind, wo sie sind, daß jeder seinen Part spielt in dem großen Spiel, und daß auch man selbst seine Rolle zu spielen hat, und es ist ein herrliches Spiel. Man sieht dahinter, und man sieht, worum es geht. Dies ist die ideale Stufe: Wir erkennen uns selbst in jeder dieser Stufen; vielleicht sollte man besser sagen, daß wir in all diesen Stufen gleichzeitig sind, daß wir sie nur manchmal als Stufen darstellen, um einige Dinge zu verdeutlichen. Wir sind Pilger, die auf dem Pfad voranschreiten — wir wandeln ohne Füße, fliegen ohne Flügel, sehen ohne Augen und hören ohne Ohren. Zu Zeiten schreiten wir voran, zu anderen Zeiten vielleicht zurück. Es ist nicht immer sicher, daß wir vorwärtsgehen, doch zwei Schritte nach vorn und einer zurück sind besser als ein Schritt voran und zwei zurück. Das schlimmste, was passieren kann, ist, aus Enttäuschung Bitterkeit wachsen zu lassen. Das ist das Ende — in diesem Moment haben wir die Schlacht verloren, das Leben verloren. In die Gesichter der Menschen ist so viel Verzweiflung geschrieben. Sie haben den Sinn nicht sehen können, denn er ist schwer zu sehen, und sie haben aufgegeben.

Am Anfang haben wir all den Idealismus der Jugend, doch mit der Zeit verlieren wir ihn: Wir glauben nicht mehr an den Weihnachtsmann. Wir denken: „Jetzt sehe ich, wie die Wirklichkeit ist, und sie ist nicht so, wie ich dachte". Natürlich ist sie es nicht! Unser Idealismus muß zerstört werden, ebenso wie Idole fallen müssen. Die Tibeter zerstören ihre Idole systematisch. Doch die Ideale müssen durch Einsicht ersetzt werden. Sie sind wie Krücken, wir brauchen sie am Beginn der Reise, doch es kommt der Moment, wo der Lehrer uns auffordert: „Wirf die Krücken weg!" Und dann sitzen wir hilflos auf dem Trockenen, wie Johannes vom Kreuz in der dunklen Nacht der Seele. Er sagt: Solange man sieht, kann man nicht geführt werden, denn man wird ständig seinem Führer widersprechen: „Nein, das ist der falsche Weg". Um sich führen lassen zu können, muß man blind sein;

und was dich führt, ist deine höhere Intuition in der höheren Weisheit jenseits aller Dinge, die sich mit dem Verstand nicht begreifen läßt. Und man bewegt sich dem Zustand entgegen, den der Buddha ‚Erleuchtung' nannte, dem Zustand der Allwissenheit. Und es ist derselbe Zustand, in dem wir ganz zu Beginn unserer Reise sein sollten. Wir sollten strahlend sein und voller Freude; wir sollten friedvoll sein und völlig souverän in allem, was geschieht, wir sollten voller Liebe sein, voller Mitleid und Verständnis für alle Wesen. Wir wissen, daß wir all das sein sollten, und wir suchen nach diesen Qualitäten in anderen Wesen. Darum kommen Menschen zu spirituellen Zusammenkünften, und darum bin ich selbst so oft nach Indien gereist. Es entstammt alles der Notwendigkeit, sich selbst zu entdecken in einem Wesen, das uns unser wahres Wesen durch sich selbst zeigen kann.

وجودموسیقی انسانك خزینهٔ عشقندن براسراردر
نار یكاه
یكاه
عراق عشیران
راست
قلب

Kapitel 11

Transformation

Wir sollten ständig darauf achten, was wir mit der Meditation machen in unseren täglichen Problemen. Idealerweise könnten wir uns in einem Zustand von Ekstase befinden, während wir uns mit den trivialsten Dingen beschäftigen oder mit völlig weltlichen Menschen zu tun haben, ohne uns selbst davon loslösen zu müssen. Dann könnten wir wirklich unsere Ekstase mit den Menschen teilen, selbst wenn sie nicht in dieser Ekstase mitschwingen. Das Leben ist wie eine Musik — die Menschen sind auf verschiedene Töne eingestimmt. In einem Büro zum Beispiel herrscht eine bestimmte Atmosphäre, eine andere in einer Küche oder einem Café: Menschen begeben sich in einen bestimmten geistigen Rahmen, in eine bestimmte Stimmung, und dann erwarten sie, daß andere Menschen dieselbe Stimmung übernehmen. Doch wir nehmen unsere Welt überallhin mit. Wir müssen nicht auf die Trips der Anderen einsteigen; wir können in unserer Einstimmung bleiben. Wenn uns das gelingt, können wir Phantastisches vollbringen. Anstatt wegzulaufen, womit niemandem gedient wäre, halten wir einfach unsere Einstimmung aufrecht. Dazu ist große Kraft erforderlich, sicher. Wenn man sich erschöpft fühlt, so kann man ruhig weggehen, sich irgendwohin setzen und meditieren, bis man neue Kraft gewonnen hat. Dann kann man von neuem beginnen.

Unser Ziel ist die Kunst, sehr hochgestimmt zu sein und gleichzeitig extrem scharfsichtig und klar. Unter ‚Hochstimmung' verstehen wir nicht einfach Euphorie, sondern ‚high' zu sein *und* gleichzeitig eine kristallklare Einsicht zu besitzen — und genau das ist Weisheit.

Man kann, wie Hazrat Inayat Khan sagt, der Ingenieur der Maschine werden. Viele von uns sind eher wie Rädchen in einer riesigen Maschinerie. Sie ist so groß und überwältigend, daß wir nicht mehr wissen, was unser Teil ist, ganz zu schweigen davon, wie sie funktioniert im Zusammenhang mit allen anderen Teilen. Dennoch haben wir die Wahl, die Maschine zu sein oder der Ingenieur. In jedem von uns ist etwas vom Ingenieur: Wir sind der Ingenieur insoweit, als wir die Maschine verstehen. Wenn die Meditation uns zu dem Punkt führen kann, wo wir die ganze Sache sehr klar sehen können, dann hat sie ihren Zweck erreicht. Führt sie uns nur von der Realität weg, von den greifbaren Dingen, und bringt uns irgendwo in einen fernen Weltraum, der überhaupt nichts mehr mit dem Alltag gemein hat, so mag sie vielleicht sehr vergnüglich sein, doch wir sind auf einem Privattrip, ‚aus dem Rennen', sozusagen. Das Kriterium liegt darin: hochgestimmt zu sein — in einem sehr hohen Bewußtseinszustand — und dabei fähig, die eigenen Probleme zu betrachten oder die der Anderen, ohne dabei in sein persönliches Bewußtsein zurückzufallen.

Die Anschauung jener Leute, die nach Erleuchtung suchen, hat sich in den letzten Jahrzehnten sehr geändert. Es gab eine Zeit, als in Amerika der Vedanta entdeckt wurde, und es war etwas völlig Neues. Die Menschen waren in ihren Kirchen gewesen, und hier war eine ganz neue Vision — wenn auch eine etwas zu theoretische, wie sie fanden. Doch dann kam der Hatha Yoga auf, etwas, woran man wirklich körperlich arbeiten konnte, und er verbreitete sich. Danach wurde Zen populär: Die Menschen hatten ihren Verstand satt, ihre Meinungen, ihre Theorien, und Zen kam und pustete das alles weg. Das Zen-Paradoxon kann den Verstand auf den Kopf stellen, und die Leute fanden es wunderbar.

Dann kam die Drogenkultur. Die Menschen suchten den Rausch, suchten das ‚High'. Es ist ein Bedürfnis der Seele: Der Mensch lebt nicht vom Brot allein, er braucht auch Wein (um Christus etwas frei zu zitieren). Es gibt eine ganz besondere Magie, die wir wirklich brauchen — ansonsten ist unser Leben sehr öde. Wir brauchen diese magische Sache, die uns einfach umwandelt und alles andere mit — unsere Beziehung zu den Menschen und alles andere im Leben. Es war eine gute Zeit für Sufitum und Sufi-Tänze — der Rausch des Derwisch war sehr attraktiv.

Inzwischen ist eine gewisse Ernüchterung erfolgt. Man fühlte, daß es wunderbar sein mochte, in hohe Stimmungen zu kommen, etwa durch Drogen sich anzutörnen, doch darauf folgte unvermeidlich ein unsanfter Sturz, und man wußte nicht mehr, wie man seine Probleme meistern sollte. Es spielt keine Rolle, wie hoch hinauf man gelangt, wenn es einem nicht hilft, Entscheidungen zu treffen und mit den banalen Dingen des Alltags fertigzuwerden. Viele Menschen entwickelten psychische Störungen aller Art, weil sie den Situationen nicht mehr gewachsen waren, die sich Tag für Tag vor ihnen aufhäuften.

Was wir deshalb tun wollen, ist, uns aller möglichen Techniken zu bedienen, um einen Weg zu finden, Ekstase mit klarer Einsicht in unsere Probleme und in die Probleme Anderer zu kombinieren. Darum müssen wir verstehen, wie sich diese Methoden entwickelt haben. Es ist möglich, daß einige Methoden sich auf bestimmte Umstände zu bestimmten Zeiten in der Geschichte bezogen, und daß wir sie heute ganz anders sehen müssen. Durch *Kundalini*-Yoga beispielsweise kann man die Körperfunktionen in einem solchen Grad verändern, daß man in eine Art Winterschlaf eintritt: Man gelangt vollständig in den anabolischen Zustand, der dem katabolischen entgegengesetzt ist. Es bedeutet, daß die Energien des Körpers konserviert werden, und man kann tatsächlich einen Zustand des Tiefschlafs mit dem Wachsein verbinden. Dieser Zustand ist hervorragend für Rishis, die die Welt verlassen und in den Bergen des Himalaya im Schnee sitzen, ohne irgendwelche Lebensmittel. Sie kommen mitunter jahrelang ohne jede Nahrung aus, was offensichtlich nur möglich ist infolge einer tiefgreifenden Veränderung der Körperfunktionen und des gesamten Metabolismus. Der Herzschlag wird verlangsamt, Blutdruck und Temperatur sind herabgesetzt. Die Folge davon ist eine außergewöhnliche Intuition, wie sie Menschen im normalen Leben niemals entwickeln können. Diese Rishis können jede Einzelheit im Leben eines Menschen erkennen. Es liegt eine Macht in ihrem Blick, die niemand entwickeln kann, der fortwährend den Eindrücken des Alltags ausgesetzt ist. Es geht ein Frieden und eine Macht aus von jenen Wesen, die sehr, sehr selten ist.

Sicher wäre es wundervoll, wenn wir derartige Qualitäten entwickeln könnten, während wir mitten im Leben stehen. Doch die ganze Richtung jener Meditationen ist weggerichtet von der Welt der Schöpfung. Die physische Wirklichkeit gerät aus dem Blickfeld. Eine Hindu-Textstelle lautet: „Die physische Wirklichkeit ist ein Zustand der Wirklichkeit". Und das bedeutet: *ein* Zustand der Wirklichkeit in dem Sinne, wie Eis *ein* Aggregatzustand des Wassers ist. Ich habe oft mit Rishis in ihren Höhlen gesprochen, und ich konnte sehen, daß sie wirklich Mühe hatten, herunterzukommen — sich auf die materielle Welt zu konzentrieren, ja selbst nur meine Worte zu verstehen, denn ich sprach aus der Perspektive dessen, der sich der physischen Realität bewußt ist, während sie sich zu jener Zeit ihrer überhaupt nicht bewußt waren.

Zu anderen Zeiten, wo ich selbst mit den Rishis meditierte und in dasselbe Bewußtsein gelangte, in dem sie waren, konnte ich auf völlig andere Weise mit ihnen kommunizieren. Sie brauchten ihr Bewußtsein nicht mehr auf die Erde herunterzuholen. Dies scheint ein Prototyp von Meditation zu sein, aus dem wir lernen können, denn es ist die Art und Weise, wie sich die Meditation in ihrer klassischen Form präsentiert. Doch wenn wir in der Welt leben, müssen wir einen Weg finden, genau das Gegenteil zu tun: Anstatt uns von der physischen Realität abzuschneiden, wollen wir imstande sein, uns der höheren Wirklichkeit bewußt zu sein und gleichzeitig in dieser materiellen Welt zu handeln, wollen wir sie in ihrer Relativität erkennen können, ohne uns in ihre Begrenztheit hineinziehen zu lassen.

Wenn Sie zum Beispiel in der Lage sind, eine Blume zu betrachten und dabei zu erkennen, daß sie eine Kristallisation von Schwingungen ist, die auf der *Akasha*-Ebene beheimatet sind, der Welt der Archetypen, so sind Sie nicht mehr begrenzt durch die physische Blume, die Sie vor sich haben, denn Sie gewinnen eine ganzheitliche Erfahrung. Oder, wenn Sie etwa einer Person begegnen, so könnten Sie, anstatt in ihrer Persönlichkeit oder ihrer körperlichen Erscheinung gefangen zu werden, die ganze Wirklichkeit dieser Person sehen; es wäre eine Erfahrung von unvergleichlicher Großartigkeit. Das ist es, wonach wir in diesem Neuen Zeitalter streben.

Es hat seinen Grund, warum das, was Hazrat Inayat Khan die „Botschaft dieser Zeit" nennt, aus den Lehren der Sufis geboren wurde, denn es ist genau die Haltung des Derwisch. Der Derwisch lebt in einem derartigen

Rausch, daß er manchmal einem Betrunkenen gleicht. Er hat sich völlig in seinem Bewußtsein verloren — und zur selben Zeit ist er ständig unter den Menschen, nimmt Anteil an ihrem Leben und versucht, ihnen diese andere Dimension zu bringen, anstatt sich vor ihren Belästigungen zurückzuziehen.

Eine Art von Übungen, die sehr hilfreich ist zur Ausdehnung des Bewußtseins, enthält die Anwendung von Vorstellungsbildern — etwas, womit die Gedanken sich beschäftigen. Man kann beginnen mit einfachen Konzentrationsübungen, etwa auf einen Kreis und ein Quadrat, und dann zu komplexeren Bildern fortschreiten wie etwa einem Kristall oder einer Kugel und danach noch komplexeren Vorstellungen, wie Wassertropfen auf einer Wasseroberfläche oder einem fließenden Strom inmitten der eisigen Schneelandschaft der Seele. Man beginnt mit greifbaren Themen, um dann fortzuschreiten zu immer ferneren, unirdischeren, die der Ebene des Traumes entsprechen, und gelangt zuletzt immer weiter in die höheren Schichten des Bewußtseins. Man beginnt mit Konzentrationsübungen: Du bist hier, und das Objekt deiner Konzentration ist dort, vor dir; du befindest dich noch in dem normalen Zustand, in dem die meisten Menschen sind — in der Dualität, wie die Hindus sagen. Dann gelangt man allmählich in das Objekt hinein, so daß man sich mit ihm identifizieren kann, schließlich völlig in ihm aufgeht. Man erlebt eine Tiefe der Erfahrung, die unmöglich ist, solange man das Objekt als von einem selbst verschieden ansieht.

Tatsächlich führt man damit eine Transformation des eigenen Bewußtseins herbei, dehnt es aus, über seine Begrenzungen durch die Lokalisierung in der eigenen Person hinaus, in immer weitere Sphären jenseits der unmittelbaren Umgebung — hinein in das Sein aller Wesen. Man kann in das Bewußtsein der Engelwesen gelangen; ihre Sphäre liegt irgendwo tief in der Erinnerung des Unbewußten, doch die meisten Menschen haben sich von ihr abgeschnitten. Sie sind geradewegs heruntergestiegen in die unmittelbare Umgebung, sie haben sich in ihr eingesperrt. Sie haben alle jene fernen Horizonte vergessen, die wir auf unserem Herabstieg durchmessen haben — all die Landschaften, all die Welten und alle jene Ebenen der Wirklichkeit, durch die wir einmal gegangen sind und mit denen wir immer noch verbunden sind. Wir begrenzen uns auf unsere unmittelbare Umgebung und sondern uns damit ab von den höheren Sphären.

Es ist möglich, über den Bereich der Formen und Bilder hinauszugelangen zu den Archetypen. Es kann mitunter schwierig werden — obwohl es in Wirklichkeit nicht schwer ist —, denn wir sind es nicht gewohnt. Es fällt uns schwer, Attribute oder Archetypen zu begreifen, wie zum Beispiel ‚Rosenheit' oder den Archetyp unseres eigenen Wesens. Wir sind daran gewöhnt, mit konkreten Dingen umzugehen, wie zum Beispiel mit Persönlichkeiten. Sobald wir über das Konkrete hinausgelangen, erscheint uns das, was wir dort erfahren, unwirklich. Doch solange wir jene Ebene nicht verstehen, können wir auch niemals die physische Wirklichkeit in all ihren Dimensionen verstehen und erkennen, denn unsere Wahrnehmung ist auf das gegenständliche Objekt beschränkt. Und doch tragen wir die Archetypen aller Dinge in unserem Bewußtsein, in jener Schicht, die das kollektive Unbewußte genannt wird. Das Erbe aller Ebenen der Wirklichkeit lebt in unserem Blut, ist verkörpert in unserer Natur.

Zum Beispiel: Wir tragen in unserem Körper nicht nur das Erbe der Körper unserer Eltern; die Zellen unseres Körpers *sind* genau die Zellen der Körper unserer Eltern, die sich vereinigt haben. Es ist nicht ein anderer Körper; es ist die Fortsetzung derselben Zellen. Und wir tragen in unserem Körper nicht nur die Körper unserer Eltern, sondern auch unserer sämtlichen Vorfahren bis zurück in die gesamte Vergangenheit des Planeten — die Dinosaurier, die Fische, die Felsen, die ganze Erde. Die Substanz unseres Körpers ist der Ort einer unglaublichen gegenseitigen Durchdringung von Geist und Materie. Wir können nicht sagen, daß unser Körper *nur* unser Körper sei und nicht wirklich wir — er verkörpert unser Wesen aufgrund jener Durchdringung. Ein besseres Wort als Durchdringung oder Vermischung ist *Transfusion*. Durchdringung ist eine Art Mischung: Die gegenseitige Durchdringung von Erde und Wasser ergäbe Schlamm. Transfusion bedeutet, daß die physische Materie durchsetzt ist von etwas, das wir ‚Geist' nennen, und das sie zum Leben bringt. In unseren Körper bringen wir nicht nur das physische Erbe unserer Eltern ein und aller Vorfahren, sondern auch das Erbe der Persönlichkeiten nicht nur unserer Vorfahren, sondern auch all jener Wesen der höheren Sphären, der Engel, der Djinns, der Erzengel — bis hinauf zu jener Spitze, die Hazrat Inayat Khan unser ‚göttliches Erbe' nennt. Deshalb hatte Christus das Recht, sich Gottes Sohn zu nennen: Er war sich seiner göttlichen Erbschaft bewußt. Darum geht es: ein Erbe zu aktivieren, das rezessiv ist in dem Sinne, wie dieser Ausdruck in der Biologie benutzt wird —

latent und noch nicht aktiv in Erscheinung tretend. Man kann die Entfaltung bislang rezessiver Charakteristika sogar bei Pflanzen beobachten; in einer roten Rose etwa ist verborgen die Möglichkeit einer blauen Rose, doch sie ist rezessiv, latent, und durch bestimmte Manipulationen und Veränderungen läßt sich diese Blauheit in Erscheinung bringen. So wie sie ist, ist sie dominiert von der Röte.

So sind alle Qualitäten vorhanden, und durch Meditation können wir sie in Erscheinung treten lassen. Wir sagen, daß Meditation einen Menschen verwandelt, doch man kann einen Menschen nicht wirklich verwandeln — man kann ihn lediglich zu dem machen, was er bereits ist, indem man ihn sich dessen bewußt werden läßt, was er bereits ist. Genau das bewirkt Meditation: Sie läßt den Menschen sich dessen bewußt werden, was er schon ist. Und um zu werden, was man ist, muß man das, was man ist, in einem anderen Selbst sehen. Das ist der Grund für all die Kommunikation unter den Wesen: Du wirst wie die, die du siehst. In Wahrheit bist du sie bereits; es ist nur noch nicht in Erscheinung getreten. Und man kann sich die Freude in den Himmeln vorstellen — die wunderbare Erfahrung, in Kommunikation zu stehen mit wunderbaren Wesen, die Ekstase, in ihrer Gegenwart zu sein. Das ist die wahre Bedeutung der Liebe. Sie bedeutet, völlig hinweggefegt, völlig verloren zu sein im Wesen eines Menschen, der uns in einen Rausch versetzt, denn er manifestiert das, wonach man selbst sich sehnt, das Objekt der eigenen Sehnsucht, das, was wir Gott nennen — den Einen, zu dem alle Liebe geht. Ich zögere, das Wort ‚Gott' zu gebrauchen, denn für die meisten Menschen bedeutet es Dogma und Moralpredigt. Doch in Wirklichkeit bedeutet es genau diese Realität, dieses Wesen, das wir lieben, auch wenn es die meisten von uns nicht wissen. Und das ist die Lehre der Sufis in ihrer Essenz — der Eine, den wir lieben.

Es gibt andere Übungen, wo kein Thema benutzt wird. Eine der besten von ihnen ist *Nidra*-Yoga. In Samadhi-Übungen benutzen wir Meditationsthemen, die wir allmählich verinnerlichen; wir geben damit unserem Bewußtsein Hilfestellungen, die Zerstörung all seiner Stützen zu überleben, um es zu befähigen, seine Funktion aufrechtzuerhalten, während wir ihm all das wegnehmen, woran es sich bis dahin festgehalten hat. Wir entfernen dann allmählich auch jene Meditationsthemen. Wenn man dabei unvorsichtig zu Werke geht und übertreibt, sinkt das Bewußtsein in einen Trancezustand, sobald man aufhört, es mit Dingen zu versorgen, die es halten und aktiv bleiben lassen. Doch wir verfahren so, daß wir diese Themen immer subtiler werden lassen und somit das Bewußtsein hell leuchtet, während wir seine Stützen entfernen und durch immer feinere, abstraktere Stützen ersetzen, bis zuletzt gar keine mehr existieren. Genau das ist Tiefschlaf — es gibt keinen Halt mehr: keine Gedanken, keine Emotionen, absolut nichts außer reinem Bewußtsein. Die meisten Menschen, wenn sie diesen Zustand erreichen, fallen in tiefen Schlaf, doch man kann das vermeiden, kann sein Bewußtsein hoch und klar erhalten; das ist die Technik des Nidra-Yoga. Es ist die Bedeutung von Erwachen. Es kann einem passieren, daß man einen Raum betritt und absolut wach ist und fühlt, wie jeder der Anwesenden in dies oder jenes verstrickt ist, doch man selbst ist aus jenem Stadium erwacht. Das ist Erleuchtung. Wenn ein Mensch spricht, so kann man sehen, von wo seine Worte kommen. Er ist immer noch an dem Punkt, wo seine Wahrnehmung der Dinge seinen persönlichen Begrenzungen unterworfen ist.

Eines ist sicher: Wenn Sie einem Menschen begegnen, der erwacht ist, während Sie selbst noch schlafen, so kann Sie das nicht gleichgültig lassen. Irgendetwas stellt er mit Ihnen an. Er weckt Sie durch sein Erwachtsein; im Licht seines Wesens sehen Sie etwas, das Sie sonst nicht sehen könnten. Genau darin bestand die Arbeit all der spirituellen Meister der Vergangenheit — Menschen aufzuwecken, die, wie Hazrat Inayat Khan sagt, „sich im Schlaf wälzen". Soweit sie dort, wo sie sind, zufrieden sind, besteht kein Grund zur Eile. Doch sind sie es nicht, so ist es gut, ihnen zu helfen.

Der Unterschied zwischen Nidra-Yoga und Samadhi besteht darin, daß wir bei Nidra-Yoga keine vorgegebenen Themen benutzen. Falls erforderlich, projizieren sich Bilder spontan aus dem eigenen Wesen, wenn nicht, dann nicht. Unsere Krücken können zu einem Handicap werden, können uns ernsthaft einschränken. Unsere Meditation wird in gewisser Weise vorbestimmt, wenn wir beschließen, dieses oder jenes Thema zu verwenden; wir geben damit dem Bewußtsein eine bestimmte Tendenz und bestimmte Grenzen. Wenn andererseits jemand nur dasitzt und beginnt, all die Eindrücke des Verstandes wiederzukäuen, wenn er versucht, gegen seine Gedanken zu kämpfen: Das ist keine Meditation. In diesem Fall ist es bei weitem vorzuziehen, ein Thema zu benutzen. Doch man kann auch mit einem Thema beginnen und dann, im richtigen Moment, geradewegs hinuntergelangen an jenen Ort in der Tiefe, wo es keinerlei Projektionen mehr gibt, keine äußeren Dinge mehr, keine *Prakriti.* Aber auch jetzt ist erst die halbe Schlacht geschlagen. Es ist für jeden eine wunderbare Erfahrung, gelegentlich in die Tiefen seines Wesens vorzustoßen, zu erleben, wie das Leben aus seinem Urgrund sprießt — es ist die reine Lebensenergie, es ist wie eine Quelle reinen Wassers, die aus der Erde sprudelt. Es ist wichtig. Doch was fängt man damit an?

Transzendentale Meditation zum Beispiel hat durchaus ihre Vorzüge: Man ist beschäftigt im Leben, und es ist nett, sich etwas Zeit zu nehmen, in seine eigene Tiefe zu gehen und zu entspannen. Es ist nützlich und in unserer Zeit sicher bedeutsam. Doch wir wollen versuchen, an einen Punkt zu gelangen, wo wir den eigentlichen Sinn alles dessen, was um uns geschieht, sehen können. Die Ursache hinter der Ursache der Ursache zu sehen, wie Murshid sagt. Dann fühlen wir den Pulsschlag des Universums, dann sehen wir das Ziel, nach dem alle Menschen streben. Und das ist allerdings etwas viel größeres.

Wenn man in hoher Stimmung ist, so kann man Übungen mit Magnetismus machen, denn es ist der Moment, wo man viel Kraft entwickelt und es gut ist, diese Kraft zu verwenden und ihr einen Kanal nach außen zu schaffen. Ich glaube nicht, daß es gut ist, die Kraft anzusammeln; es ist besser, nicht alles für sich zu behalten. So ist, wenn sich diese Kraft entwickelt, der Moment gekommen, die Hände nach vorn auszubreiten und damit die Energie auszustrahlen. Dies ist auch der Moment, die Strahlung seiner Aura zu fühlen und die Strahlung seines *Akasha-* oder Schwingungskörpers.

Wissenschaftler beginnen jetzt, das Strahlungsfeld der Aura zu messen und den Einfluß von Gedanken auf die Aura. Sie haben herausgefunden, daß Menschen allein dadurch, daß sie an Licht denken, ihre Aura zu hellerem Leuchten anregen können. Viele denken, daß es bloße Imagination ist, an Licht zu denken, doch Tatsache ist, daß diese Imagination außerordentlich schöpferisch ist. Wenn wir nur an Licht denken, so beginnt unsere Aura schon heller zu leuchten.

Dann mag man den *Dhikr*-Tanz der Sufis üben; es ist das Aufgehen in das Kreisen der Planeten, der Tanz von Shiva. Es ist Ekstase, natürlich, es ist ein ganz besonderer Wein. Mit dem Fortschreiten der Menschheit — und wir können die Menschheit als in ständiger Evolution begriffen ansehen — brechen wir fortlaufend durch zu neuen Horizonten der Emotion. Nicht nur neue Erkenntnisse, sondern neue Horizonte der Emotion. Der Tanz des *Dhikr* öffnet uns der Emotion der Planeten anstatt der Emotion der Individuen. Es ist ein Teil dessen, was Gruppenbewußtsein genannt wird. Man wird Teil eines Kollektivs, das in eine bestimmte Einstimmung gelangt. Wenn wir uns bewegen, so sind wir die Energie, die uns in Bewegung setzt: Es ist nicht unsere eigenen Energie, sondern die Energie des Kollektivs, die wir in unserer eigenen Person konzentrieren. Dies ist eine vollständig andere Dimension der Meditation, denn man sitzt nicht allein und isoliert sich in der Meditation, sondern nimmt teil am Erleben der ganzen Gemeinschaft. Die Gemeinschaft selbst wiederum spiegelt die Emotionen der Planeten und Galaxien wieder, und in diesem Sinne ist es eine kosmische Erfahrung, insbesondere deshalb, weil sie sich auf den Vorgang des Todes und der darauffolgenden Wiederauferstehung bezieht.

Diese Erfahrung unterscheidet sich von der des Samadhi, in welcher man in sein höheres Bewußtsein gelangt und jedes Selbstgefühl überwindet. Im *Dhikr* ist man vernichtet durch die Hand Gottes, die einen berührt. Es ist keineswegs so, daß man sich selbst vernichtet; man läßt es zu, vernichtet zu werden. Beim Sufi herrscht immer das Bewußtsein der Einwirkung Gottes auf ihn selbst anstatt des eigenen Tuns. Darum sagt der Sufi ständig: „Ich bin so erschüttert von dem, was ich sehe. Ich bin überwältigt." Und er ist sich ständig bewußt, daß Gott derjenige ist, der ihn erschüttert.

Wir beginnen mit dem Gedanken: „Ich suche nach dem göttlichen Geliebten." Doch bald ändern sich die Dinge und wir erkennen: „Ich erfahre Gott in mir", oder „ich erfahre, wie Gott mich erschüttert." Ständig spüren wir dieses überwältigende Bewußtsein. Der Unterschied zwischen dieser Erfahrung und der des Samadhi besteht darin, daß das Sufitum eine Stufe der menschlichen Entwicklung repräsentiert, auf der Gott persönlich wird. Nicht, daß unsere *Konzepte* von Gott persönlicher würden; es findet eine Verwandlung des göttlichen Wesens statt. Je mehr wir in die Inkarnation gelangen — und die Menschen im Westen sind in höherem Maß inkarniert als die des Ostens —, desto mehr werden wir vertraut mit der physischen Materie und desto mehr werden wir fähig, die Materie zu beherrschen. Es geht ein Wandel vor im göttlichen Bewußtsein, das eine Person wird. Das Geheimnis der Menschwerdung Gottes ist unergründlich; würde man versuchen, darüber eine Theorie aufzustellen, so wäre es nur eine intellektuelle Theorie. Doch es existiert das Bewußtsein Seiner Gegenwart hier, nicht irgendwo dort draußen — es handelt sich nicht mehr darum, sich im Weltraum aufzulösen. Wir werden uns Seiner Gegenwart hier, in unserer Mitte, bewußt. Al-Hallaj wurde gekreuzigt, weil er sagte: „Ana'-l Haqq" — „ich bin die Wahrheit" —, womit gemeint ist, daß das in mir, was „ich" sagt, Gott ist. Er wurde angeklagt, weil er das Geheimnis seiner Beziehung zu Gott enthüllt hatte, das darin bestand, daß er sich der Gegenwart Gottes in der eigenen Person bewußt geworden war.

Dies führt uns in ein Thema, das zu verstehen heute für uns sehr wichtig ist. Es ist wichtig, weil wir so vielen verschiedenen Lehrern begegnen, und jeder von ihnen lehrt etwas anderes. Das Ergebnis ist Verwirrung, und man fragt sich: „Wem soll ich folgen?" Jeder Meister lehrt etwas sehr wertvolles, und doch unterscheiden sie sich alle voneinander. Da kommt ein Swami und spricht über die *Shakti*-Energie, ein Sufi-Derwisch führt dich in einen ekstatischen Derwisch-Tanz, dann gibt es Zen-Meister und so viele andere. Der Theravada-Buddhismus ist völlig verschieden vom Tantra der Tibeter. Es gibt so viele verschiedene Wege, und jeder von ihnen ist wertvoll, doch wir müssen verstehen, wie sie alle zusammenpassen. Das ist es, was wichtig ist in diesem Neuen Zeitalter — das ganze Bild zu verstehen und zu erkennen, wie es uns betrifft.

Nicht, daß es in unserem Wesen zu Konflikten käme, aber weil so viele Lehrer da sind, sind wir nahezu gezwungen, Vergleiche zu ziehen. Samadhi bringt uns zur Auflösung des Brennpunktes des persönlichen Bewußtseins und von da aus weiter in das Gesamtbewußtsein; es existiert keinerlei persönliches Bewußtsein mehr. Wenn eine Fliege sich auf unseren Kopf setzt, so zucken wir mit keiner Wimper; es kann uns jemand beim Namen rufen, und wir hören es nicht mehr. Das persönliche Bewußtsein ist völlig ausgelöscht. Diese Erfahrung führt zur Befreiung — doch Befreiung wovon? Viele Menschen denken, es sei die Befreiung von der Notwendigkeit, wieder zur Erde zurückkehren zu müssen. Auf jeden Fall ist es eine Befreiung vom persönlichen Bewußtsein.

Das andere Extrem ist das Prinzip der Inkarnation. Im Christentum etwa gibt es den inkarnierten Gott. In den Worten von Abu Yazid al-Bistami, des großen Sufi-Eremiten des neunten Jahrhunderts, kommt diese Polarisation am stärksten zum Ausdruck. Er befaßte sich mit den typischen Sufi-Übungen der Einkörperung der göttlichen Qualitäten, durch die man selbst eine Manifestation Gottes auf Erden wird. Bistami erzählt: „Gott sprach zu mir, ‚O Abu Yazid, wahrlich, meine Geschöpfe verlangen danach, dich zu sehen', und ich antwortete, ‚Schmücke mich mit Deiner Einheit, hülle mich ein in Deine Ichheit und erhebe mich in Dein Einssein, so daß, wenn Deine Geschöpfe mich sehen, sie sagen können: ‚Wir haben Dich gesehen und Du bist es'. Doch ich, Abu Yazid, werde überhaupt nicht da sein'." Das ist die Bedeutung von *Fana* — die Vernichtung des Selbst. Doch sie ist genau das Gegenteil von Samadhi, denn sie legt Gewicht auf das Vehikel des menschlichen Lebens als ein Mittel, wodurch das Abstrakte konkret werden kann. Im Samadhi gelangt man in das Abstrakte, entfernt sich vom Konkreten. Im Zustand des *Fana* wird die Wirklichkeit Gottes als Person erlebt, während im Samadhi Gott alles ist: nicht konkret, jenseits des Erschaffenen. Gott ist transzendent. In der Dimension von *Fana* ist Gott immanent. Deshalb sprechen die Sufis von der Gegenwart des Geliebten.

Farid uddin 'Attar faßt es zusammen in den folgenden Worten: „Entsage den Gütern der Welt, entsage den himmlischen Gütern, entsage deinem höchsten Ideal, und zuletzt entsage der Entsagung." Du folgst dem Pfad der Befreiung; du bist nahezu am Ziel angelangt — du könntest dich von allem befreien — und dann nimmst du die große Herausforderung an: aus Liebe auf die Befreiung zu verzichten. Es ist die Herausforderung unserer Zeit, und deshalb ist es wichtig, zu sehen, wie alle diese Übungen zusammenpassen und worin ihre Bedeutung liegt. Wenn es Ihnen nicht möglich ist, in den Zustand des Samadhi zu gelangen, so kann es Ihnen leicht geschehen, daß Sie sich völlig in Ihren persönlichen Problemen verfangen, weil Sie die Perspektive aus den Augen verlieren. Man muß sich emporheben können, um alles zu überblicken. Das ist die Befreiung. Wenn wir vernichtet sind durch die Hand Gottes, so erleben wir Gott als Person, weil wir in diesem Augenblick fühlen, wie Er in uns wirkt. Es gibt eine bestimmte Einwirkung und deshalb das Gefühl einer Beziehung. Ohne sie bist du Gott, und es gibt keine Trennung.

Die Alchimisten des Mittelalters entdeckten den Prozeß der Transformation. Wenn man das Geheimnis jener Stufen kennt, die man während der Transformation durchschreitet, so versteht man, was mit einem geschieht.

Viele Menschen erleben in unserer Zeit die Desintegration ihrer Persönlichkeit. Es ist eine sehr erschreckende Erfahrung, und die von ihr Betroffenen gehen oft zum Therapeuten, weil sie denken, etwas stimme nicht mit ihnen. Tatsächlich ist diese Desintegration der Persönlichkeit ein Teil des Transformationsprozesses: Man kann keinen Fortschritt machen, solange man nicht auseinanderbricht und neu zusammengesetzt wird. Ein intelligenter Psychiater wird lediglich versuchen, die Kontinuität des Wesens eines Menschen aufrechtzuerhalten inmitten der Auflösung aller seiner Elemente. Es kommt darauf an, den innersten Kern seines Wesens zu erkennen und an ihm festzuhalten, während der ganze Zusammenhalt der Persönlichkeit zu zerbrechen beginnt. Wenn man auch diesen Kern, das Prinzip, zerbrechen läßt, ist man verloren. Das beschreiben die Alchimisten, wenn sie sagen: „Der geflügelte rote Löwe entflieht". Wenn man Chemikalien destilliert und sie dabei verdunsten läßt, so verliert man sie. Man muß den roten Löwen halten können, den flüchtigen Aggregatzustand der Materie, den subtilen, feinen Teil des eigenen Wesens, die Essenz oder Quintessenz oder das Prinzip. An diesem Prinzip des eigenen Wesens muß festgehalten werden; sonst gelangt man in jenen Zustand, der Wahnsinn genannt wird und der ein Transformationsprozeß ist, der fehlgelaufen ist infolge ungenügender Überwachung.

In diesem Sinne ist jeder von uns ein sehr typischer Fall von Wahnsinn — zumindest hoffe ich das, denn es gibt nichts langweiligeres als einen normalen Menschen. Selbstverständlich läßt sich die Auflösung des eigenen Wesens forcieren; allerdings sollte man wissen, wo man hingelangt: Man muß sich sehr davor hüten, mit dem menschlichen Wesen herumzuspielen; es ist ein äußerst subtiler Mechanismus. Aber da uns das Leben ohnehin zerbrechen wird, ist es doch manchmal besser für uns, es selbst zu tun. Das ist es, was der Derwisch tut: Seine Persönlichkeit ist einfach ausgelöscht. Normalerweise hängen wir an unserer Persönlichkeit, denn es ist angenehm, Charme zu haben. Wir können auf unseren Charme zählen. Und wenn wir ihn einmal verloren haben, so spüren wir, daß wir nichts mehr haben, worauf wir uns verlassen können. Doch in diesem Augenblick erst sind wir echt, sind wir wirklich, denn unser Charme war nichts als Tünche. Und es geht darum, mehr und mehr real zu werden.

Stellen wir uns den Reichtum unseres Wesens nur einmal vor! Und dieser Reichtum ist blockiert durch die Tatsache, daß wir so sehr an seiner Kristallisation in unserer Persönlichkeit hängen. Unser Wesen ist in der Persönlichkeit versteinert — oder zumindest ein Teil oder eine Projektion unseres Wesens. Und wir krallen uns fest an dieser Persönlichkeit, als ginge es um Leben und Tod. Wir hoffen, daß die Anderen uns lieben um unserer Persönlichkeit willen, während wir in Wirklichkeit unendlich viel mehr sind als das. Doch dann passiert etwas im Leben, und wir brechen in Stücke; die Persönlichkeit bricht in Stücke. Das Beste, das uns in diesem Augenblick passieren kann, ist, uns dessen bewußt zu werden, was wir wirklich sind, denn sonst stünden wir im Nichts. Das Prinzip dieses ganzen Vorgangs ist *solve et coagula* — Auflösung und Wiederzusammensetzung. Es ist eine Wiedergeburt, und um sie erleben zu können, muß man zuerst durch den Prozeß der Auflösung gehen.

So ist Auflösung das erste Stadium, das wir durchschreiten, und es kann uns in eine schreckliche Finsternis führen — in das, was Johannes vom Kreuz die ‚dunkle Nacht der Seele' nennt. Sein Weg ist das Beispiel eines Menschen, der ihn bis zum Ende gegangen ist. Ein anderes typisches Beispiel ist Abu Yazid al-Bistami, der sagte: „Ich erreichte die Schwelle des Nicht-Seins und erhob mich in ihm zehn Jahre lang und ging dabei von Verrat zu Verrat durch Verrat . . . Dann gelangte ich in die Bereiche der Demütigung, an die Schwelle der Einheit und erhob mich in ihr durch die Hilfe des Verrats in äußerster Not, bis ich in meiner Verlassenheit aller Demütigung beraubt war und der bloße Verrat des Verrats und die Demütigung der Demütigung mich selbst meiner Not beraubte." Diese Sprache ist alles andere als logisch, gewiß; sie versucht, uns seine Erfahrung der Erniedrigung zu vermitteln. Er gebrauchte das Wort *kemal*, welches das Nichts bedeutet, das man durchschreitet.

Johannes vom Kreuz sagte, daß es passieren kann, daß man dasitzt und meditiert und das erlebt, was er ‚Freude' nennt — die Freude der Gegenwart Gottes —, und plötzlich steht man im Leeren. Nichts passiert mehr. Und man findet sich in seinem Wesen wieder, völlig elend und fühlt sich als Versager. Dies geschieht, weil man an einer Sache festgehalten hat, die im eigenen Wesen sich nicht genügend verwirklicht hat und deshalb wieder weggenommen wurde. Er fährt dann fort zu beschreiben, wie man durch eine wirkliche und völlige Umnachtung des Verstandes zu gehen habe; hier ist es nicht die Persönlichkeit, die sich auflöst, vielmehr muß man erkennen, daß alles, woran man je geglaubt hat, leerer Wahn ist. Es ist nicht gut, alles mit dem Verstand begreifen zu wollen, denn er ist zu schwach, er kann es nicht begreifen. Die Menschen bauen ihr Leben auf bestimmte Ansichten, und sie sind völlig überzeugt von diesen Ansichten. Wenn sie dann plötzlich erkennen müssen, daß diese Ansichten unverläßlich sind, straucheln sie. Der ganze Verstand bricht zusammen. Und sie halten es für eine Katastrophe, doch es ist das beste, was ihnen geschehen konnte — es ist viel besser, als sich an Dinge zu klammern, die bloße Einbildungen sind.

Man steigt tatsächlich in einen Abgrund hinab; und das schlimmste, das einem passieren kann, ist, seinen Glauben zu verlieren, weil jene Gedanken den Glauben stützen: Zerfallen sie, so existiert nichts mehr, an das man glauben könnte. Auf dieser Ebene findet die wirkliche Krise statt. Es geht gar nicht mehr darum, an Gott zu glauben oder nicht; das ist nur ein gedankliches Konzept. Es geht um den Glauben an den Sinn des Ganzen. In dieser Hinsicht ist jeder Wissenschaftler gläubig, denn er nimmt an, daß die Dinge einen Sinn haben; ansonsten könnte er überhaupt keine logischen Zusammenhänge finden. Die wirkliche Krise — der dunkelste Abschnitt der Nacht, den Johannes vom Kreuz die ‚Mitternacht' nennt —, ist dann erreicht, wenn wir inmitten der Finsternis in Verzweiflung um unseren Glauben kämpfen. Und es ist, glauben Sie mir, allein dieser Glaube, der uns durch die Nacht führen kann. Man kann es den Glauben an die Möglichkeit des Unmöglichen nennen — zu glauben, auch wenn das Gegenteil bereits bewiesen ist. Ein schwaches Wesen stützt seinen Glauben auf das augenscheinliche, doch ein starkes Wesen hat die Kraft, an seinem Glauben festzuhalten, auch wenn der Verstand dieses intuitive Wissen ad absurdum führt. Sie sind geprüft in diesem Glauben, wenn Sie einem Menschen gegenüberstehen und dieser Mensch Ihnen etwas erzählt, das offensichtlich wahr ist, das Sie nicht anzweifeln können, doch Sie blicken in seine Seele und wissen, daß er lügt. Der Logik des Verstandes nicht zu erlauben, über das intuitive Wissen der Wahrheit zu triumphieren: Das ist die wahre Prüfung.

Das ist es, wodurch Johannes vom Kreuz gegangen ist. Er ging hindurch, mit der überragenden Kraft seines Glaubens, als alles um ihn zusammenstürzte. Und dieser Akt des Glaubens symbolisiert die zweite Stufe des alchimistischen Prozesses. Wir nennen es, die Essenz zu behalten, während man den Zusammenhalt aufgibt. In der Auferstehung wird die Essenz unseres Wesens von all den verschiedenen Aspekten des Wesens extrahiert. Wenn die

Essenz einmal gewonnen ist, so spielt es keine Rolle mehr, daß der Rest des Wesens sich auflöst, denn jener Extrakt ist das, worauf es ankommt. Wenn das Parfum, die Essenz der Blume, einmal aus ihr gewonnen ist, so kann man alles übrige fortwerfen — es ist der Zusammenhalt, die Struktur.

So werden wir uns der Essenz unseres Wesens bewußt, und es ist die einzige Sicherheit in diesem Wahnsinn. Es ist in der Tat die Heilung — wenn wir einen Menschen dazu bringen, sich seines wahren Wesens bewußt zu werden. Dann ist er in der Lage, zu überleben, auch wenn die Erscheinung seines Wesens zusammenbricht. Ohne dieses Bewußtsein muß er versinken. Wenn wir unsere Persönlichkeit als eine Kontinuität im Wechsel betrachten und dann in das Bewußtsein dessen gelangen, was wir schon immer waren: Das ist die Essenz unseres Wesens. Wir tun es in der Übung des Samadhi, es ist die zweite Stufe. Im antiken Griechenland mußten die Kandidaten der Einweihung in den Eleusischen Mysterien durch dieselben Übungen gehen, diese zweite Stufe wurde ‚Reise des Apollo' genannt. Es klingt etwas sehr optimistisches mit in dieser Bezeichnung, etwas, das uns an den Sonnenaufgang des neuen Morgens denken läßt. Ein neues Bewußtsein erhebt sich aus den Trümmern des alten, wie Hazrat Inayat Khan sagt: „Aus der Schale eines gebrochenen Herzens erhebt sich die neugeborene Seele". Die Übungen der zweiten Stufe bestehen darin, sich mit reinem Bewußtsein zu identifizieren und seinen Körper, seinen Verstand als Werkzeuge des Bewußtseins zu betrachten. Man identifiziert sich mit der reinen Essenz seines Wesens.

In der dritten Stufe wird dieser Prozeß noch weiter geführt. Sie kann nur noch beschrieben werden als die Stufe, in welcher man sich tatsächlich mit dem Absoluten identifiziert — mit der reinen Essenz. Manchmal wird es der ‚Zustand der Unbeflecktheit' genannt. Er gleicht jener alchimistischen Prozedur, mittels derer der Stein der Weisen gewonnen wird; es ist die Quintessenz, das ätherische Sein. Es ist wie der Schmetterling, der seinem Kokon entschlüpft. Das buddhistische Nirvana entspricht am ehesten diesem dritten Stadium. Man gelangt zur Quelle des Lebens, jenseits aller Formen. Samadhi führt selbstverständlich dorthin, und deshalb ist die Erfahrung des Samadhi so bedeutsam: Sie bringt uns auf die dritte Stufe, deren Symbol die Jungfrau Maria ist, der zunehmende Mond, der Zustand der Unbefleckheit, Elias, das Wasser des Lebens. Es ist ein Zustand von Ferne und Losgelöstheit — es ist Frieden anstatt Freude.

Danach gelangt man zur vierten Stufe, in der man wieder herunterkommt. Sie ist das Ende des *solve*, der Auflösung. Sie markiert den Beginn der zweiten Phase, der Inkarnation, oder *coagula* — den Prozeß der Neuformung. Man erlebt seine Wiedergeburt, und indem man sie erlebt, nimmt man bereitwillig und in voller Absicht an ihr teil. So findet die Evolution statt.

In unserer Wiedergeburt sind zwei Vorgänge gegenwärtig. Sie werden dargestellt durch die beiden Schlangen im Symbol des Caduceus — es sind jene beiden Kräfte des Lebens, die einander beständig kreuzen und durchdringen. Manchmal bewegt sich das Leben mehr in Richtung des Zustandes der Koagulation, dann wieder mehr der Auflösung entgegen.

Wenn ein Mensch reiner Geist ist, so kann man ihn nicht halten — er hat keine Konsistenz. Wenn ein Mensch versteinert ist — wie so viele Menschen es sind —, wird er stereotyp, monoton, und nur eine frische Infusion kann ihn verwandeln. Im alchimistischen Prozeß setzt man sich einem intensiven Strom des Lebens aus, der eine völlige Erneuerung bewirkt, und mit diesem Strom muß man sich identifizieren. Das ist der Augenblick, wo man fühlt: „Ich bin reiner Geist". Gleichzeitig ist man sich all der Gestalten und Formen bewußt, durch die der Geist arbeitet. Tatsächlich ist die Geburt eine Begegnung all dessen, was vom Himmel herabsteigt, mit dem, was von der Erde aufsteigt. In diesem Augenblick gelangt all das Erbe der Engelwelten, des gesamten Lebens in den höheren Sphären in Kontakt mit dem, was vom Anfang der Zeit auf der Erde geschehen ist. Man kann sich vorstellen, ein Besucher aus dem Weltraum zu sein, der auf diesem Planeten gelandet ist und die Substanz des Planeten benutzt, um mit den Verhältnissen hier zu arbeiten. Das ist die Bedeutung der Geburt: Sie ist der Augenblick der Berührung dessen, was man immer war und der ganzen Erbschaft, die man mit sich bringt, mit dem Planeten Erde. Was wir von unserer Seele herunterbringen, das bringen wir ein in die Erde, und wenn wir sie nach dem Tod verlassen, so haben wir auf ihr ein Zeichen hinterlassen. Man könnte sagen, daß die Erde, damit sie sich so entfalten konnte, all das in sich aufnehmen mußte, was aus den höheren Sphären auf sie herniedergekommen ist.

Damit die Pflanze eine Pflanze werden konnte, damit sie wachsen konnte, mußte sie die Erde in sich aufnehmen und aus der Erde eine Pflanze formen. Sie hat die Luft in sich aufgenommen und aus ihr eine Pflanze gemacht. Sie hat die Sonne in sich aufgenommen und aus der Sonne eine Pflanze gemacht. Sie hat die Sterne in sich aufgenommen und sie in eine Pflanze verwandelt. Sie hat die Engel in sich aufgenommen und die Engel in eine Pflanze verwandelt.

So kann man das Wunder der Geburt erleben. Und indem man es erlebt, kann man es bewußt vollbringen — kann man bewußt die Himmel im eigenen Wesen verkörpern, die Erde in seinem Wesen verkörpern. Man erschafft diese Vereinigung aus dem eigenen freien Willen heraus — denn unser freier Wille ist das größte Geschenk Gottes. In diesem Augenblick wird man sich bewußt, die Verkörperung der Engel zu sein, man wird sich bewußt, die Erde zu sein und alle anderen Elemente, anstatt sich nur seiner Persönlichkeit bewußt zu sein.

Wenn das geschieht, ist man ein neuer Mensch. Sicher, die Anderen haben noch das Bild von einem, an das sie sich von früher erinnern. Als Buddha zurückkam, beschlossen seine fünf Mitschüler, die ihn verlassen hatten und ihn für lange Zeit nicht gesehen hatten, zu ihm zu gehen und ihn sich anzuschauen. Und Buddha sprach zu ihnen: „Habe ich jemals so zu euch gesprochen?" Er sprach nicht aus einem persönlichen Größenwahn; er wollte sie wissen lassen, daß sie ihn nicht mehr als das ansehen durften, was er einmal war, denn er war eine andere Persönlichkeit geworden. Ein Sprichwort besagt, daß der Prophet nichts gilt in seinem Vaterland, und zwar deshalb, weil uns die Menschen niederhalten in dem Bild, das sie sich einmal von uns gemacht haben. So müssen wir, wenn wir eine Verwandlung durchlaufen haben, unser Wesen festigen; solange es nicht gefestigt ist, werden uns die Menschen sofort wieder dahin zurückbringen, wo wir zuvor waren. Und deshalb ist die fünfte Stufe die der Festigung unseres Wesens, wenn wir der Versuchung begegnen, dem einfacheren Weg zu folgen und geradewegs in unsere alte Persönlichkeit zurückzufallen.

Es ist tatsächlich schwer, sein wahres Wesen zu sein. Es ist viel einfacher, zu sagen: „Ich bin nun einmal unvollkommen, ich habe diese und jene Angewohnheiten, ihr müßt mich eben nehmen, wie ich bin." Jeder tut das, aber der spirituelle Weg ist es nicht. Es ist wahr, daß der spirituelle Weg der Weg der Demut ist, doch wir müssen in unserer Demut wahrhaftig sein — wir müssen die Wahrheit dessen, wofür wir stehen, bekräftigen. Es ist kein Ego-Trip; es ist das, was wir in Wirklichkeit sind. Wir dürfen den Menschen nicht erlauben, uns auf unsere Persönlichkeit zu begrenzen, und wir dürfen uns auf unserer Persönlichkeit nicht ausruhen. Wir mögen sehr hoch gelangen, doch wenn wir wieder herunterkommen und genau in unsere alte Persönlichkeit zurückkehren, so ist alles umsonst gewesen. So besteht die fünfte Stufe in der Festigung unseres wahren Selbst.

Dann gelangt man zur sechsten Stufe, der letzten im alchimistischen Prozeß; sie wird ausgedrückt in der Formel ‚Vergeistigung der Materie und Materialisation des Geistes'. Man wird sich bewußt, Geist zu sein, der die Materie erfährt, und gleichzeitig, Materie zu sein, die den Geist erfährt; so wird die Materie durch den Geist verwandelt und der Geist durch die Materie. Das menschliche Wesen ist die vollkommene Balance zwischen den beiden. In diesem Moment erkennt man die ganze Bedeutung des Lebens. Es ist eine große Erkenntnis, die Stufen zu verstehen, die wir tatsächlich in unserem Leben durchlaufen — und zu verstehen, wie wir diese Entwicklung voranbringen können.

Die Meditationen des Neuen Zeitalters entsprechen der letzten Stufe: den Geist zu erfahren, während man mit der Materie arbeitet, anstatt nur in den Geist aufzusteigen, was der dritten Stufe entspräche. Darum werden die ersten drei Stufen — die erste Phase — die ‚kleinen Mysterien' genannt und die letzten drei — die zweite Phase — die ‚großen Mysterien'. Verallgemeinernd können wir sagen — ohne dabei zu vergessen, daß jede Verallgemeinerung ungerecht ist —, daß Samadhi oder Nirvana das kleinere Mysterium sind, denn sie bringen uns zur dritten Stufe, wo wir nur noch reiner Geist sind und über das Leben hinausgelangt sind, und daß die esoterischen Schulen des Judentums und des Islam dem großen Mysterium entsprechen, dem Herabbringen des Geistes in die Materie.

Denen, die sich für Astrologie interessieren, sei noch gesagt, daß diese sechs Stufen bestimmten Planeten entsprechen. Die erste Stufe entspricht dem Saturn; sein Symbol ist der zunehmende Mond unter einem Kreuz. Die zweite Stufe ist dem Jupiter zugeordnet, symbolisiert durch den zunehmenden Mond über dem Kreuz. Die dritte Stufe ist der zunehmende Mond, der die aufnehmende Qualität der Weiblichkeit ausdrückt — darum gibt es das Bild der Jungfrau Maria, die auf dem zunehmenden Mond steht. Dieser Mond symbolisiert immer die empfangende, rezeptive Haltung dessen, der auf der dritten Stufe vollkommen selbstlos geworden ist. So bestehen die kleineren Mysterien im Aufgang des Mondes. Die größeren Mysterien entsprechen der Sonne und dem Untergang der Sonne. Die vierte Stufe korrespondiert mit der Venus; sie ist die Wiedergeburt oder die himmlische Vermählung — die alchimistische Hochzeit —, und ihr Symbol ist die Sonne oberhalb des Kreuzes. Die nächste Stufe entspricht dem Mars; er wird dargestellt durch die Sonne unterhalb des Kreuzes. Zuletzt existiert nur noch die Sonne: Die letzte Stufe ist die der Sonne, wenn der Mensch das Christuswesen erlangt hat. Sie ist das Gold der Alchimisten, das Ende des ganzen Prozesses.

Zuletzt wird man fest und unwandelbar, ebenso wie Gold unwandelbar ist; es verändert sich nicht mehr. Zu Beginn des alchimistischen Prozesses ist man durch eine Verwandlung gegangen, und jetzt, am Ende, ist man verfestigt, koaguliert. Man ist in einer Weise wieder geformt worden, daß man nicht mehr aufgelöst werden kann. Allerdings könnte es sein, daß man einen neuen Zyklus durchläuft, daß man vielleicht den ganzen Prozeß aufs neue durchwandert.

يهدي الله لنوره من يشاء
صدق الله العظيم
الفقير شفيق

Kapitel 12

Die Heiligkeit des Lebens

Was meinen wir, wenn wir von Spiritualität sprechen? Verstehen wir darunter das Festhalten an bestimmten Regeln oder Dogmen, die Ergebenheit an einen Guru oder eine gewisse scheinheilige und unwirkliche Emotion, die wenig mit dem konkreten Leben gemein hat? Offensichtlich nicht. Es geht uns nicht um Glaubenssätze, Dogmen oder Lippenbekenntnisse, die das Gegenteil von dem aussagen, was wir tagtäglich praktizieren. Es gibt auch diejenigen, die glauben, daß es ausreiche, ein guter Mensch zu sein — ein rechtes Leben zu führen, recht zu handeln und absolut ehrlich und fair zu sein gegenüber jedermann. Doch Spiritualität ist viel mehr als das.

Ohne uns auf große Definitionen und Diskussionen über Dinge einzulassen, die das praktische Leben betreffen, so können wir doch sagen, daß sich Spiritualität am greifbarsten dort manifestiert, wo wir mit unseren Problemen konfrontiert sind, besonders in der Beziehung zu anderen Menschen; und zweitens darin, ob und inwieweit wir die Möglichkeit unseres Wesens entfalten; und zuletzt in einem absolut kristallklaren Verständnis dessen, was hinter der äußeren Erscheinung der Dinge verborgen liegt — sich nicht mehr täuschen zu lassen von ihrer Oberfläche, sondern die Ursache der Ursache und den Zweck hinter dem Zweck zu sehen. Es sollte zu einer außergewöhnlichen Klarheit führen und unserem ganzen Wesen große Brillanz geben: Unser Bewußtsein kann zu einem Licht werden, das alles erleuchtet, und wir selbst können werden wie ein Kristall — makellos rein.

Was unsere Beziehung zu anderen Menschen betrifft, so dürfte ziemlich klar sein, daß es unmöglich ist, die Dinge richtig zu erkennen, solange man sie allein von seinem persönlichen Standpunkt aus beurteilt — „Dieser Mensch ist gemein zu mir gewesen, jener Mensch ist nichts als ein Knüppel zwischen meinen Beinen, dieser Mensch zieht mich herunter, jener Mensch begeistert mich", und so weiter. All das sind persönliche Meinungen, die aus der Tatsache entstehen, daß man die Dinge aus seiner eigenen Perspektive sieht. So wird man zuallererst das Prinzip der Meditation anwenden müssen, wird man sein Bewußtsein vom verengten Blickpunkt der Persönlichkeit befreien müssen und versuchen zu erfahren, wie die Situation sich vom Blickpunkt des Anderen her ausnimmt — insbesondere vom Blickpunkt desjenigen, dem wir böse sind. Es mag sein, daß sein Blickpunkt genauso eingeengt ist wie der unsrige, doch wenigstens haben wir unseren durch den seinen ergänzt. Das allein wird uns zwar noch nicht die vollständige Einsicht geben, doch wenn es uns gelingt, sie durch jene transzendentale Einsicht zu vervollständigen, die die Ursache hinter der Ursache sieht, beginnen wir, die Dinge klarer zu sehen. Dann werden wir die Absicht erkennen — sowohl das, was uns selbst zu der Haltung bewegt, die wir jenem Menschen gegenüber einnehmen, als auch seine Motive. Und zuletzt versuchen wir die göttliche Programmierung hinter der ganzen Situation zu erkennen — zu erkennen, was wir aus alledem zu lernen haben. Dann können wir wirklich eine Gewinn aus der Situation ziehen, anstatt sie nur zu beklagen und festzustellen, daß sie unserem Leben und unserer Entfaltung hinderlich ist.

In diesem Augenblick erkennt man, daß alles einfach perfekt ist. Was ein Problem zu sein schien, wird zu einer grandiosen Herausforderung, und was ein Fehlschlag zu sein schien, erweist sich plötzlich als ein Erfolg. Und manchmal, wenn man denkt, man hätte jemanden für sich gewonnen oder einen Erfolg errungen, so stellt es sich nachträglich als Verlust, als Niederlage heraus. Die Dinge sind sehr viel anders, als sie erscheinen. Es mag sein, daß Sie von jemandem etwas gewollt haben, und daß Sie zehn Jahre später zurückblicken und sich glücklich schätzen, daß das, was Sie von jener Beziehung erwartet hatten, niemals eingetreten ist — oder daß Sie darüber fluchen, daß es eingetreten ist. Man erkennt, daß man in einer bestimmten Perspektive gefangen ist. Und man kann sagen, daß Spiritualität darin besteht, sich aus dieser engen Perspektive zu befreien, in die man hineingeraten ist aufgrund der Bedingungen der Umwelt und der Lebensumstände. Es ist ein wunderbares Gefühl, frei zu sein von seinen vorgefaßten Meinungen und den eigenen Emotionen, die sich von einem Augenblick zum nächsten wandeln. Die Folge davon ist, daß man frei ist von zwei Dingen, dem Gefühl eines schlechten Gewissens und dem des Ärgers oder Hasses — und diese Freiheit ist eine conditio sine qua non für jede geistige Entwicklung.

Hazrat Inayat Khan erörtert diese beiden Dinge in seinem Buch *The Inner Life (Das innere Leben)*. Was unser Gewissen betrifft, so müssen wir ganz sicher sein können, daß es keinen Menschen gibt, den wir ungerecht behandeln. Es ist zuallererst notwendig, sich völlig klar zu werden über alles, was zwischen uns und jenen Menschen, die wir unfair behandelt haben oder denen wir etwas schulden, nicht notwendigerweise Geld, sondern Sympathie, guten Willen oder was auch immer, noch nicht beglichen ist. Manchmal weigern wir uns auch, einen Fehler einzugestehen, weil wir fürchten, unser Gesicht zu verlieren, oder weil wir denken, jener Mensch könnte unser Eingeständnis als Zeichen von Schwäche deuten und ausnützen. Doch im allgemeinen liegt das Problem in unserem eigenen Ego: Wir wollen uns selbst einen Fehler nicht eingestehen, und so verdrängen wir das intuitive Gefühl, etwas Unrechtes getan zu haben, und von da an haben wir mit einem Gewissen zu leben, das uns aus dem Unbewußten heraus quält und unser Leben vergiftet. Sie können nicht vor Freude tanzen, solange das Gefühl existiert, jemandem Unrecht getan zu haben. Sie mögen sagen, daß Sie jetzt nicht mehr viel tun können in jener alten Angelegenheit, doch vielleicht könnten Sie dem Menschen immerhin einen Brief schreiben, und wenn nicht, so ist das eigene Eingeständnis einer Schuld schon ein erster Schritt. Das beste, was man tun kann, ist selbstverständlich, zu beschließen, einfach irgendetwas zu tun — ein geschehenes Unrecht läßt sich ohnehin nicht wiedergutmachen, doch man ist bereit, irgendetwas zu tun für die Menschen, und sei es aus keinem anderen Grund als dem, daß man der Welt gegenüber eine Schuld hat.

Das andere Problem besteht in dem Gefühl, von jemand anderem ungerecht behandelt worden zu sein. Man trägt einen Groll in sich, und dieser

Groll ist ein Gift. Man kann nicht vor Freude tanzen, solange man in dem Gefühl lebt, von einem Menschen schlecht behandelt worden zu sein. Das beste in diesem Fall ist es, jene Person als den Schock zu betrachten, mit dem uns Gott geschlagen hat, wie jener Zen-Meister: Es war wirklich zu unserem Besten. Schwierig wird die Sache jedoch dadurch, daß wir die Tendenz haben, das Problem zu verschleiern: In Wahrheit hegen wir geheimen Groll gegen das Schicksal, welches in Wirklichkeit Gott ist; ‚Schicksal' ist nur eine höfliche Art, Gott zu beschuldigen. Dies ist eine ernste Verletzung. Man kann nicht vor Freude tanzen, wenn man so fühlt, und dieses Gefühl steht unserer Entfaltung im Weg. Es ist etwas, dem man wirklich begegnen muß und mit dem man klarkommen muß; man hat einzusehen, daß es dem eigenen Urteil und Verstand unmöglich ist, die Programmierung hinter den Dingen jemals vollständig zu begreifen. Es ist ein Akt des Glaubens, zu erkennen, daß es einen höheren Sinn gibt hinter dem Problem, den wir jetzt noch nicht sehen können, und daß man etwas dazu beitragen könnte, wenn man ihn sehen würde. Vielleicht sind Sie geprüft in Ihrem Mitleid oder in Ihrer Kraft, zu Ihren Idealen zu stehen, oder in Ihrer Fähigkeit zur Selbstbeherrschung. Diejenige Qualität herauszufinden, die zu entwickeln die gegenwärtige Situation Ihnen helfen will, ist allein der Intuition möglich, doch dann kann man etwas positives aus der Situation gewinnen, anstatt nur zu klagen. Denn in diesem letzteren Fall hat man die Chance vertan, etwas daraus zu gewinnen und, was noch schlimmer ist, man entwickelt Bitterkeit. Und das ist eine Sache, die uns Sorgen machen sollte — jene Bitterkeit, die wir selbst in uns nähren.

In unserer Landkommune im Staate New York — *The Abode of the Message* — hatten wir den Grundsatz, daß, wann immer jemand einen Groll hatte gegen jemand anderen, er zu diesem ging, um die Angelegenheit in einem offenen Gespräch beizulegen. Wenn das zur Gewohnheit wird, wird es als Selbstverständlichkeit betrachtet, und niemand fühlt sich mehr dadurch beleidigt. Und es ist wunderbar, über alles offen reden zu können, ohne sich darin zu verbeißen oder aggressiv zu werden, denn vieles wird dadurch gelöst, und vielleicht können Menschen miteinander über Dinge sprechen, von denen sie zuvor nicht einmal geglaubt hatten, daß sie einer Erklärung bedurft hätten. Es ist eine Chance, zu verstehen und vielleicht zuzugeben, daß man einen Fehler gemacht hat. Wir alle machen Fehler. Es ist besser, sein Gesicht zu verlieren als seinen Glauben zu verlieren: Niemand kann dir das nehmen, was du bist, und niemand kann dir etwas geben, das du nicht bist, und so kann das Eingeständnis eines Fehlers dich in keiner Hinsicht vermindern. Im Gegenteil, es wird dir viel größere Anerkennung einbringen wegen deiner Ehrlichkeit dir selbst und anderen gegenüber.

Es ist sehr wichtig, zu erkennen, was man anderen Menschen antut. Begeistern und inspirieren Sie sie, oder belasten Sie sie mit Ihrem eigenen Kummer — oder begegnen Sie ihnen nur kurz und oberflächlich, gleich Schiffen in der Nacht? Vergegenwärtigen Sie sich einmal die enorme Gelegenheit, die die Begegnung zweier Menschen bietet: die Chance, sich selbst im Anderen zu entdecken, Ihre eigene Vollendung zu finden durch das Erkennen dessen, was in Ihnen selbst noch in der Verborgenheit ruht, indem Sie es in einem anderen Menschen erblicken; die Chance, zuletzt das zu werden, was sich in Ihnen selbst bislang noch nicht offenbart hat. Es ist eine einmalige Gelegenheit. Doch wenn man beurteilt, dann kritisiert man anstatt auszutauschen und zu teilen; und ganz sicher ist Kritiksucht das, was jede Beziehung tötet. Wir sind mit einem gewissen Unterscheidungsvermögen ausgestattet, und wir sollten rechten Gebrauch davon machen. Wir können nicht alles gutheißen, wir sollten aber bedenken, daß unser Urteil relativ ist. Doch es gibt konstruktive und destruktive Kritik, und oft entsteht ein Problem dadurch, daß wir von einem Menschen erwarten, daß er so ist, wie wir ihn haben wollen, wozu wir kein Recht haben. Wir sollten den Menschen lieben und wertschätzen um seiner selbst willen. In Wahrheit geht es natürlich um viel mehr als das, denn durch unsere Intuition sind wir in der Lage, die vollkommene Natur eines Menschen zu sehen. Seine Persönlichkeit ist eine sehr unvollkommene Manifestation seines vollkommenen Wesens, und während unser Urteil den unvollkommenen Aspekt sieht, sieht unsere Intuition die Vollkommenheit des Wesens. Das Bild, das unsere Intuition sieht, nimmt Schaden dadurch, daß wir Eigenschaften oder Defekte in der Person wahrnehmen, die genau das Gegenteil von dem sind, was wir als seine wahre Person erkannt haben. Wir neigen dazu, unsere Intuition zu vernachlässigen und nur noch unserem Urteil zu vertrauen, doch wenn wir es fertigbrächten, unsere wahre Intuition der wunderbaren Qualitäten jenes Menschen nie aus den Augen zu verlieren, so könnten wir ihn auf konstruktive und nicht beleidigende Weise kritisieren.

Dies wird besonders wichtig, wenn große Liebe zwischen Menschen besteht. Wenn Ihre Kinder zum Beispiel wissen, daß sie von Ihnen geliebt werden, so können Sie sie tadeln, solange es nicht aus Haß geschieht, sondern aus dem Wunsch heraus, sie Dinge zu lehren, die sie noch nicht verstehen. Kinder werden sehr verunsichert, wenn sie alles tun dürfen. Sie wollen genau wissen, wo die Grenzen liegen, und sie wollen zur Ordnung gerufen werden. Es gibt ihnen ein Gefühl von Sicherheit. Dasselbe trifft auf Erwachsene zu. Menschen werden manchmal versuchen, Ihnen sehr nahe zu treten, und es ist besser, sie von Anfang an wissen zu lassen, wo die Grenze ist: bis hierher und nicht weiter. Man wird Sie dafür achten, und es kann auf dieser Basis eine Beziehung gegenseitiger Achtung und Liebe entstehen. Und je mehr Sie die Menschen lieben und je mehr sie wissen, daß Sie sie lieben, desto mehr können Sie sich eventuell erlauben, ihnen zu sagen, wie sehr Sie wünschen, daß sie wirklich das sein könnten, das manifestieren könnten, was sie eigentlich sind. Es ist wie bei einem Musiklehrer, der seinem Schüler erklärt, wie er sein Spiel verbessern kann; ohne solche Belehrung könnte der Schüler niemals Fortschritte machen. Das ist konstruktive Kritik.

Das Schlimmste, was man Menschen antun kann, ist, ihre Selbstachtung zu untergraben. Sobald es sich darum handelt, Kritik an sich selbst zu hören, werden die Menschen sehr empfindlich, und zwar um so mehr, je mehr sie sich mit ihrer Persönlichkeit identifizieren: Kritisiert man ihre Persönlichkeit, so müssen sie ihre Selbstachtung verlieren, die manchmal der empfindlichste Teil des ganzen Wesens ist. Ibn al-'Arabi sagt, daß, ebenso wie ein Künstler es nicht wünscht, daß man sein Werk kritisiert, es Gott beleidigt, auch nur ein einziges Seiner Geschöpfe kritisiert zu sehen. Hinter all dem existiert ein Gefühl der Heiligkeit, das sehr wichtig ist, ganz abgesehen von dem Gefühl der Liebe: Vielleicht ist Liebe in ihrer Tiefe Heiligkeit. Wenn Sie eine große Hochachtung vor der Heiligkeit eines Wesens haben, so öffnen Sie damit einen Kommunikationsweg auf einer sehr tiefen Ebene, denn sie betrachten diesen Menschen als heilig; er wird Ihnen zu einer heiligen Verpflichtung. In der Hochzeitszeremonie fragen wir, ob Sie diesen Menschen als die heiligste aller Verpflichtungen ansehen werden. In diesem Fall gewinnt es besondere Bedeutung, aber in gewisser Weise ist jeder Mensch etwas sehr heiliges, das Sie in Ihrer Seele bewahren, und er soll bei Ihnen in sicherer Obhut sein.

Tatsächlich ist das die Grundlage jeder Freundschaft. Wenn Sie wissen, daß es einen Menschen gibt, mit dem Sie über alles sprechen können: das ist Freundschaft. Man kann nicht mit jedem reden, denn erstens gibt es Menschen, die einen wahrscheinlich auslachen und verspotten würden. Und es gibt gewisse Dinge, die man einem Menschen nicht offenbaren möchte, weil er sie wahrscheinlich nicht zu würdigen weiß. Das zweite ist, daß man sicher sein muß, daß der Mensch, dem man ein Geheimnis anvertraut, es wirklich wahren wird. Man kann seine Gefühle sehr offen und unschuldig zeigen, doch das bedeutet nicht, daß man sie jedem zeigen würde; und wenn ein Mensch, dem man vertraut hat, es einem anderen erzählt, so ist man verraten worden. Und drittens will man sicher sein können, daß der Freund unser höchstes Ideal tatsächlich würdigt — nicht nur versteht, sondern hochschätzt. Darum ist es unmöglich, seine Seele Menschen zu öffnen, die nicht verstehen können, wovon man spricht oder was einem selbst wertvoll ist. Hinter allem steht das Gefühl der Heiligkeit des anderen Menschen. Verrat bezieht sich immer auf Heiligkeit, denn er bedeutet immer die Entweihung von etwas Geheiligtem. Das ist die Tiefe des spirituellen Lebens: dieses Gefühl der Heiligkeit. Es ist das, was man in Wahrheit unter Gott versteht.

Kapitel 13

Die Entdeckung der Ordnung hinter dem Universum

Sufismus gehört zu den am wenigsten definierbaren Dingen, die es gibt. Immer wieder fragen Menschen: „Was ist Sufismus?" Richtig ist, daß ein ‚ismus' hier überhaupt nichts zu suchen hat und daß ‚Sufi' wohl das letzte sein dürfte, mit dem man sich selbst bezeichnen würde: Das Wort bedeutet ‚wollig', und ich bezweifle, ob sich ein Mensch wissentlich ‚der Wollige' nennen würde. Dieser Name hat seinen Ursprung in einer Unterhaltung zwischen einem Derwisch und einem Mullah, einem Repräsentanten des orthodoxen Islam, im achten Jahrhundert. Der Mullah tadelte den Derwisch, weil dieser ein wollenes Gewand trug; er hätte Baumwolle tragen sollen, denn der Prophet hätte Baumwolle getragen und er sollte dem Beispiel des Propheten folgen. Der Derwisch antwortete: „Ich folge der Tradition Christi." Zu jener Zeit wußte man in den arabischen Ländern sehr wenig über das Christentum, doch man hatte immerhin etwas gehört über christliche Mönche in der Wüste, die wollene Gewänder trugen und dem Gebot der Armut folgten. In jenen Tagen war Baumwolle gerade erst entdeckt worden und groß in Mode; Wolle war das Material der Armen.

Im Islam wird der Weg Christi sehr oft mit dem Weg der Heiligkeit in Verbindung gebracht: Christus ist der Prototyp des Heiligen, während Mohammed der Prototyp des Propheten ist. Das Mönchtum ist im Islam offiziell verboten, und so werden die Sufis mit beträchtlicher Mißbilligung angesehen, da sie nicht dem geraden und engen Pfad des Islam folgen. Die meisten großen Sufis sind wegen ihrer freimütigen Haltung hingerichtet oder verbannt worden. Somit gehören wir einer häretischen Tradition an, was eine große Auszeichnung ist, denn dasselbe gilt für alle Mystiker aller Religionen: Sie sind immer Ausgestoßene gewesen; allenfalls wurden sie am äußersten Rand der orthodoxen Religion gerade noch geduldet.

Der beste Schutz der Sufis bestand darin, daß die Menschen sie für verrückt ansahen und deshalb nicht ernst nahmen. Und selbst heute sind ihre Worte nur denen verständlich, die ebenso verrückt sind; um es genauer zu sagen: Man muß sich in eine bestimmte Perspektive begeben, um ihre Worte verstehen zu können. Vom normalen Standpunkt her erscheinen sie ziemlich sinnlos. Die Situation ist der eines Menschen vergleichbar, der ein Kunstwerk betrachtet: Um es in all seinen Feinheiten verstehen zu können, müßte er genau den Standpunkt des Künstlers einnehmen, der es erschaffen hat. So müßten wir, wenn ein Reporter uns fragt, „Was ist Sufismus?", antworten: „Um sehen zu können, was Sufismus ist, müssen Sie zuerst in einen Zustand von Ekstase gelangen; in Worten kann ich es nicht erklären". Wie ein Derwisch einmal zu mir sagte: „Sage nie etwas, wenn du denkst, du könntest etwas sagen!" So befinden wir uns in einer etwas komplizierten Lage, wenn wir, etwa in einer Rundfunkserie, versuchen, Sufismus in wenigen Worten zu definieren.

Eines der typischen Merkmale der Sufis ist, daß sie das geistige Erbe aller religiöser Traditionen für sich in Anspruch nehmen, was mit der heutigen Zeit sehr in Einklang steht. Es ist der Aspekt des Sufismus, den Hazrat Inayat Khan ‚die Botschaft' nennt. Die Botschaft unserer Zeit ist die Botschaft aller Zeiten, doch der Akzent ist universal. Wenn Sie zum Beispiel Ihre Einweihung in einem indischen Ashram erhielten, so hätten Sie sich in Ihren spirituellen Übungen auf den Guru dieses Ashrams zu konzentrieren. Doch Hazrat Inayat Khan gibt uns Konzentrationen auf die Meister, Heiligen und Propheten aller Zeiten auf, was genau dem Geist unserer Zeit entspricht.

Viele Menschen wären froh, wenn all die Gurus und Lehrer der verschiedenen Traditionen endlich einmal zusammenkämen und die Unterschiede und Übereinstimmungen zwischen ihnen erklären würden und uns damit das Gefühl gäben, daß wir alle gemeinsam auf einer großen Reise sind. Wir haben tatsächlich einige Versuche in dieser Richtung unternommen, doch diese Versuche waren nicht sonderlich erfolgreich — und wenn sie es doch einmal waren, so fuhr doch jeder einzelne fort, seine eigene Geschichte zu erzählen; es gab keinen echten Austausch. Doch wir versuchen es weiter, und ich veranstaltete Seminare gemeinsam mit Gurus, mit denen ich mich eng verbunden fühle, und manchmal spüren wir, daß wir etwas näher zusammenkommen. Natürlich sind wir uns seelisch sehr nahe, doch wenn es um die Lehren geht, so kommt es darauf an, die Verzahnung genau aufzuzeigen — was nicht bedeutet, daß alle Lehren gleich sind. Hazrat Inayat Khan sagte, daß Einheit nicht Einförmigkeit sei. Es liegt uns völlig fern, eine Art Synkretismus kreieren zu wollen.

Wenn wir das geistige Erbe aller Religionen der Welt beanspruchen wollen, so müssen wir allerdings über sie Bescheid wissen. Und wenn wir damit anfangen, sie zu studieren, so gewinnen wir den Eindruck von erheblichen Unterschieden. Der Buddhismus etwa scheint eine atheistische Religion zu sein, während das Christentum sehr Gott-orientiert ist. Zwischen Islam und Judentum einerseits und dem Christentum andererseits bestehen Differenzen insofern, als daß Juden und Moslems den Gedanken kaum akzeptieren können, daß Gott Mensch werden könne — er nimmt etwas weg vom Gefühl Seiner Transzendenz. Hazrat Inayat Khans Antwort darauf kennen wir bereits: Wer sein Erbe kennt, zum Beispiel das seines Vaters, der kann es für sich in Anspruch nehmen; doch wenn man nicht weiß, wer der eigene Vater ist oder nicht behaupten kann, die Qualitäten seines Vaters zu besitzen, so kann man auch sein Erbe nicht beanspruchen. Wenn man also sein göttliches Erbe erkennt, kann man seinen Anspruch darauf geltend machen. Genau das zu tun, fordert Christus uns auf: „Seid vollkommen wie euer Vater im Himmel vollkommen ist". In diesem Augenblick kann man seine Erbschaft antreten.

Dennoch, trotz allem, was ich hier gesagt habe, scheint es, als würde das spirituelle Denken der Menschheit sich allmählich entwickeln. Man kann sich das Denken der gesamten Menschheit vorstellen als den hervorragendsten Aspekt des Denkens unseres Planeten. Man kann sich den Planeten als ein Wesen vorstellen und man kann sagen, daß sein Bewußtsein sich entwickelt. Wir können heute Musik nicht mehr so schreiben, wie Palestrina es tat, denn das heutige Bewußtsein ist anders als das seiner Zeit. Ich will nicht behaupten, daß die heutige Musik besser sei als die damalige; sie ist anders. Eine Entwicklung findet statt.

In jenen frühen Zeiten, als die ursprünglichen Lehren der Hindus und Buddhisten sich ausbreiteten, waren sich die Menschen ganz sicher der Tatsache bewußt, daß sie in ihrer persönlichen Perspektive gefangen waren und daß es jenseits des persönlichen Bewußtseins ein größeres Bewußtsein gab. So lag das Schwergewicht auf der Erkenntnis, daß alles Illusion ist: Die Dinge sind nicht das, was sie zu sein scheinen. Wie der Wissenschaftler sagt: „Die Landkarte ist nicht das Land". Den frühen Hindus war völlig klar, daß das, was wir für das physische Universum halten, nicht das physische Universum ist, daß es nur unsere Ansicht über das physische Universum ist, und so nannten sie es *Maya* oder Illusion. Es bedeutet nicht, daß die physische Materie Illusion ist; unsere Vorstellung von ihr ist Illusion. Dasselbe trifft für unsere Vorstellung von der eigenen Persönlichkeit zu, und wir sollten uns auch von dieser Illusion befreien. Die Konsequenz dieser Anschauung ist, daß der Aspekt der in Erscheinung tretenden Formen relativiert und in gewisser Weise entwertet wird und man stattdessen einen Zustand jenseits des Jenseits anstrebt, den Zustand des Samadhi. Der einzige Weg dorthin ist ein Wechsel des Bewußtseins vom persönlichen Blickpunkt zu einem unpersönlichen — sich von allem Vergänglichen zu entidentifizieren, wie dem Körper, dem Verstand, der Persönlichkeit, dem Bewußtsein. All das sind Gestaltungen, und man wird in ihnen gefangen, wenn man sich mit ihnen identifiziert und verliert infolgedessen das Bewußtsein seines wahren, ewigen Wesens. Mit anderen Worten, man entdeckt seine Identität im Samadhi, und die Welt der Schöpfung (ein Begriff, der aus dem Christentum stammt) verliert an Wert. Man hofft, sich von dieser Welt zu befreien, wenigstens in seinem Bewußtsein, denn sie ist eine Falle, in der wir gefangen sind. Das ist es, was die Hindus Befreiung nennen.

Die Lehre Hazrat Inayat Khans ist tatsächlich eine Fortsetzung der Sufi-Lehre. Manchmal werden Teilnehmer unserer Meditations-Camps von Leuten angesprochen: „Warum gehst du auf dieses Camp, das sind doch gar keine richtigen Sufis". Was soll man darauf antworten? Man kann sagen: „Na ja, ich dachte, es wären welche, aber du weißt es vielleicht besser". Vielleicht bekommt man dann zu hören: „Ich bin ein echter Sufi: Ich bin im Osten eingeweiht worden, die einzige wahre Sache. Was ihr hier macht, ist lächerlich". Dasselbe wurde nahezu jedem Sufi in der Vergangenheit vorgeworfen. Al-Hallaj stand nicht eigentlich in der Sufi-Tradition, nicht einmal Ibn al-'Arabi. Kein Sufi wiederholt das, was seine Vorgänger sagten, ebensowenig, wie Hazrat Inayat Khan das wiederholt, was al-Hallaj sagte. Der Mensch neigt dazu, in bestimmten Doktrinen zu versteinern, so daß er nicht mehr von der Stelle kommt. Neuerungen sind unbeliebt. Darin liegt ein ganz natürlicher Instinkt: Eine gewisse Stetigkeit ist notwendig, sonst kommt der Mensch ins schwimmen. Doch es besteht die Gefahr, daß wir so sehr erstarren, daß überhaupt kein Fortschritt mehr möglich ist.

Jeder Meister, der wirklich etwas zu sagen hat, ist seiner Zeit voraus. Er sieht Perspektiven, die fünfzig Jahre später selbstverständlich sein werden, doch zu seiner Zeit absonderlich klingen. Als wir mit der Zeremonie des Universellen Gottesdienstes begannen, in der wir für alle Religionen Kerzen entzünden und aus den Schriften aller Religionen lesen, waren viele Menschen schockiert. Das war vor sechzig Jahren. Vielleicht wären die Menschen in einigen Teilen der westlichen Welt immer noch schockiert — und im Iran etwa wären sie nicht nur schockiert: Sie würden wahrscheinlich dafür erdolcht werden, daß Sie den Koran zusammen mit der Bibel und den ‚heidnischen' buddhistischen Schriften auf einen Altar legen. Dennoch ist es für viele Menschen heute selbstverständlich, so zu handeln und zu denken, denn die verschiedenen Religionen sind verschiedene Aspekte der einen Religion, der Religion Gottes, und die Gesellschaft, zumindest ihre geistige Vorhut, ist langsam in ein Verständnis der Einheit hinter aller Mannigfaltigkeit hineingewachsen.

Der Schwerpunkt der Lehren Hazrat Inayat Khans liegt auf der Wichtigkeit des Menschseins. Es ist das große Wunder unseres Lebens, daß Gott in uns Mensch geworden ist. Es ist noch nicht so lange her, daß jemand, der so spricht, als Häretiker verbrannt worden wäre — und in einigen Teilen der Welt könnte es heute noch geschehen. Al-Hallaj wurde gekreuzigt, weil er etwas sagte, das im Grunde genau dasselbe bedeutet. Die Menschwerdung Gottes ist unser großes Thema. Die Orthodoxen umgehen es, indem sie sagen, daß der Mensch einige der Eigenschaften Gottes verkörpere, doch daß man nicht sagen könne, Gott sei Mensch geworden. Sie sagen, der Mensch sei in Wahrheit ein Schatten und es gebe keinen gemeinsamen Nenner zwischen Gott und Mensch; und sie sagen dies, um den Gedanken der Transzendenz Gottes aufrechterhalten zu können.

Ich sollte mich davor hüten, an dieser Stelle zu philosophisch zu werden, doch es gibt Dinge, die sich nur in Worten formulieren lassen, die ein gewisses Maß an Mitdenken erfordern. Am Anfang steht immer die Erfahrung, und diese Erfahrung wird danach vom Verstand nach einem bestimmten System interpretiert. Der Verstand verallgemeinert: Es ist meine Erfahrung, daß bis jetzt die Sonne jeden Morgen aufgegangen ist, deshalb nehme ich an, daß sie immer morgens aufgeht. Der Verstand ist bestrebt, sich auf Erfahrung zu stützen und interpretiert die Erfahrung, und das wird Philosophie genannt: Man kann sagen, daß Philosophie die Autopsie der Erfahrung ist. Außerdem wird die Erfahrung durch den Verstand vorstrukturiert. Ein Beispiel: Nach meiner Erfahrung dreht sich die Sonne um die Erde, und es erforderte das Einsichtsvermögen von Menschen, die in der Lage waren, ihre eigene Perspektive zu überwinden, um zu erkennen, daß es sich tatsächlich andersherum verhält. Und immer noch dreht sich von meinem Standpunkt aus die Sonne um die Erde. Das Denken kann der Erfahrung im Wege stehen. Wir müssen unser Denken ändern, um die Dinge im richtigen Licht wahrnehmen zu können. Darum geht es in der Metaphysik.

Wir wollen jetzt versuchen, den Begriff ‚Transzendenz' in die Sprache der Erfahrung zu übersetzen. In der Meditation können wir sehen, daß unser Körper die Erde ist: Der Stoff des Planeten hat sich in unserem Körper erhoben, so wie die Welle sich aus dem Meer erhebt. Und wir können sehen, daß unser Verstand in Wirklichkeit das Denken des Planeten ist. Daraus ergibt sich die weitere Annahme, daß mit dem Begriff ‚Gott' das ganze physische Universum gemeint ist und das Denken des Universums und vielleicht die Persönlichkeit des Universums, die Persönlichkeit, die hinter dem Universum steht. Es ist die Vereinigung all der verschiedenen Ebenen der Wirklichkeit. Mit Gott meinen wir dieses eine Wesen — nicht nur einen materiellen Körper. Es ist die Vorstellung von der Immanenz Gottes: Alles ist Gott.

Für einen feinfühligen Menschen wirft diese Vorstellung Probleme auf, denn sie würde bedeuten, daß Gott auch böse ist — denn das Böse existiert, daran gibt es keinen Zweifel. Auf jeden Fall kann man sagen, daß die Natur voller Unvollkommenheiten ist. Wenn man sich mit der Naturwissenschaft beschäftigt, so entdeckt man, daß es selbst in der Biologie Experimente und Irrtümer gibt — in der göttlichen Programmierung. Sie ist keineswegs absolut vollkommen. Und es fällt schwer, zu glauben, daß ein Mensch, der vorsätzlich einem Anderen Schmerz zufügt, Gott sei. So entstand die alte Vorstellung von Gott als einem vollkommenen Wesen irgendwo da oben und der Welt hier als einem verfälschten Abbild Gottes — Gott ist nicht das alles. Das ist Transzendenz in ihrem extremen Sinn. Es ist das, was Gershom Scholem das „übersteigerte Gefühl der Andersheit" nennt. Doch auch im menschlichen Körper zum Beispiel finden wir große Unterschiede etwa zwischen den Zellen der Haare oder Nägel und den Gehirnzellen: Sie alle haben dieselbe DNS-Struktur, doch die Zellen der Nägel haben längst nicht so viele Freiheitsgrade wie die des Gehirns. Manche Zellen werden nahezu identisch in großer Zahl produziert, andere werden immer weiter spezialisiert und entwickeln sich zu sehr komplexen Gebilden. In ähnlicher Weise könnte man sagen, daß es im Universum unterschiedliche Grade von Gottartigkeit gibt.

Ein genaueres Beispiel wäre etwa die Entstehung von Krebs. Krebs ist eine Erkrankung der DNS: Die Krebszelle weigert sich, sich der Organisation der DNS des Körpers zu unterwerfen und hat seine eigene DNS so angeordnet, daß sie nicht mehr unter der Herrschaft der übrigen Körper-DNS steht. Mit anderen Worten: Sie hat sich von der Gesamtordnung abgesondert. So könnte man argumentieren, daß, wenn Wesen sich der kosmischen Ordnung entzogen haben, es schwer wird, zu sagen, sie seinen Gott. Dennoch sind sie ein Teil Gottes, ebenso wie die Krebszellen Bestandteil des Körpers sind und doch auch wieder nicht. Um das verstehen zu können, müßte man allerdings die syllogistische Logik aufgeben, die eine Behauptung als entweder richtig oder falsch zu kategorisieren versucht, doch es als unmöglich ausschließt, daß etwas wahr und falsch gleichzeitig sein könne. Inzwischen wissen wir, daß alles in gewisser Weise hybrid ist: Die Materie ist sowohl Teilchen als auch Welle. So können wir behaupten, daß das Universum als Ganzes Gott ist, und daß gleichzeitig Gott die Essenz oder so etwas wie die DNS des Universums ist, die Ordnung hinter dem Universum.

Es gibt einige Zellen, die in der Tat Schlüsselzellen sind, und diese verkörpern die Ordnung viel besser als andere: Alle Zellen besitzen dieselbe DNS-Struktur, doch diese Struktur gelangt in bestimmten Zellen vollständiger zum Ausdruck als in anderen. In der Meditation kann man in das Ordnungsprinzip des Universums eintreten: Es ist die Entdeckung des Denkens hinter den Formen. Man kann zum Beispiel das Denken hinter einem Kristall finden. Es existiert eine Musik hinter dem Kristall, eine bestimmte Resonanz, eine Schwingungsfrequenz; und dahinter ist eine Ordnung: Die Materie stellt sich der Ordnung zur Verfügung. Erhitzt man den Kristall, so verändert sich seine Struktur, wird irregulär, gelangt in eine neue Ordnung. Hinter allem existiert eine Ordnung.

Die Ordnung ist allerdings keineswegs statisch. Es ist eine dynamische, erfinderische Ordnung, die sich fortlaufend dem *feedback* aus der konkreten Wirklichkeit anpaßt. So mag man sich Gott als dynamisch anstelle von statisch vorstellen, und dann erst wird man erkennen, wie unglaublich komplex diese Ordnung werden kann; man fühlt sich erinnert an die größten und kompliziertesten Toccatas und Fugen von Bach. An einigen Stellen entsteht in seinen Werken ein derart subtiles Gewebe mehrerer Themen, daß man nur noch darüber staunen kann, wie aus zwei anscheinend völlig unvereinbaren Themen ein drittes, völlig neues entsteht und die ganze Musik in andere Dimensionen trägt, um danach wieder etwas neues zu erschaffen. Ebenso zielt das Ordnungsprinzip des Universums, anstatt sich nur in immer größere Komplexität und immer größeren Reichtum auszuweiten, auf Hominisation — ein Wort, das Teilhard de Chardin benutzte und das Menschwerdung oder Humanisation bedeutet: Gott wird Mensch. Die DNS des Universums wird menschlich. Die Ordnung wird hominisiert. Der dynamische Aspekt Gottes nimmt seinen Ausgang von den Steinen und Pflanzen und wird zuletzt menschlich. Man begreift die Bedeutung des menschlichen Wesens, und genau davon versuchten sich die Menschen in den alten Traditionen zu entfernen — vom Zustand des Menschseins weg in jenen Alpha-Zustand jenseits des Jenseits.

Wir können auch sagen, daß das frühe Denken der Menschheit ursachenorientiert war, während das der Jetztzeit zielorientiert ist. Was ist das Endziel des Ganzen? Die Menschwerdung Gottes. Genau das sagt Hazrat Inayat Kahn: „Göttlichkeit ist die menschliche Vollkommenheit und Menschlichkeit ist göttliche Begrenzung". Und weiter: „Der Sinn der ganzen Schöpfung liegt in der Erkenntnis, daß Gott selbst dadurch zunimmt, daß er Seine eigene Vollkommenheit in der Manifestation Seiner selbst entdeckt". Vollkommenheit ist das Ziel. „Seid vollkommen wie euer Vater im Himmel vollkommen ist", sagte Christus. So besteht eine gegenseitige Ergänzung zwischen den Lehren der Alten und den Lehren Hazrat Inayat Khans, der die Tradition der Sufis in großer Klarheit fortführt. Es geht nicht so sehr um Lehren oder Theorien: Es geht um das *Werden*. Die Betonung liegt mehr auf werden als auf denken oder gar äußerlichen Ritualen.

Murshids eigenes Wesen war das Kernstück seiner Lehren. Hinter einer großen Bewegung, die viele Menschen anzieht, steht immer eine große Kraft. Jalal ud-din Rumi sagt: „Jeder wurde zu mir gezogen, um mein Freund zu werden, doch keiner verringerte das, was in meinem Herzen war, was ihn zog". Er gab ihnen Leben, er gab ihnen Ekstase, er gab ihnen Einsicht, er gab ihnen unendlich viel: Das war der Grund. Hinter all dem, was wir tun, steht die Überlieferung der großen Meister. Jeder große Meister verkörpert in sich all jene, die vor ihm kamen, wie Hazrat Inayat Khan sagt. Unter den Sufis gibt es die Übung, auf die Meister zu meditieren, und sie ist eine sehr wirksame Methode, eine Veränderung des eigenen Wesens herbeizuführen: in das Bewußtsein eines Meisters zu gelangen und tatsächlich jene Qualitäten lebendig zu erfahren, anstatt lediglich zu versuchen, sich göttliche Qualitäten vorzustellen, die außerhalb der eigenen Reichweite sind.

Es leben nur noch wenige Menschen, die Hazrat Inayat Khan persönlich begegnet sind. Ich wünschte, Sie könnten sich eine Vorstellung davon machen, was für ein Wesen er war. Wohin er kam, erfüllte er den ganzen Raum mit seiner Atmosphäre, er hob Menschen mit seinem Bewußtsein empor, er rührte ihre Seelen an. Seine Erscheinung war die eines Königs, es war eine Majestät und Würde um ihn, sein Gang war langsam und machtvoll und dennoch vollkommen unpersönlich — er kam aus einem Ort tiefster Erkenntnis. So kann nur gehen, wer sich seiner göttlichen Erbschaft bewußt ist. Mit einem persönlichen Bewußtsein ist es nicht möglich, und würde man es versuchen, so wäre es aufgesetzt. Doch inzwischen erkenne ich immer mehr die Heiligkeit von Hazrat Inayat Khans Wesen. Heute geschieht es nur noch sehr selten, daß man einem Menschen begegnet, den man einen Heiligen nennen kann, obgleich jeder Mensch etwas Heiliges in seinem Wesen besitzt. Und das war Murshids Lehre: die Heiligkeit jedes Wesens zu entdecken und zu achten, den Gott in jedem Wesen. Hazrat Inayat Khan folgte den Anweisungen seines eigenen Lehrers, der sagte: „Die einzige Sünde besteht darin, einen Augenblick lang außerhalb des göttlichen Bewußtseins zu sein". Wenn man diesem Weg folgt, so wird das ganze Wesen geheiligt.

Hazrat Inayat Khan sprach zu den Menschen, sicher, doch das war nicht das entscheidende, auch wenn es ihm gelegentlich gelang, völlig neue Einsichten in eine Nußschale zu packen: Es war die besondere Kraft seines Geistes, mit wenigen Worten sehr viel zu sagen. Doch in Wahrheit arbeitete er und arbeitet noch auf den höheren Ebenen; oftmals konnte er Menschen auf ihre Fragen Antwort geben, ohne ein Gespräch mit ihnen haben zu müssen. Ein einziger Blick von ihm genügte manchmal, und man wußte, daß er wußte. Manchmal erschien er in ihren Träumen und gab ihnen die Antwort. Der größte Teil seiner Arbeit vollzog sich auf den höheren Ebenen. Es hat wenig Sinn, mit dem Verstand zu arbeiten, auch wenn viele psychologische Schulen den Versuch unternommen haben, Menschen über den Verstand zu erreichen und ihnen damit zu helfen; Einigen wurde so geholfen, andere sind daran zerbrochen. Doch die Arbeit mit dem Verstand kann niemandem jene besondere Sache geben, die einen Menschen heiligt und die ihn, mehr noch, zum Erwachen bringt.

‚Erwachen': Es ist ein Schlüsselwort. Es bedeutet, zu erwachen aus der Perspektive des eigenen persönlichen Standpunktes. Alles sieht dann anders aus, und weil man erkennt, was hinter den Dingen liegt, kann man sich entfalten. All die latenten Fähigkeiten treten in Erscheinung. Unter den Strahlen der Sonne öffnen sich die Knospen: Es ist dieser Durchbruch der Erkenntnis, der unser Wesen zur Entfaltung bringt. Und man fühlt, daß das eigene Wesen sich über eine lange Zeit hinweg auf diesen Moment der Entfaltung vorbereitet hat. Es gibt bestimmte Kakteenarten, die zwanzig Jahre brauchen, um verschieden Substanzen in ihrem Organismus aufzubauen, die dann an einem einzigen Tag in der Farbenpracht einer wunderbaren Blüte hervorbrechen: Es ist der Augenblick, wo das ganze Potential sichtbar in Erscheinung tritt.

Das Wesen des Menschen ist ähnlich, wenn auch das Element der Zeit verschieden ist. Es kann vorkommen, daß wir durch eine lange Periode der Inkubation gehen, wo wir mit uns selbst unzufrieden sind, da wir unbewußt die Fülle der Möglichkeiten spüren, die zwar da sind, aber nicht in Erscheinung treten; und dann brechen sie mit einem Schlag durch. Genau das ist unser Ziel. Was wir benötigen, um diesen Wandel herbeizuführen, ist Erkenntnis: sich von seiner Perspektive zu befreien, aus ihrer Begrenzung aufzuwachen, um schlagartig alles in einem neuen Licht zu sehen. Und als praktische Konsequenz dieser Erkenntnis verwandeln wir uns.

Wir nehmen für gewöhnlich an, daß wir aus dem Schlaf erwachen, doch während des Schlafes haben wir den Eindruck, aus dem normalen Tagesbewußtsein erwacht zu sein, und wechselt man hinüber in den Tiefschlaf, so existiert das Gefühl, aus dem Traumschlaf erwacht zu sein. So können wir mit Hazrat Inayat Khan sagen, daß es zwei Arten des Erwachens gibt: das Erwachen Gottes als Mensch in der Welt der Schöpfung und das Erwachen des Menschen, der eigentlich Gott ist, aus seiner Identifikation mit seiner Persönlichkeit in das göttliche Bewußtsein. In Wahrheit ist beides das Erwachen Gottes, denn es existiert nur ein Wesen.

Auch hier müssen wir unsere Logik überwinden, die uns sagt, daß wir nur ein Bruchteil der Ganzheit seien. Sie sagt uns: „Ich bin nicht das physische Universum; ich bin ein Teil davon." In unserem Denken existiert die Vorstellung einer Grenze: Als Lebewesen haben wir eine Begrenzung, und wenn wir uns mit unserem Körper identifizieren, so ist die Haut diese Grenze. Um verstehen zu können, daß wir sowohl Teil des Ganzen als auch potentiell das Ganze sind, müssen wir unsere Logik überwinden. Jede Zelle des Körpers zum Beispiel enthält nicht nur die DNS, also die Molekülstruktur des gesamten Körpers, sondern überdies den Code des ganzen Universums. Jedes Teil enthält potentiell die Gesamtheit — sie ist nur nicht aktiv. In den Zellen der Fingernägel sind nur wenige Aspekte der DNS aktiv, in den höher entwickelten Zellen sind es mehr: Wir kennen bereits jenen Vergleich mit den Tasten eines Klaviers, die zum größten Teil verklebt sind, so daß nur wenige gespielt werden können. So können wir sagen, daß wir potentiell, in der Möglichkeit, das Ganze sind, doch aktuell, in der konkreten Wirklichkeit, ein Teil des Ganzen.

So ist alles das eine Wesen, mit Abstufungen. In der Essenz — und das ist der Punkt, wo unsere Logik am allermeisten strapaziert ist — können wir uns Gott als ein Wesen innerhalb des ausgedehnteren Wesens vorstellen — und als vollkommen innerhalb des äußeren, unvollkommenen Wesens. Das Universum wäre dann der Auswuchs dieses Wesens. Es ist nicht leicht zu verstehen, doch die Wahrheit ist nicht einfach: Hat man das Ordnungsprinzip des Universums entdeckt, so entdeckt man ein Wesen, und es ist das Wesen Gottes. Es ist nicht einfach die Gesamtheit des Universums; es ist ein ganz besonderes Wesen innerhalb des äußeren Wesens: Es ist jener kleine Mann in der Maschine, den wir so gesucht haben. Und wir erkennen es genau auf diese Weise: Ein Mensch kann in den Zustand der physischen Welt erwachen oder in eine Art Alpha-Zustand jenseits der physischen Welt, in den Zustand des Samadhi, doch ein menschliches Wesen kann nur entweder an dem einen oder dem anderen Ende erwachen, während Gott auf beiden Seiten gleichzeitig erwacht. Und das ist das Erwachen, das wir meinen: in jenes göttliche Bewußtsein einzutreten, das sich *sowohl* der manifestierten Wirklichkeit der physischen Welt *als auch* jener anderen Erkenntnis, die durch das Universum erlangt wird, bewußt ist.

Weiter oben wurde bereits gesagt, daß das Ordnungsprinzip des Universums, quasi seine DNS, dynamisch ist anstatt statisch, und infolgedessen fortlaufend bereichert wird. Um noch einmal unsere Logik zu strapazieren: Gott ist beides, dynamisch und statisch. Thomas von Aquin sprach davon, und wir können dasselbe finden bei Meister Eckehard, der einen Unterschied macht zwischen *Gott* und *Gottheit* — ER wird und entwird —; die *Gottheit* ist unbeteiligt an Werden und Wandel. Gelangt man in jenes Ordnungsprinzip des Universums, so erkennt man, daß es sich ständig verbessert, so daß man Gott nicht auf dieses Ordnungsprinzip beschränken kann, obgleich es ein wichtiger Aspekt des göttlichen Wesens ist. Man gelangt an einen Ort, wo nur noch Intelligenz existiert; es gibt keine Vielheit mehr, sie ist jenseits der Attribute, jenseits der Ordnung: reine Intelligenz. Tatsächlich ist das die teilweise Bedeutung der Dreieinigkeit: Intelligenz, Geist und Ekstase.

So sollten wir sagen, daß Gott sowohl statisch als auch dynamisch ist: Auf einer sehr hohen Ebene ist Sein Wesen sowohl wandelbar als auch unwandelbar. Wir können sogar sagen, daß Seine Wandelbarkeit eines der Attribute Seiner Vollkommenheit ist: Es wäre eine Begrenzung, wenn Er unwandelbar wäre. So ist jenes Ordnungsprinzip ein rückgekoppeltes System. Es ist vergleichbar mit einem Computer, der sich selbst unter Zuhilfenahme von Informationen aus der Außenwelt programmiert. Er mag mit einem bestimmten Programm beginnen, doch zuletzt hätte er ein viel reichhaltigeres Programm, denn alle die Rückmeldungen aus der Umwelt wären einbezogen worden. So ähnlich kann man sich das Prinzip der göttlichen Ordnung vorstellen: Sie vervollständigt und verbessert sich selbst fortlaufend, und hinter allem steht dennoch die Intelligenz.

Das ursprüngliche Programm entspräche dann der Ursache, und darum haben viele Theologen Gott ‚die Ursache' genannt, doch das Programm ist nicht auf die Ursache beschränkt; es berücksichtigt das Feedback. Nichts ist vorherbestimmt, denn es kommt ein zweiter Faktor hinzu: der Zweck. In der Biologie zum Beispiel paßt sich die Art nicht nur der Umwelt an, sondern paßt auch die Umwelt ihrem eigenen Zweck an. So haben wir es mit einer erfinderischen Ordnung zu tun, die ständig nach neuen Horizonten und neuen Möglichkeiten sucht.

Es gibt ein Feedback, und die Information, die dadurch hereinkommt, wird möglicherweise in die Ordnung aufgenommen: Was Gott gewinnt durch Seine Menschwerdung, wird dem göttlichen Bewußtsein hinzugefügt; das ist die Bedeutung von Auferstehung. Wenn wir also vom Erwachen Gottes jenseits der Schöpfung sprechen, bedeutet das nicht nur, daß Er in einen Alpha-Zustand erwacht, sondern daß er in einem Zustand erwacht, der Omega einschließt. Samadhi bedeutet, in einen Alpha-Zustand zu gelangen. Es ist der Zustand der Dinge vor ihrer Erschaffung — der Zustand vor dem Eintreten in die Schöpfung; man erwacht jenseits von Zeit und Raum. Doch im Omega-Zustand erlebt das Bewußtsein das, was sich durch den ganzen Zyklus der Schöpfung aus dem Alpha-Zustand entwickelt hat. Die Lehren von Hazrat Inayat Khan betonen wor allem den Aspekt des Omega, unter dem das Leben auf der Erde hohe Bedeutung gewinnt — die Wirklichkeit wird nicht auf den materiellen Körper oder den Geist des Menschen oder irgendetwas anderes eingeschränkt, sondern um das bereichert, was durch die Auferstehung aus dem Menschen wird. Die Essenz seines Wesens wird aus seinen sonstigen Bestandteilen herausgelöst. Die Sufis praktizieren eine Meditationsübung, die ‚das Arbeiten am Auferstehungskörper' genannt wird, — denn unsere Lebensspanne als Mensch ist kurz, verglichen mit der Lebensspanne der Seele. Das Schwergewicht der Lehren Hazrat Inayat Khans liegt auf der Entschleierung jenes Prozesses, durch den der göttliche Plan in uns Wirklichkeit wird und sich seinen Weg bahnt in die Ewigkeit.

Dieses Erwachen gibt uns ein tiefes Verständnis aller Dinge, denn Weisheit ist, wie Murshid sagt, die Verbindung unseres intuitiven Vorwissens mit dem erworbenen Erfahrungswissen. Der überwiegende Teil unseres Denkens besteht aus Reaktionen: Wir denken nach über DInge, die sich auf Situationen unseres Lebens beziehen, und unser Denken ist durchaus vorbestimmt. Doch dann und wann kommt uns ein Gedanke, der nicht von außen angeregt wurde — es ist ein völlig spontaner Gedanke, der herabsteigt aus jenem ‚Lagerhaus allen Wissens', von dem Murshid spricht — und dieser Gedanke ist kreativ. Genau das tun der Maler und der Musiker: Sie lassen Gott fortwährend Wirklichkeit werden in dem Sinne, daß sie diesem Lagerhaus Gedanken entnehmen. Wenn so ein Gedanke sein Gegenstück findet in einem Gedanken, der der äußeren Erfahrung entstammt, so ist Weisheit vervollständigt. Es läßt sich mit einem Computer vergleichen: Wir haben das ursprüngliche Programm, und wir haben das Feedback. Das Feedback entspräche in diesem Zusammenhang jenen Gedanken, die der äußeren Erfahrung entstammen.

Wenn wir zum Beispiel feststellen: dieser Tisch ist rund, so können wir das deshalb tun, weil ‚Rundheit' Bestandteil unseres Vorwissens ist — ein archetypischer Gedanke in der Seele —, und erkennt man diese Rundheit in einem Gegenstand, so sagt man: Der Tisch ist rund. Wenn wir einen Sonnenaufgang beobachten, der uns völlig begeistert, so ist das deshalb möglich, weil wir irgendwo eine Erinnerung an ein Wesen von Licht haben, und der Sonnenaufgang erweckt sein Bild und erinnert uns an etwas, das in unserer eigenen Seele liegt. So ist Weisheit vollständig, wenn unser intuitives Wissen und unser praktisches Wissen sich miteinander verbinden. Das ist es, was wir durch unser Leben erlangen, denn das Vorwissen bleibt unvollständig, solange ihm das Feedback der Welt keine Substanz gibt.

Ein weiterer Aspekt, von dem Hazrat Inayat Khan spricht, ist die Verarbeitung von Erfahrung, ihre Verdauung. Die Nahrung schmeckt in unserem Mund anders als in unserem Magen. Die meisten Menschen spüren den Geschmack ihres Magens oder ihrer Bauchspeicheldrüse nicht, es sei denn bei bestimmten Krankheiten. Es gibt noch eine sehr viel tiefere Art, Wissen zu verarbeiten. Analog zu unserem Vergleich wird das Wissen des Verstandes tief in der Seele gefiltert, es wird verarbeitet. Und wenn wir es in unserem inneren Wesen verarbeiten, so werden wir einiges in diesem Wesen zu verändern haben, um das Wissen einkörpern zu können; es wird zu einem verwandelnden Wissen. Als Folge davon erreichen wir eine große Tiefe.

Hazrat Inayat Khan sagt, daß wir, wenn wir uns mit unserem Körper identifizieren, der Körper der Menschen und Dinge gewahrwerden; wenn wir uns mit unserem Verstand identifizieren, so werden wir der Gedanken der Menschen gewahr und kommunizieren auf der Gedankenebene; sind wir uns unseres Herzens bewußt, so nehmen wir die Emotionen der Menschen auf; doch sind wir uns der Seele bewußt, so können wir auf der Ebene der Seele kommunizieren. Und er unterscheidet zwischen den Emotionen der Seele und den Emotionen des Herzens: Die Emotionen des Herzens können recht sentimental und rührselig werden, doch die Emotion der Seele ist wirklich tief; wenn man einmal mit dieser Emotion in Berührung gekommen ist, so wird man spüren, um wieviel tiefer und bedeutsamer sie ist. Die ganze Lehre Hazrat Inayat Khans kommt aus jener tiefen Ebene — sie kommt viel mehr aus der Seele denn aus Herz und Verstand. Und hinter der Lehre — hinter Worten und Gedanken — steht Emotion. Es ist die Emotion des Universums.

Man mag einen herrlichen Sonnenaufgang beobachten, sich an einem Sturm begeistern oder an einem Regenbogen oder einer Wanderung in den Bergen, am Hören einer wundervollen Musik oder dem Geplappere von Kindern, an einem Gespräch mit wunderbaren Menschen, an der Liebe oder einfach allen Emotionen, denen man ausgesetzt ist. Man mag sogar in das Bewußtsein eines Hundes, eines Schmetterlings, eines Baumes oder eines Kristalles eintreten und dabei das Denken des Schmetterlings, des Kristalles, des Baumes erleben — sogar ihre Emotionen. Doch es gibt einen noch tieferen Ort, an den man gelangen kann, und er ist die Emotion, die ein Baum geworden ist, oder das Denken, das ein Baum geworden ist: es ist nicht das Denken *des Baumes*, sondern das Denken, das ein Baum *geworden* ist. Anstatt die Emotion der Sterne und Planeten zu erleben, erlebt man jene Emotion, die als die Emotion der Sterne und Planeten in Erscheinung getreten ist. Es ist eine viel tiefere Emotion — es ist eine völlig andere Dimension der Emotion — und es ist die Emotion, die Murshid uns vermittelte, denn es war die Emotion, die er erlebte. Die Menschen mögen es nicht gewußt haben, aber er brachte sie in diese Emotion.

So ist nicht nur unser Körper Teil der Ganzheit und unser Verstand Teil des gesamten Denkens, sondern wir sind dazu eingeladen, in das Denken *hinter* der Gesamtheit einzutreten. Das ist Erwachen oder, besser, es ist Erkenntnis. Wir erwachen aus unserem Standpunkt und haben Zutritt zum

Denken Gottes — und erkennen dadurch, daß wir das göttliche Wesen *sind.* Diese Erkenntnis ist es, die unser Wesen verwandelt, umformt: Die Sufis nennen es *akhlak-e Allah*, und es bedeutet soviel wie das Annehmen der Eigenheiten Gottes. Wohin man geht, bringt man diese Einstimmung, dieses Bewußtsein, diese Erkenntnis mit sich. Es ist das letzte Ziel des spirituellen Lebens. Wir sind eingeladen, dieses Werk zu vollbringen, und vielleicht ist es der Bewußtseinszustand der zukünftigen Menschheit. Wir sind auf dem Weg dorthin; und wer einmal davon gekostet hat, der erkennt, daß es allein darum geht. Es ist der Grund, warum wir geboren sind.

Kapitel 14

„Mensch, begreife endlich, daß du frei bist"

Wir müssen unser Ziel sehr klar im Auge behalten, auch wenn es einem Horizont gleicht: Schreitet man ihm entgegen, so weicht es zurück, man kann es niemals greifen — was im Grunde sehr gut ist. Wäre es anders, so würde man einmal an einen Punkt gelangen, wo nichts mehr zu tun übrigbliebe, nichts mehr zu erreichen wäre. Definieren wir unser Ziel, so begrenzen wir es selbstverständlich, doch es ist notwendig. Wenn wir damit auch kein genaues Ziel erhalten, so doch zumindest eine Richtung — einen Azimut am Horizont, oder deren mehrere.

Unser erstes Ziel ist Freiheit. Oftmals haben wir ein sehr pragmatisches Verständnis von Freiheit; wir begreifen sie als die Freiheit, die eigene Meinung äußern zu können und ähnliches. Wo immer wir sehen, daß die politische Freiheit unterdrückt wird, rebellieren wir dagegen, denn wir fühlen, daß damit in ein heiliges Recht des Menschen eingegriffen wird. Das große politische Thema aller Zeiten — und insbesondere der heutigen Zeit — ist die Freiheit. Doch sprechen wir von Freiheit im Bereich des Spirituellen, so meinen wir damit die Freiheit vom Ich, und das bedarf einiger Erklärungen.

Unser zweites Thema ist Vollendung. Nicht einfach irgendetwas zu vollbringen, sondern etwas bedeutsames zu vollbringen. Wir berühren damit eines der größte Probleme, nämlich das Problem, den Sinn unseres Lebens zu verstehen und zu erfüllen. Wenn Sie die Gelegenheit hätten, in der Gegenwart eines Menschen zu sein, der tiefen Einblick in Ihr Wesen besitzt, so wäre wahrscheinlich Ihre erste Frage an ihn: „Wie kann ich den Zweck meines Lebens erfüllen?" ‚Zweck' ist vielleicht ein etwas verschwommener Begriff, Sie wissen nicht allzu genau, was er eigentlich bedeutet, doch er hat sicherlich zu tun mit Ihrem Beruf, Ihren persönlichen Beziehungen, Ihrer Hingabe an das spirituelle Leben. Wir sollten versuchen, seine Bedeutung so genau wie möglich zu bestimmen.

Vollendung schließt notwendigerweise Meisterschaft oder Meisterung mit ein. Hazrat Inayat Khan sagte einmal: „Wenn ein Reiter keine Kraft in den Fingern hat, so kann er die Zügel des Pferdes nicht halten. Seine Finger müssen seinem Geist gehorchen, bevor ihnen das Pferd gehorcht. Dasselbe gilt für alle Situationen des Lebens." Mit anderen Worten: Haben Sie Meisterschaft über sich selbst, so haben Sie Meisterschaft über die Umstände; geht etwas schief, so ist der Grund die mangelnde Selbstbemeisterung, und man kann die Quelle des Übels in sich selbst finden.

All diese Fragen stehen sicher miteinander in Verbindung: Sind wir innerlich frei, so fällt es uns sehr viel leichter, unseren Sinn zu erfüllen; unsere Erfüllung wiederum ist eng verknüpft mit der Entfaltung unseres Wesens. Wenn wir ein Gespür für den Zweck unseres Lebens entwickelt haben, so können wir jene Qualitäten entfalten, die zu seiner Erfüllung notwendig sind.

Das ist der nächste Zweck: die Entfaltung unseres Wesens. Wir sind der Pygmalion unserer Persönlichkeit, wie Murshid sagt. Die göttliche Kunst, die die Kunst der Schöpfung ist, setzt sich im menschlichen Wesen fort und entwickelt sich weiter in der Kunst der Persönlichkeit. Sie entwickelt sich in allen Formen der Kunst, selbstverständlich, doch vor allem in jener letzten und höchsten aller Künste, der Kunst der Persönlichkeit. Eines unserer Ziele ist es, eine herrliche Welt herrlicher Menschen zu schaffen.

Das nächste Thema ist Erkenntnis, oder auch Erwachen. Es ist das Erwachen aus unserem bisherigen erstarrten Blickpunkt, um die Dinge in einer neuen Perspektive sehen zu können. Diese drei Ziele — Erfüllung, Entfaltung, Erkenntnis — sind alle eng miteinander verknüpft, denn unsere Selbsterkenntnis und das Gewahrwerden unserer Erbschaft — oder unserer Möglichkeiten, wenn man will — ermöglicht es unseren Qualitäten, sich zu manifestieren, wirklich zu werden.

Es gibt noch weitere Ziele, die mit jenen zusammenhängen. Eines davon ist Ekstase, ein Zustand extrem hoher Stimmung. Man wird im Laufe seiner Entwicklung sehr feinfühlig für die Emotionen der Menschen, wenn man durch die Straßen des Lebens geht. Manchmal spürt man die Langeweile, die Öde, die Niedergeschlagenheit der Menschen, doch haben wir einmal die Emotion hinter dem Universum entdeckt, so sind wir eingestimmt auf einen sehr hohen Akkord, und mit dieser Einstimmung gelingt es uns, jedermann in unsere Ekstase mitzureißen. Auch darin besteht unsere Arbeit an der Erschaffung einer schöneren Welt.

Das nächste Ziel ist Erleuchtung. Man findet sie in jenen Momenten, wo man sich seines eigenen Lichtwesens bewußt wird. Wir erkennen, daß unser eigener Körper die physische Manifestation eines Körpers aus reinem Licht ist, und mit dieser Erkenntnis gewinnen wir eine Erinnerung an die himmlischen Sphären. Unser gesamtes Wesen wird dadurch verwandelt, es wird hell und strahlend. Die Augen beginnen zu leuchten. Und wir können noch viel weiter vordringen: Wir arbeiten an dieser Einsicht in unser Lichtwesen und lernen es zu begreifen als ein Licht, das in die Welt strahlt und alle Dinge sehr klar zutage treten läßt. Wir können Erleuchtung erfahren im Gespräch mit einem Menschen: Die gesamte Umgebung scheint sich zu verwandeln, es strahlt ein Licht aus den Augen jenes Menschen, und wir spüren, daß wir selbst in diesem Augenblick zu leuchten beginnen. Wir erleben eine Kommunion des Lichts. Wir können an einen Punkt gelangen, wo wir uns ständig und überall des Lichts bewußt sind, das wir auf alle Dinge werfen.

Ein weiteres Ziel: so voller Lebensenergie zu sein, daß man jedermann von ihr gibt. Es gibt einige Menschen, die aus jeder beliebigen Situation, in die sie geraten, einen Erfolg gewinnen, weil sie diese wunderbare Ausstrahlung besitzen — es ist eine elektrisierende Ausstrahlung. In alles lassen sie Energie einströmen. Ein schönes Beispiel hierfür ist die Geschichte von Prinz Puran. Er wurde von seinem Vater in die Verbannung geschickt, wurde ein Einsiedler und kehrte eines Tages heim in die Gärten des Palastes. Seitdem er fort war, waren diese Gärten zur Wüste geworden, doch von dem Moment an, wo er wieder da war, begann alles zu blühen. Es gibt Schulen, die größtenteils mit Energie arbeiten, doch es ist gefährlich, allein mit ihr zu arbeiten, ohne ständig das Licht des Bewußtseins auf den Weg zu werfen, den diese Energien nehmen. Die meisten Phänomene in der Natur können wir als Resultat von Energieaustausch begreifen: Energie wird aufgewandt zur Hervorbringung von Phänomenen, und dieser Vorgang wird begleitet von einer Zunahme an Information und somit einer Zunahme an Bewußtsein. Bewußtsein nimmt ständig zu auf Kosten von Energie. Mit dem Abnehmen der Energie nimmt die Ordnung ab, was die Bedeutung von Entropie ist.

Eins der besten Beispiele für Entropie ist eine Bibliothek. Wenn keines der Bücher mehr am richtigen Ort steht, wenn sie planlos über die Regale verteilt sind, so ist die Energie der Bibliothek verloren. Die Energie steckt in ihrer Ordnung, und es bedeutet tatsächlich einen Energieaufwand, alle Bücher wieder an den richtigen Ort zu stellen. In der Welt existiert ein ständiger Niedergang in dem Sinne, daß sich das ganze Universum aus einem geordneten Anfangszustand einem Ausgleich von Energieniveaus entgegenbewegt. Gleichzeitig formiert sich eine Ordnung auf einer anderen Ebene, der Ebene der Information oder Erkenntnis. Es gibt eine Zunahme von Unordnung und gleichzeitig eine Zunahme an Ordnung. In unserer Zivilisation wird ein enormes Maß an Ordnung in die primitivsten Dinge investiert, wie Sicherheit, Vorsichtsmaßnahmen und Reglementierungen. All diese Dinge sind in der heutigen Gesellschaft viel mehr organisiert, als es noch vor dreißig oder vierzig Jahren der Fall war. Doch auf der anderen Seite gab es noch nie ein derartiges Chaos wie heute.

In der Natur beobachtet man ähnliches. Die meisten Phänomene, die von den Physikern beobachtet werden, sind Phänomene der Desintegration von Materie, wie zum Beispiel Strahlungsphänomene. In der Biologie beobachtet man das Entstehen von Organismen aus der Auflösung von Materie. Und auf der psychologischen Ebene geschieht ein noch viel größerer Aufbau auf Kosten der lebenden Substanz.

So gibt es auf der einen Seite die Unordnung, die ihrem Wesen nach Zufälligkeit bedeutet. Es gab eine Zeit, als man dachte, daß nichts ohne den Willen Gottes geschähe, und es ist eine große Streitfrage, ob so etwas wie Zufall existiert. Tatsächlich entspricht Zufall der Desintegration. Im Aufbau ist freier Wille. Wir können sagen, daß der Sinn des Menschseins nicht nur darin besteht, die göttlichen Möglichkeiten zu manifestieren, sondern auch darin, den göttlichen Willen frei zum Ausdruck zu bringen. Nach der Überlieferung des Koran sprach Gott zu den Seelen der Menschen, als sie noch in den Lenden Adams waren — noch gänzlich in der Latenz, in der Verborgenheit —, und Er fragte sie: „Wollt ihr mein Königtum verkünden?" Und sie antworteten: „Ich will!" Es war dieses „Ich will!", wodurch sie ihre relative Unabhängigkeit erhielten. An diesem Punkt entsteht der freie Wille.

Dasselbe geschieht in unseren Meditationen: Es gibt Meditationen von zufälliger, ungeordneter Natur und es gibt solche von sehr hoher Ordnung. Viele Menschen sagen: „Wenn ich meditiere, so habe ich nicht so gerne viele Themen. Ich lasse mich viel lieber vollständig gehen, erlebe mich als Teil allen Seins und habe ein wundervolles Hochgefühl." Das ist Zufälligkeit. Es ist schön, aber es ist nicht wirklich kreativ. Um Meditation kreativ werden zu lassen, müssen wir uns der göttlichen Ordnung des Universums bewußt werden. Es gilt gleicherweise für die Kunst: Johann Sebastian Bach drückt die göttliche Ordnung in Musik aus. Das Bewußtsein der göttlichen Ordnung ist die rettende Gnade, die jene fürchterliche Verzweiflung besiegt, die wir manchmal empfinden, wenn wir das Chaos spüren, das im Bewußtsein von Menschen herrscht.

Das letzte Ziel ist Heiligkeit. Es ist sehr schwer zu beschreiben, doch Heiligkeit ist das, was einem Menschen durch das Bewußtsein der göttlichen Gegenwart begegnet oder durch das Bewußtsein, Wächter des heiligen Grals zu sein und die Pflicht zu haben, jene Heiligkeit zu beschützen, die die Essenz aller Wesen ist. Es entsteht aus dieser Erfahrung eine große Hochachtung für jedes Wesen, selbst wenn sein Handeln gänzlich unwürdig ist, denn man ist der göttlichen Gegenwart gewahr, die unter der Begrenzung leidet und dennoch immer vollkommen ist.

Wir wollen jetzt untersuchen, wie wir diese Ziele in unserem Leben verwirklichen können, sie so konkret wie möglich machen; wir wollen sehen, wie wir an uns arbeiten können, an unseren Gedanken und Gefühlen, um einen Wandel herbeizuführen. Es wäre eine gute Idee, jeden Tag, zusätzlich zu anderen spirituellen Übungen, sich etwas Zeit zu nehmen, das eigene Leben im Licht dieser Ziele zu betrachten und zu versuchen, ganz konkret zu sehen, wie man ihnen in seinen realen Situationen näherkommen kann.

Zuallererst sollte man sich ganz genau vergewissern, daß man die physische Welt, so wie sie uns erscheint, nicht für selbstverständlich hinnimmt. Wir haben die Neigung, in der künstlichen Ersatzwelt, die die Menschen erschaffen haben, steckenzubleiben, ja uns von ihr deprimieren zu lassen. Der einzige Weg, sich von dem allgegenwärtigen Druck der augenscheinlichen physischen Wirklichkeit zu befreien, besteht darin, das eigene Bewußtsein umzuschalten, weg von seinem normalen Brennpunkt und in einen verwandelten Zustand. Diese können wir sehr einfach erreichen, indem wir unseren Blick in die Unendlichkeit richten und ihm nicht mehr erlauben, in seine normale Scharfeinstellung zurückzukehren. Wenn man das eine Zeitlang übt, entwickelt man den Blick des Asketen. Diese Übung ist Teil einer ganzen inneren Einstellung — man läßt sich nicht mehr zum Narren halten. Man läßt sich nicht mehr einfangen durch den normalen Rahmen von Raum und Zeit. Erlebt man sich selbst einmal als ewig, so gelangt man in jenen verwandelten Zustand. Die Zeit steht still: Man begegnet einander jenseits von Raum und Zeit. Man ist *high* ohne Drogen. Und man vollbringt es, indem man niemals vergißt, was man wirklich ist. Man ist sich bewußt, daß man auf diesem Planeten Erfahrungen sammelt, doch man fühlt sich als ein Besucher aus dem Weltraum und läßt sich in die Umstände, denen man ausgesetzt ist, nicht mehr hineinpressen.

Es ist jedenfalls eine große Hilfe, sich an das zu erinnern, was Shihab uddin Suhrawardi sagte über „das, was durchscheint durch das, was erscheint". Was wir normalerweise wahrnehmen, was unser Auge trifft, ist das, was erscheint, doch jenseits davon liegt das, was durchscheint. Sicher, es ist eine recht allgemeine Phrase: „das, was durchscheint". Es kann vieles bedeuten — und es bedeutet tatsächlich vieles. Hätte man Augen zu sehen, so könnte man die Aura erkennen der Bäume und der Menschen, könnte man hinter den Zügen der Gesichter das ewige Antlitz der Menschen erkennen. Es kann vorkommen, daß hinter einem offensichtlich nichtssagenden Gesicht ein außergewöhnlich schönes ewiges Gesicht verborgen ist, und ein Mensch, den alle Welt für schön ansieht, mag in seinem ewigen Gesicht lange nicht so schön sein. Man kann nicht immer nach der Erscheinung urteilen, denn das Gesicht ist erschaffen aus dem Stoff des Planeten mit all seinen Mängeln — ebenso, wie eine Statue aus sehr minderwertigem Material bestehen kann und dennoch eine innere Schönheit ausstrahlen kann. Sie ist ein sehr deutliches Beispiel für „das, was durchscheint durch das, was erscheint".

Es gibt andere Wege, das zu verstehen, was durchscheint durch die Erscheinung. Wenn wir eine Blume betrachten, so können wir eine Art Lebenskraft beobachten, die durch sie durchkommt, die durchscheint. Wie in jener Geschichte von Prinz Puran gelangen wir an einen Punkt, wo wir uns bewußt sind, ständig Lebensenergie — *Prana* oder Magnetismus — auszustrahlen, und wir spüren es an anderen Wesen. Sobald man beginnt, diese Energie in anderen Wesen zu spüren, saugt man sie in sich ein, lädt sich mit Energie auf. Je mehr Kraft man gibt, desto mehr Kraft wird man empfangen.

Etwas anderes, das durchscheint, ist die Emotion. Man gelangt an einen Punkt, wo man für Emotionen sehr empfänglich wird; es kann auch sein, daß man insbesondere sehr empfindlich wird gegen vulgäre Emotionen. Diese Empfindsamkeit ist ein Zeichen spiritueller Entwicklung. Wir können sogar nahezu behaupten, daß jeder Mensch sich in seinem Leben genau an dem Platz befindet, der der Qualität seiner Emotionen entspricht. Und Gedanken scheinen durch, selbstverständlich. Und es gibt noch etwas, das durchscheint: Es ist die Ursache hinter der Ursache hinter der Ursache und der Sinn des Sinnes.

Was wir jetzt dennoch wissen wollen, ist, wie wir hier das Prinzip der Befreiung einbringen können. Was fangen wir im Alltagseinerlei mit unserer Sehnsucht nach Befreiung an? Wir haben damit begonnen, uns von der äußeren Erscheinung der Welt zu befreien. Jetzt müssen wir über unser Selbstbild reden. Es geschieht sehr leicht, daß wir in unserem Selbstbild steckenbleiben; wir brüsten uns mit dem, was wir gerne wären und leiden gleichzeitig unter Minderwertigkeitsgefühlen bis hin zu Selbsterniedrigung.

Aus diesem Grund kann es geschehen, daß wir im empfindlichsten Teil unseres Wesens sehr leiden, in unserem Gefühl von Selbstachtung. Offensichtlich sind wir in einer Perspektive gefangen; sie ist eine Illusion, und tatsächlich sind wir nicht das, was wir zu sein denken. Dies zu erkennen, ist eine wundervolle Befreiung; es ist ein wundervolles Erlebnis, keine Maske mehr zu tragen. Es bedeutet, „der Namenlose und Formlose" zu sein, zu „gehen ohne Füße und zu fliegen ohne Flügel", wie Shems-i Täbriz sagte. Auch das ist etwas, das wir im Alltag praktizieren können — von unserer Persönlichkeit frei zu sein.

Das mag seltsam klingen, denn zuvor stellten wir fest, daß wir der Künstler unserer Persönlichkeit seien. Doch um unsere Persönlichkeit verwandeln zu können, müssen wir sie zuerst loslassen. Sie muß zerstört werden, bevor sie neu aufgebaut werden kann. Wir können nicht einfach an unserer Persönlichkeit arbeiten wie an einem Stück Keramik. Man muß den Zusammenbruch erleben, um einen Durchbruch erleben zu können. Das ist die wahre Bedeutung des alchimistischen Prozesses.

Oft kommen Menschen zu mir und sagen: „Pir, können Sie mir helfen, ein besserer Mensch zu werden? Sie brauchen mir nur meine Fehler zu sagen und ich werde versuchen, sie auszumerzen". Setzen Sie sich niemals in dieses Wespennest! Sobald Sie sagen: „Gut, du hast diese Vorzüge, jene Nachteile", sitzt jener Mensch schon auf seinem hohen Roß und verteidigt sich, denn *niemand will kritisiert werden.* Und völlig zu Recht, denn wir alle sind sehr verwundbar in unserer Selbstachtung. Doch wenn wir so empfindlich sind in Bezug auf uns selbst und unsere Selbstachtung, wie können wir uns dann verbessern? Es kann sogar sein, daß man unbewußt seine Fehler vor sich selbst rechtfertigt und sich gleichzeitig ihretwegen selbst verurteilt und dennoch die Kritik Anderer nicht ertragen kann. Das menschliche Wesen ist recht komplex und ziemlich irrational.

Wir stecken ständig in dem Dilemma zwischen Freiheit und Erfüllung; oder, wenn Sie wollen, zwischen Entsagung und Unabhängigkeit einerseits und Begeisterung andererseits. Es gibt Zeiten, wo wir unserem Selbstbild Aspekte von Unabhängigkeit und Freiheit hinzuzufügen haben, und es gibt Zeiten, wo es um Begeisterung geht. Die Schönheit völligen Unpersönlichseins liegt darin, nicht länger von der eigenen Persönlichkeit blockiert zu sein, und darum können wir der Persönlichkeit erlauben, sich aufzulösen. Das ist Freiheit: Wir entsagen unserer Persönlichkeit. Es ist ungleich wertvoller, als seinem komfortablen Leben zu entsagen und im Wald zu leben: Dies hier ist sehr viel subtiler.

Das Gegenstück dazu ist, das Wunder zu erleben, der Gestalter der eigenen Persönlichkeit zu sein. Sie muß zuerst auseinandergenommen werden, bevor sie wieder zusammengefügt werden kann: An diesem Punkt kommt unsere Freiheit ins Spiel.

Hazrat Inayat Khan spricht davon, sich selbst in jedem Augenblick seines Lebens in seiner Freiheit zu testen. Wenn wir kritisiert werden und darüber verletzt sind oder auch nur Kritik bekommen, so sind wir in diesen Augenblicken in unserer Freiheit geprüft. Es ist großartig, einen Punkt erreicht zu haben, wo uns Kritik emotional nicht mehr berührt, und das einzige, was man vielleicht noch zu seiner Verteidigung vorbringt, ist: „Alles Ansichtssache". Wenn wir beginnen, uns zu verteidigen, so lassen wir uns auf einen geistigen Kampf ein. Gewinnt der Gegner, weil er klüger ist als wir, so fühlen wir uns entmutigt. Wir sollten ein Gefühl dafür bekommen, daß es egal ist — daß es egal ist, ob unsere Persönlichkeit jemandem imponiert oder nicht. Wen kümmert es? Das meinen wir mit Freiheit.

Wir gelangen jetzt zu einem sehr wesentlichen Punkt, über den wir täglich nachdenken sollten, und zwar handelt es sich um unsere Beziehungen zu Menschen und Situationen und unsere Freiheit. Wir sollten daran denken, daß unser Ziel nicht nur Freiheit ist, sondern auch Erfüllung, und wir müssen diese beiden Aspekte gemeinsam betrachten. Wären Sie ein Asket, so bräuchten Sie lediglich über die Freiheit nachzudenken. Sie würden versuchen, Ihr Leben zu beobachten und zu erforschen und herauszufinden, welches die Umstände sind, in denen Sie Ihre Freiheit verlieren.

Das beste Beispiel für diese Anschauung ist ein Asket, den ich kannte, und der ein wunderbarer Mensch war. Er war Einsiedler und hatte seit zehn Jahren in den Wäldern Indiens gelebt, und er pflegte stundenlang einfach meditierend dazusitzen. Er war so voller Frieden, daß alle möglichen Tiere ruhig an ihm vorübergingen, ohne ihn jemals anzugreifen. Sannyasins suchen sich manchmal eine Höhle und legen ein Gelübde ab, dort für eine Anzahl von Jahren zu bleiben und ihre Übungen zu machen. Unser Eremit hatte eine Höhle gefunden, in deren Nähe es Wasser gab; niemand sonst war zu sehen, und so dachte er nur „wunderbar!". Er ging, um ein Bad im Fluß zu nehmen, als plötzlich ein riesiger Tiger auftauchte und sich mit großen Sätzen näherte. Der Angstschweiß brach ihm aus, doch dann besann er sich: „Immerhin, ich muß lernen, mich zu beherrschen". Er berichtete mir, daß er wirklich Angst hatte, doch weglaufen wollte er nicht, da er wirklich entschlossen war, Selbstbeherrschung zu üben. Und er berichtete, daß er seinen Augen nicht traute, als er sah, wie der Tiger im letzten Augenblick stoppte, sich die Pfoten leckte und nahezu zu schnurren begann. Der Angstschweiß trocknete, und wenn er es auch noch nicht wagte, den Tiger zu streicheln, so hatte er doch zumindest seine Angst überwunden. Später, wenn er zum

Baden an den Fluß zu kommen pflegte, kam der Tiger und badete mit ihm.

Derselbe Mann erzählte mir, daß er einmal im Wald war und meditierte; und als er von der Meditation aufstand, mußte er feststellen, daß seine Bettelschale, in der er Wasser hatte, verschwunden war. Er wunderte sich, was mit ihr geschehen sein mochte. Es kam ihm, daß er sie vielleicht am Badeplatz liegengelassen hatte; und so stand er auf und suchte das Flußufer ab. Sie war nicht zu finden. „Habe ich sie vielleicht in meiner Höhle zurückgelassen?" Nein, dort nicht. Er suchte eine Zeitlang im Dschungel nach der Bettelschale, bis er sich plötzlich sagte: „Sieh an — soviel Zeit verschwende ich aus lauter Sorge um mein Eigentum!" Oft erzählte er später diese Geschichte, wenn er draußen in der Welt war und zu Menschen sprach, und er schloß immer mit dem Satz: „Ihr mit all euren Besitztümern, wie könnt ihr glauben, zur Meditation fähig zu sein, wenn ich schon soviel Zeit damit verbrachte, mich um meinen einzigen Besitz zu sorgen?"

Der Weg des Asketen besteht darin, alles aufzugeben, denn er fühlt, daß das der einzige Weg zu völliger Freiheit ist. Was Hazrat Inayat Khan uns lehrt, ist sehr viel schwerer: frei zu sein und sich gleichzeitig um Menschen und Umstände zu kümmern, denn wir sind beides, der Asket und der Ritter, nicht nur der Asket. Das ist wesentlich schwerer. Ist es Ihnen zum Beispiel möglich, alle Ihre materiellen Güter als Handlungsinstrumente anzusehen? Dann ist es gut, sie zu haben. Doch ich erinnere mich an einen Bekannten, der ein großartiges Haus in Los Angeles besaß. Er hatte sich zur Ruhe gesetzt; es war ein sehr berühmtes Haus, und dementsprechend viele Leute kamen, das Haus zu besuchen; er kümmerte sich nur noch um das Haus. Hätte er den Geist des Asketen gehabt, so wäre er, anstatt ein wundervolles Haus zu erbauen, ein wundervoller Mensch geworden, indem er es hergegeben hätte. Er hätte es als Asyl zur Verfügung stellen können oder als Schule, als Erziehungsheim oder für einen beliebigen anderen Zweck.

Ich behaupte nicht, daß wie alle unser Haus oder unseren Wagen aufgeben müssen. Wir sollten sie als Handlungsinstrumente betrachten. Doch wir müssen innerlich frei sein, so daß alles von uns fort genommen werden könnte und es uns nichts ausmachte. Das wäre Freiheit — Freiheit von bloßem materiellem Zubehör. Darum begeht der Millionär, wenn er bankrott ist, oftmals Selbstmord, während der Derwisch, sobald er etwas Geld hat, es sofort weggibt. Es interessiert ihn nicht mehr.

Es gibt natürlich noch viel mehr Dinge, die uns berühren — unsere berufliche Stellung zum Beispiel. Wenn ich so herumblicke, habe ich den Eindruck, daß die meisten Menschen wirklich unterbeschäftigt sind. Womit ich meine, daß sie viel mehr Fähigkeiten besitzen als sie jemals anwenden können. Zumindest ist das die augenblickliche Situation. Doch ich glaube, daß das nur daher rührt, daß unsere Gesellschaft so ausgelegt ist; der Akzent liegt auf materieller Wohlfahrt auf Kosten der menschlichen Kreativität. Allmählich werden sich die Menschen dieser Tatsache bewußt, und sie wollen nicht mehr nur Teil eines Systems sein; sie wollen sich selbst in ihrer Arbeit verwirklichen können anstatt nur Rädchen in der großen Maschine zu sein. Indem sie unterfordert sind, fühlen die Menschen ihre Fähigkeiten herabgewürdigt.

Selbstverständlich können wir alles menschenmögliche unternehmen, um uns selbst in eine Situation zu bringen, die der Entfaltung unseres Wesens förderlich ist, doch wenn es uns nicht gelingt, besteht unser einziger Schutz in unserer Freiheit von den äußeren Umständen. In Wahrheit kann Ihnen niemand das nehmen, was Sie sind und niemand Ihnen etwas geben, das Sie nicht sind. Ihr wirklicher Rang hat nichts mit Ihrer äußeren Erscheinung zu tun. Ein gekrönter König mag ein Narr sein und der Straßenkehrer ein Genie. Ich kannte einmal eine Kellnerin in einem Café im Flughafen von Chicago, und ich weiß nicht, ob sie überhaupt eine Ahnung davon hat, wie oft ich schon von ihr gesprochen habe. Sie hielt das ganze Café bei brüllendem Gelächter, und jedes Wort, das sie sagte, war von tiefer Weisheit. Sie war tatsächlich ein Guru unter der Maske einer Kellnerin. Nachdem ich ihr begegnet war, wurde mir sehr klar, daß unsere Position im äußeren Leben überhaupt keine Rolle spielt. Wichtig ist allein, was wir daraus machen. Wenn wir uns ganz auf die äußeren Dinge versteifen, so werden wir sicher leiden, und so ist es vielleicht am besten, nach dem Prinzip zu handeln, den Kopf hoch zu halten und sich der göttlichen Vollkommenheit inmitten der Beschränkung durch die Umstände bewußt zu sein.

Der Derwisch ist der wahre König, wie Hazrat Inayat Khan sagt. Das Wort ‚König' freilich schließt den persönlichen Stolz der Menschen ein — und unter dem sie leiden, an dem sie sich messen, um dessentwillen sie kritisiert werden. Doch Murshid macht die wahre Bedeutung sehr klar, wenn er sagt, daß Spiritualität „die Aristokratie der Seele und die Demokratie des Ego" ist.

In jedem menschlichen Wesen existiert eine Dichotomie zwischen dem Gefühl des Stolzes und dem der Minderwertigkeit. Doch wenn diese beiden in ihr richtiges Verhältnis gerückt sind, so besteht unser Stolz im Stolz auf unsere göttliche Erbschaft — auf unser Bewußtsein der göttlichen Vollkommenheit; und unsere Minderwertigkeit besteht in der Gewahrwerdung der Beschränkungen, die wir in uns selbst der göttlichen Vollkommenheit auferlegen. Besonders für die Idealisten unter uns ist es wichtig zu erkennen, daß die Umstände niemals ideal sein werden. Was wir tun können, ist, mit den Umständen ideal umzugehen. „Wäre doch nur . . ., warum kann denn nicht . . .?", mit solchen Fragen quälen sich die meisten von uns unaufhörlich. Das ist die Begrenzung, innerhalb derer die göttliche Vollkommenheit wirkt. Denken Sie an Christus und sein Wirken in jener Beschränkung: Denken Sie daran, was die römischen Soldaten mit ihm taten! Sicher, es waren nicht nur die Soldaten; sie handelten auf Befehl. Dennoch: was taten sie diesem Wesen an — welch ein Verbrechen, eine solche Vollkommenheit so zu behandeln.

Manchmal sind die Umstände, in denen wir zu wirken haben, eine einzige Frustration. Wohin wir uns auch wenden, nichts geht mehr. Dies ist der Augenblick, uns bewußt zu werden, daß es die göttliche Vollkommenheit selbst ist, die unter der Beschränkung durch die Umstände leidet. Es hat keinen Sinn, zu kämpfen. Wir kämpfen so gut wir können, doch der einzige Weg, das Problem zu meistern, besteht darin, andere Ebenen zu integrieren. Es ist dem dreidimensionalen Schachspiel vergleichbar: Findet man sich auf der einen Ebene in aussichtsloser Stellung, so besteht immer die Möglichkeit, auf die nächste Ebene auszuweichen. Eine Frau zum Beispiel mag mit einem Tyrannen von Mann verheiratet sein, der regelmäßig schlechtgelaunt nach Hause kommt und sie förmlich an die Wand drückt — es ist, als hätte sie überhaupt keinen Lebensraum mehr: Er füllt das ganze Haus mit seinem Ego. Natürlich kann es auch umgekehrt sein — auch Frauen können Tyrannen sein. In beiden Fällen ist es jedoch im allgemeinen so, daß die eine Person über ein sehr starkes Ego verfügt und immer gewinnt, während die andere oftmals ein sehr feinfühliger Mensch ist, der jene Waffen, derer das Ego sich bedient, nicht verwenden kann. Dies ist eine Situation, wo unser Gefühl von Freiheit eine hohe Bedeutung gewinnt: Wenn Sie in der Rolle des Märtyrers sind, so ist Ihre völlige Freiheit vom Ich Ihre einzige Waffe, denn

Ihr Ego wird aus dieser Situation nicht die geringste Befriedigung ziehen, soviel steht fest. Sie müssen Zugang haben zu einem anderen Raum, einer höheren Sphäre, wo Sie der Andere mit seinem starken Ego nicht erreichen kann. Das wird ihn aufs äußerste frustrieren, denn Sie haben etwas, das ihm verwehrt ist; und er wird versuchen, Sie auf seine Ebene herunterzuziehen. Er möchte, daß Sie mit ihm kämpfen, denn er weiß, daß er immer gewinnen wird. Wenn Sie ihm in diese Falle gehen, so werden Sie niemals herauskommen; verweigern Sie den Kampf, so wird er wütend sein, daß Sie nicht kämpfen und versuchen, Sie durch seinen Zorn zu provozieren. Ihre Unabhängigkeit ist Ihre Verteidigung: Niemand kann Sie mehr erreichen.

Allein Freiheit wird Ihnen die Kraft geben, derartige Situationen zu meistern. Es ist Freiheit von Ihrem Selbstwertgefühl, denn was jener Mensch tut, ist, Sie fortwährend zu kritisieren — Sie anzugreifen in Ihrer Selbstachtung, denn damit kann er Ihre Persönlichkeit untergraben. Wenn Sie versuchen, sich dagegen zur Wehr zu setzen — und wahrscheinlich besitzen Sie nicht jene Art von Ego, die sich zu wehren weiß —, so gelingt es ihm unweigerlich, Sie in dauernde Verzweiflung zu stürzen, es sei denn, Sie sind vollständig unabhängig von Ihrem persönlichen Stolz auf Ihr Ego. Es bleibt Ihnen nur noch der Stolz auf Ihre göttliche, Ihre ewige Erbschaft. Wenn er dann Ihr Ego angreift, so ist es, als kämpfte er mit der Luft: Es ist nichts da. Er kann Sie nicht berühren. Den Stolz auf sein göttliches Erbe aufrechtzuerhalten, verleiht eine große Macht.

Unsere Verbindungen mit Menschen sind sehr wichtig. Wir sollten jeden Tag darüber nachdenken, als ein Teil der Verbindung von Meditation und Alltag. Haben wir uns zu Dingen überreden lassen, haben wir uns durch das Ego einer anderen Person in eine Situation drängen lassen? Wenn es so ist, dann haben wir zu leiden, denn wir haben unsere Freiheit verloren. Das ist der Grund, warum sich der Asket oftmals in die Wälder zurückzieht — er ist nicht mehr bereit, irgendwelche Kompromisse einzugehen. Inmitten der Lebensumstände ist es sehr schwer, kompromißlos zu sein.

Ich kannte einen Mann, dessen Vater ein sehr reicher Weinhändler war. Eines Tages fand der Sohn heraus, daß sein Vater minderwertigen Wein unter dem Namen einer erstklassigen Sorte verkaufte. Er erklärte seinem Vater, daß er nicht bereit wäre, diesen Betrug mitzumachen. Er hatte einen Vertrag mit dem Vater unterzeichnet, und er war an diesen Vertrag gebunden; mit anderen Worten: Er war verpflichtet, gegen sein Gewissen zu handeln. Seine Lage war schwierig, da er an jenen Vertrag mit seinem Vater gebunden war — und das Ergebnis war, daß der Vater ihn enteignete. Er hatte gewußt, daß er dieses Risiko einging, aber er machte dennoch den Schritt und sprach jedenfalls mit ihm, und das bedeutete, daß er innerlich frei war. Wäre er vor der Situation gekrochen aus dem Wissen heraus, daß er all sein Glück verlieren würde, wenn er offen zur Wahrheit gestanden hätte, so hätte es ihn seine Freiheit gekostet.

Dies ist ein extremes Beispiel, doch es ist typisch für das, was in unserem Leben geschehen kann. Christus sagte: „Was nützte es dem Menschen, wenn er die ganze Welt gewönne und nähme doch Schaden an seiner Seele?" Letzten Endes mußt du allein mit dir selbst leben, und wenn du in Wohlstand lebst und dann erkennst, daß du ein schlechtes Gewissen hast, wie kannst du dann noch glücklich sein?

So können wir den Weg des Asketen in unser Leben bringen, indem wir ständig unsere Freiheit bewahren. Jetzt erhebt sich allerdings die Frage, wie es um unsere Verbundenheit steht mit Menschen, die wir lieben — unser Ehepartner, unser Freund, unsere Freundin, wer es auch sei. Hier handelt es sich offensichtlich um eine Bindung, und sie bedeutet selbstverständlich in gewissem Grad einen Verlust von Freiheit — von persönlicher Freiheit. Was wir gewinnen, ist eine Art gemeinschaftlicher Freiheit. Zwei Töne auf einem Klavier bilden zusammen einen Akkord, und der Akkord ist mehr als die beiden Töne, er ist eine neue Wirklichkeit; ebenso ist eine Beziehung eine neue Wirklichkeit, die sich bis zu einem gewissen Grad auf Kosten der individuellen Freiheit bildet.

Adler leben immer in Paaren, und es ist faszinierend, zu beobachten, wie ein jeder von ihnen zu stolz ist, als daß er hinter dem anderen herfliegen würde, wie es bei manchen kleineren Vögeln der Fall ist. Man kann beobachten, wie einer von ihnen in die eine Richtung davonfliegt und der andere in die entgegengesetzte — und sie beobachten einander ständig. Entfernt sich der eine einmal zu weit, so gerät der andere in Panik und folgt ihm, erkennt jedoch bald, daß ihn der eine nur auf die Probe gestellt hat und nicht mehr viel weiter geflogen wäre, wenn der andere keine Angst bekommen hätte. Sie stellen einander auf die Probe.

Das ist auch für menschliche Beziehungen typisch, nicht nur für Liebesbeziehungen, sondern auch für Freundschaften. Die Menschen stellen einander auf die Probe, so weit sie nur können — es ist ein Kampf der Willenskräfte. Im Grunde ist es erstaunlich, daß zwei Menschen überhaupt in der Lage sind, ihr Leben zu koordinieren, denn jeder Mensch hat seinen eigenen Willen. Besonders ungünstig ist es, wenn immer derselbe nachgibt. Es ist sehr schlecht sowohl für denjenigen, der nachgibt, als auch für den, der sich durchsetzt; und sind die Rollen einmal verteilt, so wird es immer schlimmer. Hier bewahrt uns unsere Freiheit davor, in eine Abhängigkeit hineinzustolpern. Auch in einer Liebesbeziehung haben die Menschen ihre Egos. Freilich, das Ego eines Menschen sollte von der Macht der Liebe überwältigt werden, doch eine derartige Situation wäre zu idyllisch. In der Wirklichkeit ist es ein sehr seltener Fall, daß die Liebe eines Menschen so groß ist, daß sie sein Ego vollständig überwältigt, und so kann die Liebe dem Ego eines anderen Menschen unterworfen sein, und unser einziger Schutz in diesem Fall ist es, etwas vom Geist des Sannyasins aufrechtzuerhalten. Zuletzt werden wir feststellen, daß jene Person, die dieses Spiel mit uns versucht hat, uns viel mehr achtet und viel mehr liebt, als wenn wir aufgegeben hätten. Dies ist ein sehr klares Beispiel, wie wir den Weg des Einsiedlers direkt auf eine Situation anwenden können, die eigentlich das Gegenteil dieses Weges ist, nämlich das Leben in Beziehungen.

Viele Menschen befinden sich in einer Situation, wo sie erkennen müssen, daß die Person, von der sie sich geliebt glaubten, sie nicht länger liebt. Ich habe Fälle kennengelernt, wo Menschen dadurch in eine nahezu psychotische Depression geraten sind. Auch hier ist es allein jene Haltung innerer Unabhängigkeit, die uns helfen kann, dem Sog standzuhalten. Man kann diese Haltung selbst in einer Liebesbeziehung zwischen zwei Menschen anwenden: Man kann einen Menschen lieben, ohne von seiner Gegenliebe abhängig zu sein. Man wendet das Prinzip des Sannyasins auf das partnerschaftliche Leben an. Tut man es nicht und ist von der Liebe des Anderen abhängig, so ist Enttäuschung unvermeidlich.

Tatsächlich ist es mitunter so, daß Menschen, wenn sie fühlen, daß wir von ihrer Liebe abhängig sind, sich von uns abwenden; doch wenn sie fühlen, daß wir frei sind, so zieht es sie zu uns hin. Der Grund dafür ist, daß wir, wenn wir selbst frei sind, auch Andere befreien. In jedem Wesen existiert ein tiefes Verlangen nach Freiheit. Niemand hat es gern, sich von jemandem abhängig zu wissen — oder vielleicht sollte man besser sagen, daß Menschen es manchmal lieben, sich von einem Anderen abhängig zu fühlen, doch wenn sie dann daraus die Konsequenzen zu ziehen haben, so gefällt es ihnen nicht mehr.

So gibt es mehrere Möglichkeiten, den Weg des Einsiedlers auf das weltliche Leben anzuwenden. Um eine Situation klar überblicken zu können, müssen wir uns selbst als jenen Besucher aus dem Weltall betrachten, der auf diesem Planeten gelandet ist und sich einen Körper aus dem Stoff des Planeten angeeignet hat, um das Leben des Planeten erleben zu können, und der daraufhin in Abhängigkeit mit den Menschen und Umständen hier geraten ist. Aus dieser Perspektive können wir unsere Abhängigkeiten sehr deutlich erkennen — worin sie bestehen, was sie bedeuten, und welches ihr Ergebnis ist; und dieses Ergebnis ist allerdings von größtem Wert. Wir sollten Abhängigkeit nicht negativ sehen, denn sie ist sehr wichtig. Ihr Ergebnis ist, daß durch die Osmose zwischen den Wesen — durch ihre gegenseitige Befruchtung — jedes einzelne Wesen bereichert wird. In unserer Persönlichkeit ist mehr enthalten als im Samen unserer Persönlichkeit, denn unsere Persönlichkeit wird bereichert von den Verbindungen zu anderen Wesen; in der Tat bereichert jede Erfahrung unsere Persönlichkeit.

Tauche tief ein in das Wunder des Lebens und lasse die Flammen deine Schwingen verbrennen, lasse die Dornen deine Füße durchbohren, laß dein Herz in Aufruhr geraten durch die Emotionen der Menschen, und laß deine Seele sich hoch über die Welt erheben. Laß dein Leben zu einer großen Abhängigkeit werden, ohne dich darin fangen zu lassen, ständig aufrechterhaltend das Bewußtsein der göttlichen Vollkommenheit in dir und der Freiheit der Gedanken. Begreifst du, wie sehr du dich fangen läßt in einer Denkweise, ohne zu sehen, daß sie nur eine Perspektive ist? Ein Beweis dafür mag dies sein: Vielleicht haben Sie vor langer Zeit etwas sehr gewünscht, und jetzt tut es Ihnen leid, daß Ihr Wunsch in Erfüllung gegangen ist — oder Sie sind glücklich, daß er sich nicht erfüllt hat. Damals haben Sie die Dinge in einer bestimmten Weise gesehen; heute sind Sie davon frei.

Viele Menschen bleiben in Kulten stecken. Man kann sie fragen: „Warum glaubst du das?" „Ich habe schon immer daran geglaubt." „Aber *warum* glaubst du?" „Das ist eine gute Frage . . . Ich glaube, ich bin so erzogen worden." „Gut, gut, aber ich meine warum? Weil man dir erzählt hat, daß es so ist?" „Ja, genau, das haben sie mir erzählt." „Und warum glaubst *du* daran, nur weil die Leute es dir erzählt haben? Es könnte doch sein, daß ihre Ansicht falsch war." „Ja, das gebe ich zu. Ich habe noch nie daran gezweifelt, daß die Leute recht haben." „Also gut: *mußt* du es glauben?" „Nein — vielleicht muß ich nicht daran glauben." „Sehr gut, dann bist du also frei — du mußt nicht daran glauben." „Ja, ich bin frei!" Das ist Freiheit. Die ganze Zeit dachten wir in einer bestimmten Weise, und dann dämmert uns plötzlich: „Ich *muß* nicht so denken. Warum sollte ich es müssen? Es war nichts als eine Gewohnheit. Ich bin frei."

Wir können erkennen, wie sehr uns eine Gruppe in einer bestimmten Perspektive gefangenhalten kann, und genau an diesem Punkt sollten wir ansetzen, unsere Programmierung zu löschen. Unser ganzes Leben ist so beschaffen. Farid ud-din Attar sagte: „Mensch, wenn du nur wüßtest, daß du frei bist!" Unser eigener Gedanke, nicht frei zu sein, ist unser Gefängnis. Sie mögen einwenden: „Aber es gibt gewisse Lebensumstände; ich kann sie nicht ändern, ich bin in ihnen gefangen." Doch wir können innerlich frei sein und äußerlich gebunden durch die Umstände — ebenso wie wir innerlich gebunden sein können und äußerlich frei. Glauben Sie wirklich, wenn Sie Ihren Beruf aufgeben und nach Indien pilgern — wie es viele tun —, daß Sie dann frei wären? Es macht nur die äußeren Umstände frei; es macht nicht *Sie* frei.

Wahre Freiheit zeigt sich innerlich: Die Umstände des äußeren Lebens berühren uns nicht mehr. Wahre Freiheit liegt darin, sich niemals mehr in einer bestimmten Denkweise fangen zu lassen, sich von keiner Meinung mehr beeinflussen zu lassen, die eigene Meinung eingeschlossen. Es ist ein wunderbarer Schutz. Wenn ein Mensch zu argumentieren beginnt, so könnte man in Hitze geraten und dagegen argumentieren — doch es wäre reine Zeitvergeudung. Alles, was Sie zu sagen haben, ist: „Ich halte nichts von Ansichten, meine eigenen eingeschlossen". Ansichten sind Perspektiven, und wir neigen dazu, uns in Perspektiven fangen zu lassen. Wie al-Hallaj sagt: wenn wir nur Zugang hätten zu dem göttlichen Verstand, so würde unser eigener Verstand zerschmettert werden. Wir verschwenden so viel Zeit dadurch, daß wir in Meinungen und Perspektiven verstrickt sind. Befreien wir uns davon! Es ist viel besser, unsere Zeit in Meditation zu verbringen — denn zumindest sind wir dann in einer völlig anderen Ebene der Erfahrung.

Es gibt noch andere Arten der Freiheit. Zum Beispiel, frei zu sein von

Furcht, wie jener Einsiedler, als er dem Tiger gegenüberstand. Sie können einen kleinen Test machen: Fragen Sie sich selbst, ob Sie, wenn Sie jetzt dazu aufgefordert würden, mit dem Fallschirm aus einem Flugzeug springen könnten. „Nein, unmöglich! Das könnte ich nicht." Aber natürlich könnten Sie. Andere tun es, warum nicht Sie auch? Besiegen Sie die Furcht. Einem Menschen mit einem fürchterlichen Ego gegenüberzustehen, kann Sie vor Angst zittern machen; Sie wissen vielleicht überhaupt nicht, wie diesem Menschen zu begegnen ist. Doch auch hier können Sie die Angst überwinden. Sie können sich zu etwas bekennen, auch wenn Sie fürchten müssen, daß Ihnen viel Ärger und viel Arbeit daraus erwachsen wird, und Sie deshalb lieber Ihren Mund halten möchten. Machen Sie den Schritt! Sie werden viel stärker werden. Sie können Ihre Angst besiegen.

Es gibt praktische Wege, die Meditation auf die Probleme unseres Alltags anzuwenden — greifbare Wege, das spirituelle Ziel unseres Lebens zu verwirklichen.

Kapitel 15

Der Sinn des Lebens

Eine Meditation an der Dargah von Hazrat Inayat Khan

Wir sind hier in New Delhi am Grab meines Vaters Hazrat Inayat Khan, um des Hinscheidens seiner Seele zu gedenken, und es ist vielleicht der Moment, die Erinnerung an ihn wachzurufen. Es hat Sie alle wahrscheinlich bewegt, so wie mich, nach Dehli zu kommen und all diese Kinder auf Sie zurennen zu sehen. Es erinnerte mich sehr an Hazrat Inayat Khan: Wo immer er erschien, liefen ihm Schwärme von Kindern nach, und ich war eines von ihnen. Heute ist es umgekehrt.

Ich sah Hazrat Inayat Khan aus der Perspektive eines Kindes. Als Sufi lernt man, den Anderen durch dessen eigene Augen zu betrachten, und so ist es möglich, daß ich Murshid durch seine Augen gesehen habe und er mich durch meine Augen. Vielleicht sah auch Murshid sich selbst durch die Augen eines Kindes. Ich erinnere mich, gesehen zu haben, wie er die Stufen von Fazal Manzil, unserem Haus in Suresnes nahe Paris, herunterschritt. Wir Kinder pflegten im Gras zu liegen und auf den Moment zu warten, wo er die Stufen herunterkommen würde. Wir besaßen keine Uhr, doch eine Art von Intuition sagte uns, wann der Zeitpunkt kam, und wir ließen alle unsere Spielzeuge fallen oder womit auch immer wir gerade beschäftigt waren, denn jener Moment war uns das allerwichtigste im Leben. Dann öffnete sich die Tür und wir konnten sehen, wie er herauskam und die Stufen herunterschritt wie ein König. Das war es, was uns am allermeisten beeindruckte: Er schritt herab mit sehr langsamen, majestätischen Schritten, wie ein mächtiger Elefant.

Dann konnten wir ihn eine Zeitlang nicht sehen, während er die Straße überquerte; zuletzt näherte er sich und überquerte das Feld, auf dem wir lagen. Wenn er ging, schien er die ganze Welt auf seinen Schultern zu tragen, und wir lagen da, völlig verzaubert von allem, was aus ihm strahlte. Später entdeckten wir freilich noch andere Aspekte, die wir damals nicht sehen konnten. Wir entdeckten seine Macht — eine Macht, die so gewaltig war, daß es schien, als könnte sie Berge versetzen. Und doch war es eine Macht, vor der man sich niemals hätte fürchten können. Macht kann sehr furchterregend sein, doch diese Macht war von Freundlichkeit und Sympathie. Als Kinder lernten wir selbstverständlich, sein Wesen zu respektieren aufgrund dessen, was er war, und so brauchte er niemals seine Macht zu beweisen. Doch sie war da, und als wir Kinder waren, war sie es, die uns gehorchen ließ. Kindern macht es immer Spaß, zu erleben, wie schön es ist, etwas verbotenes zu tun, und sie werden ständig probieren, wieweit sie ihre Eltern überlisten können. Auch wir waren ungezogene Kinder. Doch Murshid brauchte niemals auch nur seine Stimme zu heben: Oft genügte es, daß er eine Augenbraue hob, und wir wußten schon, daß wir ihn nicht überlisten konnten.

Es waren immer Gäste da zum Essen, und so hatte Hazrat Inayat Khan einen kleinen Extratisch für die Kinder, so daß wir miteinander reden konnten, ohne in Gegenwart der Erwachsenen frustriert dasitzen zu müssen, denn wenn wir mit am Tisch saßen, so war normalerweise das einzige, was wir überhaupt sagen durften: „Kann ich bitte das Salz haben". Es kam vor, daß sich Murshid ganz plötzlich als wunderbarer Vater erwies, der voller Liebe war für seine Kinder. Er nahm sich immer die Zeit, uns eine Gutenacht-Geschichte zu erzählen, bevor wir zu Bett gingen. Wenn ich heute darüber nachdenke, so wird mir klar, daß das für ihn wahrscheinlich bedeutete, viele Interviews ausfallen zu lassen und Besprechungen und alles mögliche, nur für diesen einen Augenblick, wo wir auf seinem Schoß sitzen konnten, um den Geschichten zu lauschen, die man heute in den Büchern von Idries Shah lesen kann. Manchmal interessierten uns diese Geschichten, wie alle Kinder, doch das wichtigeste war, denke ich, die Art und Weise, wie sie erzählt wurden. Wieder und wieder pflegten wir ihn zu bitten, daß er uns erklären möge, warum die Geschichte so ausging wie sie ausging und wie es gewesen wäre, wenn sie anders ausgegangen wäre.

Da gab es eine Dame, deren undankbare Aufgabe es war, uns aufzufordern, still zu sein. In unseren Augen war sie natürlich ein strenger Zuchtmeister, doch in Wirklichkeit war sie eine von Hazrat Inayat Khans wundervollsten *Mureeds*. Es war Murshida Sherifa Goodenough; und wenn es jemanden gab, der seine Gedanken, seine Gefühle und alles über Murshid wußte, so war sie es. Wohin Murshid auch ging, außer wenn er hinaufging in die Halle, wo er allein war, um seinen Magnetismus zu erhalten, so war er ständig von drei Frauen umgeben: Murshida Sherifa Goodenough, Nekbakht Furnée und Kismet Stam. Diese drei machten Notizen von allen seinen Vorträgen, um sicherzustellen, daß alles, was Murshid sagte, aufgezeichnet würde. Murshida Sherifa Goodenough erschien uns oftmals recht barsch, sie sagte ständig, es wäre keine Zeit und wir sollten uns bitte benehmen und dergleichen mehr. Doch Murshid erklärte uns immer den Grund.

Besonders damals war es üblich, Kindern einfach zu sagen, sie hätten dies zu tun, jenes zu tun. Murshid sagte uns immer, warum. Und er war sicherlich der meistbeschäftigte von allen; dennoch nahm er sich die Zeit, uns den Grund zu erklären. Sie wissen, wie wichtig diese Frage ist; tatsächlich nennt es Murshid „den großen Berg, ‚Warum?'". Er machte sich die Mühe, es uns zu erklären. Selbst wenn er in Eile war, tat er es, und nur ein einziges Mal sagte er: „Ich muß es kurz machen, denn ich habe nicht viel Zeit". Und ich erinnere mich, wie er einmal zu mir sagte: „Vilayat, du kannst es nicht verstehen. Doch sobald du alt genug bist, es zu verstehen, werde ich dir sagen, warum". Es war herrlich für mich, denn ich war daran gewöhnt, daß er mir immer für alles den Grund erklärte, und so wußte ich, daß diesmal der einzige Grund, warum er es nicht tat, darin bestand, daß ich noch nicht alt genug war, es zu verstehen.

Das gab uns das Vertrauen in Murshid, daß er niemals jemanden auffordern würde, ihm blind zu folgen. Und dieser Politik bin ich mein ganzes Leben lang gefolgt: niemals jemandem zu sagen, was er tun soll. Man kann das

Leben eines Menschen völlig ruinieren, indem man ihm sagt, „Du sollst dieses tun" oder „du sollst jenes tun". Nicht nur deshalb, weil man vielleicht nicht alle Aspekte eines Problems verstünde — wie hätte das bei Murshid der Fall sein können? Der Grund ist ein anderer: Sagt man einem Menschen, was er zu tun habe, so nimmt man ihm damit sein Gefühl für die eigene Verantwortung und macht ihn zu einer Marionette. So war Murshid die lebendige Verkörperung einer Weisheit, die jederzeit sehr genau erkennen konnte, wo der Kern eines Problems lag, und sich dennoch weigerte, aus Respekt für den Menschen, ihm zu sagen, was er zu tun habe.

Wenn wir in den Schriften von Hazrat Inayat Khan lesen, dann können wir verstehen, wie tief er in alle Probleme hineinblickte. Ich glaubte einmal, seine Lehren zu kennen, doch tatsächlich ist es unmöglich, sie jemals wirklich zu kennen. Er sah die Ursache der Ursache und den Sinn hinter dem Sinn. Die meisten Menschen sehen die Wirkung; er sah immer tiefer, er sah die Ursache. Und er zeigte uns, wie wir die eigene Intuition entwickeln konnten. Wenn Sie seine Schriften studieren, so werden Sie erkennen, daß Intuition bedeutet, tatsächlich in das Bewußtsein eines Menschen einzutreten; das ist eine der Sachen, über die ich ständig spreche — in das Bewußtsein des Anderen einzutreten — und darüberhinaus in sich selbst den Zustand jenes Menschen zu erleben. Wenn Sie zum Beispiel einem brutalen Menschen begegnen, so steigt alle Brutalität, die Sie in sich tragen, ebenfalls hoch, nicht wahr? Und selbst wenn Sie überhaupt kein Ego mehr haben: Sobald Sie einer Person mit einem starken Ego gegenüberstehen, spüren Sie den Wunsch, mit ihr zu kämpfen. Begegnen Sie einem unehrlichen Menschen, so erwacht alle Unehrlichkeit in Ihnen — und es gibt Unehrlichkeit in jedem von uns. Immer, wenn Sie sagen: „Hallo, schön, dich zu sehen!" — und es nicht wirklich so meinen —, so sind Sie unehrlich; wann immer Sie glauben, in einer bestimmten Situation taktvoll sein zu müssen, so ist es nicht ehrlich. Es gibt in jedem von uns Unehrlichkeit, und wenn wir einem unehrlichen Menschen begegnen, so kommt all das hoch.

Es gab hier einen weiteren Aspekt von Murshid, den ich zu entdecken begann, als ich älter wurde. Murshid hatte viele Dimensionen: Während meiner Jugend und im Erwachsenenalter durchlief ich verschiedene Arten, ihn zu betrachten. Als sehr kleines Kind entdeckte ich seine Majestät, die mich damals so beeindruckte; etwas später seine Macht. Danach seine Weisheit.

Als ich älter geworden war und auf die Universität ging, begegnete ich der Weisheit der Welt. Immer hatte ich das Gefühl, daß an dieser Weisheit der Welt etwas nicht stimmte, doch, wie Sie wissen, wenn man jung ist, kann man noch nicht wirklich sehen, was verkehrt ist; man fühlt nur, daß etwas verkehrt ist. Ich stand damals vor dem erheblichen Problem, das, was ich an der Universität lernte — die Philosophie —, mit dem in Übereinstimmung bringen zu müssen, was Hazrat Inayat Khan lehrte. Die beiden Seiten schienen überhaupt nicht miteinander vereinbar. Wenn ich heute auf diese Situation zurückblicke, wird mir sehr klar, wie unser Denken sich auf die Logik stützt; und sobald man einmal erkennt, wie trügerisch die Logik ist, läßt man sich von ihr nicht mehr täuschen. Später, als ich in Oxford studierte, lernte ich das Sprichwort kennen: Ein Philosoph ist ein Blinder, der in einem völlig dunklen Zimmer eine schwarze Katze sucht, die überhaupt nicht da ist. Damals war ich jener Blinde, denke ich — und die schwarze Katze habe ich auch nicht gefunden. Doch irgendwie erinnere ich mich daran, gespürt zu haben, daß Murshid die ganze Zeit über wußte, daß dort keine schwarze Katze zu finden sein würde, denn er verfügte über ein größeres Wissen — das Wissen, das in die Seele blickt.

Hazrat Inayat Khan spricht von zwei Arten des Wissens. Es gibt ein Wissen, das von außen kommt, aus der Kommunikation mit der Welt und aus der Erfahrung. Es ist auch eine Art von Weisheit. Dann spricht er von jenem anderen Wissen, das seinen Ursprung im „Lagerhaus allen Wissens" hat, in der Seele — und das angeboren ist. Es ist unser Anteil am Denken der Menschheit. Alles Wissen, das wir über die Dinge der Welt haben, bezieht sich auf dieses höhere Wissen, dessen sich die meisten von uns nicht bewußt sind. Wir sind in der Lage, einen Baum als einen Baum zu erkennen, weil es irgendwo in unserer Seele das Bild des Baumes gibt; die Wahrnehmung eines Baumes erinnert uns lediglich an etwas, das wir schon kennen. Murshid sprach über dieses eingeborene Wissen der Seele, das das einzige ist, was uns Einblick geben kann in die Bedeutung unseres Lebens, und er benutzte dieses Wissen, um Menschen in ihren Problemen zu helfen. Aus allen Teilen der Welt strömten die Menschen zu seiner Sommerschule zusammen, mit all ihren Sorgen und Kümmernissen und ihrer rastlosen Suche nach der Seele. Man konnte sehen, daß sie von ihren Sorgen zu Boden gedrückt waren und in ihren Problemen verstrickt. Doch wenige Tage später begannen sich die

Mienen aufzuhellen; man sah sie dann und wann lächeln; und zuletzt öffneten sie sich wie Blumen in der Sonne, und sie waren voller Freude.

Die Menschen waren vollständig transformiert durch die Gegenwart von Murshid, durch die Sonne seines Wesens. Und versuchte er jemals, ihre Probleme zu entwirren oder sie nach Art des Psychologen zu besprechen und eine Lösung zu finden? Nein, und es hätte so auch nicht funktioniert. Es geht heute nicht, und es ging damals nicht, denn es geht nicht um den Verstand. Murshid gab uns einen Hinweis auf die Art seiner Arbeit, als er sagte, daß sie auf den höheren Ebenen stattfände. Der gewöhnliche Psychologe arbeitet auf der Ebene des Materiellen, doch Murshid arbeitete tatsächlich auf höheren Ebenen. Während seiner Morgenmeditationen konzentrierte er sich auf die Menschen — sie mußten nicht einmal anwesend sein — und arbeitete an ihren Seelen anstatt an ihrem Verstand. Als Folge davon berührte er auch ihren Verstand durch sein Wirken auf jener hohen Ebene — auch wenn das natürlich nur dann geschehen konnte, wenn es gelang, sie in die Ekstase seines Wesens emporzutragen. Es geht um eine bestimmte Einstimmung; und was er tat, war, uns an seiner Ekstase teilnehmen zu lassen durch die Entdeckung der Gegenwart des Geliebten.

Es ist die größte Macht, die die Menschen in der Welt bewegt — die Macht der Ekstase. Wir alle kennen jene Augenblicke, wo wir niedergeschlagen sind, wo der Magnetismus der Seele verloren ist. Nichts kann uns mehr begeistern, das Leben erscheint grau, eintönig und sinnlos. Für nichts können wir mehr Interesse, geschweige denn Begeisterung, aufbringen; die magnetische Kraft liegt darnieder. Der Grund dafür, wie Murshid sagen würde, ist, daß wir entweder die Liebe jenes einzigen Wesens, das man wirklich lieben kann — die Liebe Gottes — verloren haben, oder aber, daß wir noch nie berührt worden sind von der Magie der Liebe, von jener Magie, die ein Wesen völlig verwandeln kann. Der Zauber der Liebe besteht darin, daß derjenige, der in Liebe ist, jeden anderen in dieselbe Liebe versetzt. Und hier war Murshid und brachte uns in diese Liebe — und gleichzeitig erweckte er uns aus der Illusion der Liebe und ließ uns erkennen, daß allein Gott derjenige ist, dem unsere ganze Liebe gilt.

Dies mit Worten zu sagen, klingt banal, und wer nicht wirklich verliebt ist, während er über Liebe spricht, ist schrecklich anödend, oberflächlich, und seine Worte sind Heuchelei; und so würde der Sufi lieber schweigen.

Vielleicht würde er Musik machen, denn wenn wir Musik machen, brauchen wir kein Theater zu spielen. Wir können nur dann wirklich Musik machen, wenn wir wirklich verliebt sind. Und selbstverständlich war Hazrat Inayat Khan von Anfang bis zuletzt immer der Musiker. „Einmal ein Musiker, immer ein Musiker", könnte man sagen, obwohl er seine Vina notgedrungen zur Seite gelegt hatte. Ich kann mir vorstellen, welche Überwindung es ihn gekostet haben muß, auf sie zu verzichten, denn Musik ist nicht nur eine wunderbare Sprache, in der sich Dinge sagen lassen, die wir mit Worten niemals ausdrücken könnten, sondern sie ist auch ein Weg der Einstimmung. Sie ist ein Mittel, wie wir unseren Weg zurück in unsere wirkliche Stimmung finden können. Wann immer wir schlechtgelaunt sind und die wahre innere Einstimmung nicht mehr finden können, wenn wir das innere Zentrum verloren haben: In diesem Augenblick ist die Musik ein Ausdruck unserer Sehnsucht nach jener alles überragenden Schönheit der Seele.

In uns existiert ein großes Verlangen nach wahrer Schönheit. Ein Leben ohne Schönheit ist unerträglich — es ist tödlich. Schönheit ist ungleich wichtiger als Nahrung, wichtiger als Wissen oder irgendetwas in der Welt. Schönheit ist die Entdeckung unseres tiefsten Wesensgrundes; die einfachste Weise, sie in Worten zu umschreiben, ist, sie als höheres Bewußtsein zu beschreiben. Ich werde Worten gegenüber immer vorsichtiger: Wir denken, wir hätten etwas gesagt, wenn wir es mit den richtigen Worten gesagt haben, doch in Wahrheit haben wir damit das, was wir sagen wollten, verraten. Murshid kämpfte mit diesem Problem; er sagte: „Gott spricht zu dem Propheten in Seiner göttlichen Sprache, und der Prophet übersetzt sie in die Sprache der Menschen". Ständig sucht der Mystiker nach jener Sprache, die das auszudrücken imstande ist, was keine Sprache ausdrücken kann. Darum ist Musik so wundervoll — weil in ihr jene Sprache erscheint: Sie kommt aus unserer Seele; wir brauchen sie nicht mehr zu suchen.

Ich war sehr jung, als Hazrat Inayat Khan uns verließ — ich war damals zehn. Ich erinnere mich, wie ich das Telegramm erhielt. Keiner von uns konnte es glauben. Es war uns, als wäre unsere Welt zusammengebrochen — als wäre sie zuende. Wir konnten uns nicht vorstellen, ohne ihn zu leben. Wir konnten es nicht glauben, daß wir ihn nicht wiedersehen würden. Wir konnten es nicht akzeptieren. Tatsächlich hatte ich nur wenige Monate zuvor mein eines und einziges Interview mit Hazrat Inayat Khan. Er war ständig in Anspruch genommen: es gab immer *Mureeds*. Er schlief im allgemeinen etwa vier Stunden jede Nacht, und wenn er keine Interviews oder Vorträge gab, so meditierte er. Manchmal klopfte ich an die Tür des Orientalischen Zimmers, doch stets meditierte er, und so wollte ich ihn nicht stören. Ich erinnere mich an eine Gelegenheit, als ich mir ein Herz nahm, in den Raum eintrat und mich irgendwo in eine Ecke setzte, sehr still, und ihn dabei beobachtete, wie er den *Dhikr* oder ein *Wazifa* wiederholte. Was ich in diesen Momenten erlebte, läßt sich nicht mit Worten wiedergeben: Der ganze Raum war erfüllt von Kraft. Man konnte die Atmosphäre nahezu mit Händen greifen, so dicht war sie, und sie erfüllte den ganzen Raum. Murshid pflegte seine Übungen sehr innerlich zu machen; man konnte seine Worte kaum hören. Sie waren nahezu geflüstert: Die Kraft kam von innen.

Als ich dieses Mal an die Tür klopfte, war es gerade während des Universellen Gottesdienstes. Jedermann war hingegangen, und Murshid war allein. In jenem letzten Jahr kam er niemals mit zum Universellen Gottesdienst, und so war dies meine Gelegenheit, mit ihm zu sprechen. Die Nacht zuvor hatte ich geträumt, ihn am Bahnhof zu verpassen. Wir gingen immer mit ihm, um ihm am Bahnhof auf Wiedersehen zu sagen, und wenn er zurückkam, gingen wir, ihn abzuholen, und er verteilte kleine Geschenke an uns, wie es alle Väter tun. Doch in jener Nacht hatte ich geträumt, daß ich es versäumt hatte, mit auf den Bahnhof zu gehen, und ihn niemals wiedersehen würde und die Gelegenheit verpaßt hätte, ihn ein letztes Mal zu sehen. Während der Nacht hatte ich zu weinen begonnen. Murshid war im Zimmer nebenan; er hörte es und rief: „Bhaijan", was „mein lieber Bruder" bedeutet und wie er mich immer nannte, „es ist alles in Ordnung". Und als ich an die Tür des Orientalischen Zimmers klopfte, erinnerte ich mich an diesen Traum.

Hazrat Inayat Khan blickte aus dem Fenster. Meine Mutter hatte die drei anderen Kinder zum Universellen Gottesdienst mitgenommen, und er blickte ihr und den anderen auf ihrem Weg zur Halle nach. Er war sehr still und nachdenklich. „Abba, warum gehst du nicht mit zum Universellen Gottesdienst?" fragte ich, und er antwortete: „Es wird Zeit für die Mureeds, für sich selbst zu sorgen." Mein Traum kehrte zu mir zurück, und ich sagte: „Aber sie können niemals für sich selbst sorgen". Ein langen Schweigen entstand, und schließlich sagte er: „Ja, es werden schwere Zeiten kommen. Die Menschen werden gegeneinander kämpfen. Alles Böse in den Herzen der Menschen wird wieder empordringen." Wenn ich diese Worte heute aus der jetzigen Perspektive betrachte, so wird mir klar, daß allein die Macht des Meisters all die Aggressivität und all das Böse in den Herzen der Menschen niederhalten kann; und wenn ich die Probleme der heutigen Welt bedenke, so erkenne ich, daß die Welt sich selbst ausgeliefert ist, ohne diese Kräfte unter Kontrolle bringen zu können. Das Ergebnis ist Kampf.

Wir haben allen Grund, uns Sorgen zu machen über den Zustand der Welt, denn es ist völlig unvermeidlich, daß, solange es keine geistige Macht gibt, die Menschen zu halten gleich dem Dompteur, der die wilden Tiere im Zirkus bändigt, — solange es jenen Meister nicht gibt, der alle diese Kräfte kontrollieren kann, werden die Menschen übereinander herfallen. Die Mächte des Hasses und der Eifersucht, all das Häßliche in den Herzen der Menschen wird hervorbrechen. Und nur der kann die Mächte des Bösen beherrschen, der Meister geworden ist über sich selbst.

Murshid war der Meister seiner selbst, und er lehrte den Weg des Meisters. Er sagte, wenn unser Pferd uns nicht gehorcht, so deshalb, weil uns unsere Finger nicht gehorchen. Wer sich selbst unter Kontrolle hat, hat auch Kontrolle über die Situationen. Was ist mit dieser Kontrolle gemeint? Bedeutet es, einfach in Yogastellung dazusitzen und den Geist zu beherrschen? Nein; was Murshid meint, ist, wenn wir die Kräfte des Hasses in uns selbst besiegen können, dann können wir die Menschen in ihrem Haß gegeneinander im Zaum halten. Jene Kräfte werden bleiben, doch weil wir den Haß in uns selbst überwunden haben, kann unser Einfluß die Menschen zurückhalten — bis zu einem gewissen Grad. Natürlich greift ein Löwe gelegentlich seinen Dompteur an; doch der Dompteur wird seine Löwen ständig beobachten und sie nie aus den Augen lassen, auch nicht für einen einzigen Moment. Murshid hatte mit Menschen zu tun, die nicht besser noch schlechter waren als andere. Wir dürfen nicht denken, daß wir nur deshalb, weil wir in den Sufi-Orden eingeweiht sind, besser sind als irgendjemand sonst. Diese Art von Denken ist die allerschlimmste Heuchelei, und sie führt unweigerlich in Konflikte. Jedes Gefühl eines persönlichen Status' führt sofort zu Auseinandersetzungen; tatsächlich werden die meisten Auseinandersetzungen geführt um den Status von Menschen — das ist es, wofür die Leute kämpfen. Wir können es überall in der Politik beobachten: Es geht nur darum, das Gesicht zu wahren. Man sagt: „Ich darf mein Gesicht nicht verlieren, denn ich repräsentiere eine große Nation", doch dann ist da eine andere große Nation, die ebenfalls ihr Gesicht nicht verlieren darf, und so beginnen sie einander zu vernichten und werden zuletzt den ganzen Planeten vernichten. Aus diesem Grund ist spirituelle Macht heute wichtiger als jemals zuvor in der Geschichte.

Murshid brachte uns den lenkenden Einfluß jener Instanz ins Bewußtsein, die er „die geistige Regierung der Welt" nannte. Die meisten Menschen dachten nicht im Traum an so etwas; sie kamen zu ihm mit ihren kleinen persönlichen Problemen. Doch was er lehrte, war genau das: Es steht tatsächlich eine Regierung hinter der Welt, und Gottes Hand offenbart sich in jener Art von Führung, in deren Dienst die stehen, die diese Regierung repräsentieren. Murshid hatte einen sehr ausgeprägten Sozialsinn; nur wenige wissen, wie gut er über die Probleme seiner Zeit im Bilde war. Er war tatsächlich die Antwort auf die Probleme seiner Zeit; er lehrte nicht nur Meditation. Er lehrte die Menschen nicht nur, ihre Gehirnströme zu kontrollieren oder stundenlang dazusitzen und sich auf ihren Bauchnabel zu konzentrieren; er brachte uns Meditation als Teil unseres Lebens zu Bewußtsein. Das ist einer der wesentlichen Aspekte seiner Lehren: Meditation in der Handlung. Es geht darum, alle Situationen des Lebens als eine Gelegenheit anzusehen, Einsicht zu entwickeln. Zum Beispiel: Welches sind die Qualitäten, die Sie zu entwickeln haben, um Ihren Problemen begegnen zu können? Anstatt sich in jenen Elfenbeinturm vorgefaßter Ideen zurückzuziehen, in jenen Elfenbeinturm, wo für viele Menschen Meditation stattfindet, versucht man, das Leben als das grundlegende Meditationsthema zu begreifen. Es ist überraschend, wie selten Murshid den Begriff ‚Meditation' überhaupt benutzte. Sehr oft sagte er ‚Erkenntnis' anstatt ‚Meditation', denn für ihn war das ganze Leben eine Meditation.

Wir können es den sozialen Aspekt der Meditation nennen: Anstatt sich in seinen Elfenbeinturm einzuschließen, tritt man hinaus ins Leben und in die Erfahrung, um einzutreten in das Denken Gottes und in Sein Bewußtsein dessen, was in der Welt geschieht. Vielleicht erkennen wir, welche kosmische Dimension der Meditation hierin liegt im Gegensatz zu jenem Sichabschließen in einer Art von Samadhi.

Um zu meinem Interview mit Murshid zurückzukommen: Da stand er, den Menschen auf ihrem Weg zur Halle in einem Zustand höchster Ekstase nachblickend, und sagte zu mir: „Ja, es werden schwere Zeiten kommen". Er wußte, daß die schweren Zeiten kommen, wenn die Kräfte des Ego losgelassen sind und keiner da ist, sie zu meistern. Wann immer ein Lehrer stirbt, ein Guru oder ein Murshid, so beginnen seine Schüler in ihrem Ego zu wachsen, da im allgemeinen niemand mehr da ist, der imstande wäre, diese Kräfte zu kontrollieren. Murshid schaute mich an; er sah die ganze Zukunft vor sich, er konnte sehen, wie schwer es werden würde. Er sagte: „Wenn es nur darum ginge, zu lehren, so wäre es leichter gewesen." Plötzlich konnte ich irgendwie fühlen, wie sein Herz gebrochen war. „Wäre ich im Osten geblieben", fuhr er fort, „ so wäre ich unter einem Baum am Ufer des Ganges gesessen, und die Menschen wären zu mir gekommen, hätten sich vor mir in den Staub geworfen und ich hätte ihnen meinen Segen geben können." In dieser Tradition war er aufgewachsen. Abertausende von Menschen wären gekommen, wie sie es heute in Indien tun; der Meister gibt keine Unterweisungen, man kommt, um seinen *Darshan* zu empfangen. Die Menschen kommen von weither, sie fühlen, daß sie seinen Grad an Erkenntnis niemals erlangen können, doch ein wenig von seinem Glanz kann sich auf ihnen widerspiegeln und ihnen in ihrem Leben helfen.

Ganz sicher litt Murshid sehr unter dem Mangel an Feingefühl mancher Menschen, denen er begegnete. Er sprach davon, daß es den Menschen gefallen hätte, wenn er seine Lehren mit dem Vorschlaghammer verkündet hätte. Sie dachten für gewöhnlich: „Warum sagst du nicht klipp und klar, worum es geht? Wozu diese subtilen Andeutungen?" Weil es eben keine Sprache gibt für die wahre Sache. Was immer man mit Worten sagt, ist völlig verzerrt und mit Sicherheit eine Einschränkung jener Wahrheit, die man verkünden wollte. In jenem einen kurzen Augenblick, als ich mit ihm zusammen war, blickte er zurück in die Vergangenheit und gleichzeitig in die Zukunft, und eine große Traurigkeit war in seinen Augen. Ich war völlig entgeistert von dem, was in seinen Worten mitschwang. „Wäre es nur um das Lehren gegangen, so hätte es keine Probleme gegeben", sagte er, „aber die Schwierigkeiten kamen in dem Augenblick, wo es um Autorität ging." An diesem Punkt entsteht Streit. Die Menschen sagen: „Ich bin ein Leiter, und jener Mensch dort respektiert mich nicht als Leiter", und dergleichen mehr. Sobald das Ego ins Spiel kommt, fangen die Probleme an. Und in der Tat war seine Lehre keine Theorie: Sie beschäftigt sich genau damit — mit dem wirklichen Leben.

Die Leute pflegten zu Murshid zu kommen und zu sagen: „Können Sie mich Meditation lehren?" Und seine Antwort war: „Es gibt Arbeit zu tun". In seiner Lehre ging es darum, mit realen Problemen zurandezukommen; es ging nicht um jene recht künstliche Art von Spiritualität, der wir so oft begegnen, die sich nur im Geist abspielt und unserer Wirklichkeit nicht entspricht. Sobald sich ein solcher Mensch einem Problem gegenübersieht, kommen all seine Ignoranz und all sein Haß aufs neue hoch, denn er hat nicht an ihnen gearbeitet. Der einzige Weg, mit diesen Dingen fertigzuwerden, besteht darin, Meditation in den Alltag zu bringen.

Wie brachte Murshid das zuwege? Wie ich schon sagte, er arbeitete auf den höheren Ebenen. Leute kamen zu ihm für ein Interview und klopften an seine Tür, so wie ich es tat. Sicher, sie waren angemeldet, und einige von ihnen hatten zwei oder drei Jahre warten müssen auf diese Gelegenheit, vielleicht fünf Minuten lang mit Hazrat Inayat Khan sprechen zu können. Wahrscheinlich hatten sie eine ganze Liste von Fragen vorbereitet und sich lange den Kopf zerbrochen, auf welche Weise sie sich ihm nähern sollten. Wenn man im Osten einen Guru aufsucht — zumindest die meisten unter ihnen — so hat man sich vor ihnen zu Boden zu werfen; der Guru sitzt auf einem Thron, und man wagt nicht einmal, ihm eine Frage zu stellen. Völlig zu schweigen von Diskussionen oder irgendeiner Art von Austausch über Angelegenheiten; es gäbe nur jenes Gefühl von Ferne und Trennung — eine Art gesellschaftlich akzeptierten Andersseins, das die Leute jenen menschlichen Wesen zubilligen, die mit der Wirklichkeit nichts zu tun haben.

Und dann würde sich plötzlich die Tür des Orientalischen Zimmers öffnen und Hazrat Inayat Khan würde vor ihnen stehen, beide Hände ausgestreckt, und sagen: „Kommen Sie herein!" Der Mensch kann es kaum glauben, von diesem großen Meister wie ein Freund begrüßt zu werden. Und Murshid würde sagen: „Kommen Sie, setzen Sie sich zu mir". In Indien wird erwartet, daß der Schüler auf dem Boden sitzt und der Meister auf einem Thron. Doch Murshid pflegte auf dem Sofa zu sitzen und wie ein alter Freund zu sprechen. Manche Menschen gerieten in große Verlegenheit, wußten überhaupt nicht mehr, was sie sagen sollten, und manchmal sagte er dann zu ihnen: „Es ist gut, wir brauchen nichts zu sprechen. Wir können einfach hier sitzen. Es ist schön, Sie zu sehen, genießen wir den Augenblick. Laß uns einfach hier sitzen und es genießen". Und wenig später würde es an der Tür klopfen, und jemand geleitete ihn hinaus. Anschließend kam ihm vielleicht der Gedanke: „Mein Gott, ich habe keine einzige der Fragen gestellt, die ich hatte stellen wollen. Es war meine einzige Gelegenheit, und jetzt ist sie verpaßt! Wahrscheinlich werde ich nie wieder Gelegenheit haben zu einem Interview mit Murshid!" Doch wenn die Menschen dann nach Hause kamen, so stellten sie fest, daß ihre Frage beantwortet war. Sie brauchten sie nicht zu stellen, denn was Murshid getan hatte, war, ihr Bewußtsein so emporzuheben, daß sie die Antwort selbst sehen konnten.

Das war Murshids Methode. Niemals sagte er jemanden, was er tun sollte; er führte seine Schüler an einen Punkt, von wo sie die Antwort selbst sehen konnten. Wenn wir etwas auf eine Weise sehen können, wie wir es nie zuvor sehen konnten, so ist dies ein Augenblick der Begeisterung. Jenes kleine Kind an seinem Puzzle: in dem Augenblick, wo es erkennt, wie die Teile zusammengehören, erlebt es die größte Freude. Und wir können uns vorstellen, was es bedeutet, plötzlich den ganzen Sinn eines Lebens zu verstehen. Das ist es, was Murshid tat: Er brachte die Menschen dazu, den Sinn ihres Lebens zu erkennen; und das ist es, was jeder von uns am allermeisten benötigt: etwas, wofür es sich zu leben lohnt. Unsere Probleme liegen nicht da, wo wir denken — es handelt sich nicht um das Problem, ob wir diesen oder jenen Job annehmen sollen, ob wir nach Chicago ziehen sollen oder nicht und dergleichen mehr. Solche Entscheidungen treffen zu müssen, sind nicht unsere wahren Probleme. Die wahren Probleme liegen sehr, sehr tief; unsere wahren Probleme liegen in unserem Bedürfnis nach Erfüllung, unserem verzweifelten Verlangen, dem Leben einen Sinn zu geben und die Kraft zum Leben zu finden.

Das war es, was Murshid ihnen gab: das Gefühl eines Sinnes, der weit jenseits ihrer eigenen persönlichen Ziele lag. Wir wissen, daß unser Leben nur dann lebenswert ist, wenn wir einen Zweck erfüllen, der über unsere persönlichen Ziele hinausgeht — und darin lag die Bedeutung seiner Botschaft. Er offenbarte uns etwas so großartiges, daß unsere persönlichen Probleme dagegen einfach verblassen. Es ist wundervoll, all unsere Energie diesem großen Ziel zu widmen, jenem einzigen Ziel, das unserem Leben wirklich Sinn geben kann. Man kann es in Worte fassen, sicherlich — es ist immer möglich, Worte zu finden, um etwas zu beschreiben, das sich mit Worten nicht beschreiben läßt —, und seine Worte waren: „Es geht darum, der Botschaft in unserer Zeit zu dienen".

Welchen größeren Zweck könnte es geben, als für das Wohl der Menschheit zu arbeiten? Es geht nicht darum, Ideen zu propagieren; wenn jemand Sie fragt: „Was ist die Botschaft?", so geraten Sie in größte Verlegenheit, wenn Sie diese Botschaft mit Worten beschreiben wollen. Es ist unmöglich. Man kann Vergleiche heranziehen, wie es auch Murshid tat. Er hätte geantwortet: „Sie ist wie Regen in der Wüste", „wie das Licht der Sonne", er hätte gesagt: „Es ist eine Botschaft der Hoffnung, eine Antwort auf den Schrei der Menschheit". Er sagte: „Mein tiefes Seufzen steigt empor als der Schrei der Erde", es war das Bewußtsein der ganzen Menschheit — ein Klageruf, ein Verlangen nach Führung. „Wohin jetzt? Was ist der nächste Schritt?" Das ist der Ruf nach dem Meister. Murshid sagte, daß der Sinn gleich einem Horizont sei, der immer weiter zurückweicht, je weiter wir voranschreiten; man wird niemals sagen können: „Das ist der Sinn". Doch es gibt Augenblicke, wo die Wolken aufbrechen und den Horizont freigeben und wir die fernen Berge erblicken können, die uns zuvor verborgen waren, die Sicht ist frei; wir spüren, daß hier die große Erfüllung liegt. Doch schreitet man auf die Berge zu, so entdeckt man hinter ihnen weitere.

Jede Seele wird mit einem Sinn geboren, wie Murshid sagt, und dieser Sinn entflammt, wenn sie voranschreitet. Wir sollten uns Gott nicht als den Schöpfer vorstellen, der einmal über das gesamte Schicksal der Menschheit beschlossen hat, sondern als den Künstler, der sein Kunstwerk fortlaufend verbessert — und wir sind beides: der Künstler und sein Werk. Wir selbst sind jenes Wesen, das unser Leben erschafft, und wir sind Teil Seines Lebens, denn es existiert nur das Eine Wesen. Das ist die Botschaft von Hazrat Inayat Khan.

Wir sind hier in dem Land zusammengekommen, aus dem er kam — aus dem sein Körper kam, und in dem sein Körper begraben werden wollte — an genau diesem Ort. Es gibt eine Sehnsucht der Erde, zurückzukehren zur Erde. Als er 1926 nach Indien zurückkehrte, fand er es verändert vor. Man kann sich fortstellen, wie er es heute empfinden würde. Er sagte, „Es ist nicht das Indien, das ich kannte". Das Indien, das er kannte, war ein Land voller Idealismus, ein Land von Menschen, die gänzlich dem spirituellen Leben hingegeben waren und die ein sehr feines Gespür hatten für Adel, Würde und Wahrheit. Er fand einen bestürzenden Niedergang an Moral bei den Menschen; er fand Lüge, Betrug und Streit; es war eine große Enttäuschung. Alle jene Dinge, die er hoch schätzte, waren noch vorhanden, doch sie waren weniger geworden.

Er traf einige Heilige. Wann immer ein Heiliger an einen Ort gelangt, wird ein anderer Heiliger sich aufmachen, ihn zu treffen: Es ist ein Naturgesetz. Murshid begegnete dem, was vom großen Erbe Indiens übriggeblieben war. Dann wußte er, daß seine Tage gezählt waren, und er verbrachte viele Nächte meditierend an der Dargah von Hazrat Mu'in ud-din Chishti in Ajmer, an derselben Dargah, wo er vor so vielen Jahren gesessen hatte und wo er seinen Auftrag empfangen hatte, die Botschaft der Sufis in den Westen zu bringen. Als er nach Delhi zurückkehrte, ging es ihm nicht gut — tatsächlich hatte er eine Lungenentzündung. Er traf einen großen *Pir*, Hasan Nizami, der ihn einlud, beim Dinner sein Gast zu sein. Murshid willigte selbstverständlich ein und fügte dann hinzu: „Eines Tages werden ich kommen, um hier zu bleiben". Jener *Pir* wußte, was diese Worte zu bedeuten hatten: Hier sollte sein Grab sein. Und als Pir Nizami wenig später hörte, daß sein Körper verstorben war, besorgte er ein Stück Land an jenem Ort, der Murshid der liebste gewesen war: Nizamuddin.

Nizamuddin ist ein Ort der Heiligen. Wenn Sie durch die Straßen hier gehen, so werden Sie überall die Ruinen herrlicher Gebäude finden. Sie sind sehr verfallen, doch wenn wir hinter den äußeren Schein blicken, so können wir erkennen, daß es ein Ort von Wundern ist. Wohin wir auch blicken, überall finden wir, wie sich der Geist der Sufis manifestiert; der Nachklang des *Hal* — der Ekstase der Sufis — ist in diesen Steinen verkörpert. Murshid fühlte den Ruf seines Körpers, in dieser Umgebung seine Ruhestätte zu finden, und an seiner *Dargah* können wir die Atmosphäre von Hazrat Inayat Khan in der ganzen Erde spüren, immer noch schwingend. Nach der alten Tradition der Hindus ist der Körper nur der Körper — ist nur eine Formation. Doch für den Sufi trägt der Körper das Siegel der Seele — er ist mehr als nur ein Körper. Er trägt einen großen Magnetismus, und diesen Magnetismus können wir hier fühlen. Darum sind wir gekommen: um hier in Indien die Spuren des Spurlosen zu finden.

Anmerkungen zu den Abbildungen

S. 31 Pir Vilayat Inayat Khan (1981)

S. 38 Galaxie

S. 49 Tanzende Derwische; aus: D. Friedländer, *The Whirling Dervishes*, Macmillan Publ., New York

S. 56 Ausschnitt aus *Sternengewölbe der Nacht* von Karl Friedrich Schinkel

S. 66 *Das tanzende Tao* von Schawkie Roth; auch als Kassette: Dance of the Tao — Meditation and Dance Music

S. 82 „Weh dem, der IHN (Gott) mit seinen Attributen oder gar mit dem Sohn des Menschen vergleicht, dessen Grundlage Staub ist und der verschwindet und nicht mehr gefunden wird." (aus kabbalistischer Literatur)
„Das Wesen des Ganzen ist der Name aus vier Buchstaben. Es steht geschrieben, daß dieser Name der Schlüssel des Verständnisses alles dessen ist, was die Menschheit über das Wesen der gesamten Realität verstehen kann. Sieh dir die Namen selbst aufmerksam an. Er deutet an, wie Gott aussehen könnte." (aus: Jeff Love, *Die Quanten-Götter*, Diederichs, Köln

S. 99 Komposition

S. 110 aus: Ibn' Arabi, *Journey to the Lord of Power*, Inner Tradition, New York

S. 117 . . . *hier erreicht die spirituelle Odyssee ihre höchste Erfüllung* . . . 'ANA L HAQQ (aus: Toward the One, Harper & Row, New York 1974)

S. 135 Diese Derwisch-Musik ist nicht einfach Musik — es ist Musik, in die du mit deinem ganzen Körper eintauchst, mit deiner ganzen Existenz — du wirst diese Musik. Von Nezih Uzel; Abbildung aus einem seltenen Buch über Musik von 1852.

S. 156 aus: Ibn' Arabi, *Journey to the Lord of Power*, Inner Tradition, New York

S. 164 Wirbelstraße in Wasser, verursacht durch einen breiten Stab (aus: Th. Schwenk, *Das sensible Chaos*, Verlag freies Geistesleben, Stuttgart 1976)

S. 181 Muschel — aus dem Zentrum zur Erde
Muschel (hochkant) — aus dem Zentrum zum Kosmos

S. 200 Komposition

S. 216 Hazrat Inayat Khan

Hazrat Inayat Khan
DAS ERWACHEN DES MENSCHLICHEN GEISTES

Diese Unterweisungen Hazrat I. Khans beschreiben die Folge der inneren Entwicklungsphasen, die der einzelne auf seiner Suche nach der geistigen Wirklichkeit durchläuft.

Hazrat Inayat Khans Botschaft beginnt und endet mit der Aussage, daß es nicht ausreicht, im Geistigen zu leben; was wir heute benötigen, ist ein *menschlicher* Geist. Es ist die Erweckung des Geistes im Menschen auf der Suche nach der Wahrheit. In dem Moment, in dem wir zur Wahrheit werden, erfahren wir das Wesen Gottes. Das ist die eigentliche Erkenntnis. Hazrat I. Khan faßt die Essenz seiner Lehre in den Worten zusammen: „Mache Gott zur Realität — so wird er dich zur Wahrheit führen."

Hazrat Inayat Khan war der erste große Sufi-Meister, der im Westen lehrte. 1882 wurde er in Indien geboren. Schon mit zwanzig Jahren war er ein Meister der Musik, doch er gab sie auf, um sich dem spirituellen Weg zu widmen. 1910 wurde er in den Westen gesandt. Bis zu seinem Tod 1927 reiste er durch die USA und Europa und lehrte vor einer ständig wachsenden Zahl von Suchenden.

224 Seiten, zahlreiche Photos 24,— DM

Bodo Baginski & Shalila Sharamon **REIKI — Universale Lebensenergie**
Reiki wird als jene Kraft definiert, die die Grundlage allen Lebens bildet. Diese universale Lebensenergie kann durch entsprechende Einstimmungen in jedem Menschen geweckt und aktiviert werden, so daß sie als heilende, ordnende und harmonisierende Kraft durch seine Hände fließt. Reiki bewirkt eine Heil-Werdung im ursprünglichen Sinn, denn es führt den Menschen zu einer Harmonie mit sich selbst und den grundlegenden Kräften des Universums zurück. Die Autoren Bodo J. Baginski und Shalila Sharamon beschreiben in diesem Buch ihre Erfahrungen mit der Reiki-Heilkunst bei Menschen, Tieren und Pflanzen. Sie schreiben über den Ursprung und die Geschichte des Reiki, seine Wirkungsweise, wie man Reiki erlernt, erläutern die verschiedenen Anwendungsmöglichkeiten und geben viele nützliche und hilfreiche Tips für die Praxis des Reiki. Darüber hinaus enthält das vorliegende Buch ein Verzeichnis über die Hintergrundbedeutung von über 200 Krankheitssymptomen aus geistiger Sichtweise. **240 Seiten**

Fran Brown **Reiki-Leben – Großmeisterin Takatas Lehren**
Geschichten aus dem Leben von Hawayo Takata.
Reiki ist Lebensenergie. Im Usui-System des Natürlichen Heilens wird diese Energie geehrt und als Leitfaden des täglichen Lebens genutzt. Sie bietet uns eine einfache Möglichkeit, unser leben als eine heilige und ehrenvolle Erfahrung zu verstehen. Die Geschichten in diesem Buch geben Einblick in das Leben einer Frau, die die Reiki-Lehren gelebt hat. Die Geschichten sind komisch und ernst, voller Freude und Traurigkeit, sie geben Aufschluß über das Heranwachsen dieser Meisterin und über ihr tiefes Vertrauen in die Lebensenergie. Sie schildern das Reifen von Takatas Heilkräften und zeigen ihre Bescheidenheit angesichts ihrer Gaben. Von bescheidenen Anfängen entwickelte sie sich zu einer großen und starken Persönlichkeit, von allen, die sie kannten, geliebt und respektiert.
In diesen liebevollen Erinnerungen an ihre Lehrerin hat Fran Brown die farbenfrohen Geschichten gesammelt, die Hawayo Takata während der 35 Jahre erzählt hat, in denen sie die einzig lehrende Reiki-Meisterin war. Die Geschichten geben einen inspirierenden Überblick über Takatas Lehren und schildern die praktischen und spirituellen Aspekte eines Lebens, das dem Heilen gewidmet war. **180 Seiten**

Ron Kurtz **Körperzentrierte Psychotherapie – Die Hakomi-Methode**
Körper und Bewegungen eines Menschen drücken zentrale Anschauungen, Bedürfnisse, Gefühle und Besonderheiten seines Daseins aus. Psychologische Informationen formen den Körper. In Anerkennung dieser Verbindung beginnt die Methode mit der Arbeit am Körper. Besonderes Kennzeichen der Hakomi-Methode ist die genaue Anwendung der buddhistischen Prinzipien von *Innerer Achtsamkeit* — die Aufmerksamkeit wird auf das gelenkt, was jetzt genau vor sich geht — und *Gewaltlosigkeit* — wir unterstützen Abwehr und spontanes Verhalten, lassen entwickeln, anstatt zu konfrontieren und zu bekämpfen. **320 Seiten, ill., geb.**

Gerda und Mona Lisa Boyesen **Biodynamik des Lebens**
Die Gerda-Boyesen-Methode – Grundlage der biodynamischen Psychologie. Jeder Körper reagiert in einer Streßsituation mit Anspannung, aus der der gesunde Körper wieder zu seinem Gleichgewicht zurückfindet. Oft geschieht dies jedoch nicht: Hervorgerufene Gefühle oder Ängste werden nicht ausreichend abgebaut oder verarbeitet, und wir verharren in einem unausgeglichenen Zustand. Die Selbstregulation unseres Organismus findet nicht statt, das Ungleichgewicht manifestiert sich in den Muskeln und unseren inneren Organen; besonders dem Verdauungstrakt. Dieser ist das Hauptregulans für die Freilassung nervöser Energien und besitzt damit die Fähigkeit, Neurosen »zu verdauen« und das vitale Energiegleichgewicht im Organismus zu regeln.
Mit dieser Erkenntnis entwickelte Gerda Boyesen in ihrer klinischen Arbeit die Methode der biodynamischen Psychologie, in der sie die Freudsche Psychoanalyse und die dynamische Physiotherapie mit der Vegetotherapie und Orgontherapie W. Reichs zu einer Synthese vereinte und damit die biologische Basis der Psychodynamik legte. **200 Seiten**

Dr. Malcolm Brown **Die Heilende Berührung**
Die Methode des direkten Körperkontaktes in der körperorientierten Psychotherapie. Dieses Buch führt zu theoretischer Klarheit und zum praktischen Verständnis einer Yin / Yang-Körpertherapiemethode, eingebettet in eine grundlegende, humanistische, tiefgehende Art der Behandlung. Beeinflußt durch C. G. Jung, A. Maslow, E. Neumann, C. Rogers und D. H. Lawrence entwickelte Brown seine Methode der Lösung der chronischen Muskelspannung und der Reaktivierung der natürlichen geistig / spirituellen Polaritäten der verkörperten Seele und transzendierten Psyche. **340 Seiten, 30 Abb., geb.**

Don Johnson **Rolfing und die menschliche Flexibilität**
Der Körper ist flexibel, ein fließendes Energiefeld, das vom Moment der Empfängnis bis zum Tod in einem Prozeß der ständigen Veränderung ist. **Inhalt u. a.:** Beschreibung von Rolfing-Sitzungen, Rolfing und die anatomischen Grundlagen; soziales Verhalten und die Auswirkungen auf den Körper . . . **164 Seiten, ill.**

Robert St. John **Metamorphose – Die pränatale Therapie**
Die Methode basiert auf einer überlieferten chinesischen Behandlungsweise der Füße. R. St. John entdeckte in bestimmten Bereichen der Füße Verbindungen zur vorgeburtlichen Phase, in der Energiemuster unser Sein geprägt haben. Durch eine sachgemäße Behandlung des Reflexbereiches der Wirbelsäule an Füßen, Händen und Kopf werden auf natürliche Weise Sperren und Grenzen des Bewußtseins aufgehoben und die ursprünglichen Kräfte der Psyche wieder freigesetzt. **160 Seiten, ill.**

Reinhard Flatischler **Die Vergessene Macht des Rhythmus**
Reinhard Flatischler hat aus schamanistischen Traditionen ein System entwickelt, das mit Sprachrhythmen, Klatschen, elementaren Tanzformen und Gesang jeden die Erfahrung der Rhythmuselemente in seinem eigenen Zeitmaß machen läßt. Diese grundlegenden Erfahrungen sind auf alle Musikinstrumente übertragbar. Sie sind in der Rhythmik jedes Kulturkreises zu finden und haben psychische Wirkungen, die für alle Menschen gleich sind. Davon ausgehend werden wir die Rhythmuswelten Afrikas, Indiens, Koreas, Brasiliens und Kubas aus ihren Elementen kennenlernen, und selbst den Stellenwert finden, den die Rhythmen dieser Kulturkreise für unser tägliches Leben in Europa haben.
228 Seiten, Fotos u. Grafiken, Farbbildteil, geb.; Kassettenkurs (3 Kassetten) separat erhältlich

Reinhard Flatischler **TA KE TI NA – Der Weg zum Rhythmus**
Rhythmus ist die Kraft hinter allen Dingen. Sie vereint die unterschiedlichsten Gebiete des Lebens. Rhythmus schenkt uns Vertrauen ins Leben und in uns selbst. TA KE TI NA ist der Weg, auf dem alle Aspekte von Rhythmus als Einheit erfahren werden können. Es ist eine Synthese aus dem rhythmischen Wissen vieler Kulturkreise und zeigt in konsequenter Systematik, wie Rhythmus für jedermann erlernbar ist. Die mit TA KE TI NA gemachten Rhythmuserfahrungen sind auf alle Musikinstrumente übertragbar, und der Musiker kann in diesem Buch eine neue Quelle zum Komponieren kreativer Rhythmen finden. Ein Einstieg in die körperliche und geistige Erfahrung von Rhythmus geben.
160 Seiten, ill.; Kassette oder CD separat erhältlich

Burkhard Schroeder **AtemEkstase · Rebirthing**
lehrt Dich das Annehmen allen Seins · Einlassen auf bewußtes Atmen in seiner ursprünglichen Form · Loslassen · Auftauchen ins Leben · Reiten auf den Wellen Deiner Ekstase · Verschmelzen mit dem SEIN · Dich und diese Schöpfung zu lieben.
Rebirthing ist eine wirkungsvolle Methode zur körperlichen, emotionalen und geistigen Reinigung und ein effektiver Weg persönlichen Wachstums. Ein gewaltloser Weg, der Dich lehrt, Deiner Energie zu vertrauen, mit ihr zu fließen, loslassen, zu tun durch Nicht-Tun. Dein Atem wird Dir helfen herauszufinden, wer Du bist, Dich anzunehmen und Dein Herz zu öffnen für Schönheit und Ruhe, Lebendigkeit und Lebensfreude. **128 Seiten; angeleitete AtemEkstase-Kassette separat erhältlich**

A. Wallace, B. Henkin **Anleitung zum geistigen Heilen**
Die Autoren beschreiben – auf dem Erfahrungsgrund der Humanistischen Psychologie –, wie sie zum Heilen angeleitet worden sind, ihre Erfolge und die Grenzen dieser Kunst, andere zu heilen. Darüber hinaus zeigen sie eine umfassende Reihe einfacher Übungen für den Anfänger auf und fortgeschrittene Techniken für den, der sich schon mit geistigem Heilen beschäftigt. In der praktischen Anleitung zeigen sie die Beziehung des Heilens zum Vertrauen, zu Weltanschauungen, Träumen und kosmischer Bewußtheit auf. **228 Seiten**

Bob Toben **Raum-Zeit und erweitertes Bewußtsein**
Toben diskutiert in eingehend grafischer Darstellung mit den Physikern J. Sarfatti, C. Suares und F. Wolf in einer verständlichen Wissenschaftssprache die Abhängigkeit unserer Vorstellung vom Universum durch unsere Sinne. **Themen u. a.:** Psychokinese, Lichtbiegen, Materialisation, Astral-Reise, Wissen aus dem Universum, Reinkarnation, Aura, Telepathie, Telekinese, Levitation, Geistheilung. **180 Seiten, ill.**

Richard S. Heckler **Aikido und der Krieger des neuen Bewußtseins**
Meister Uyeshiba, Begründer des Aikido, lehrte eine Kampfart, die die innere Kraft des Menschen stärkt, ohne Rivalität und Streit. Durch die im Aikido entwickelten Methoden zeigt er eine Alternative zu unserer derzeitigen Form des erdrückenden Militarismus, bzw. eines aufopfernden Pazifismus auf. Das Elementarste an Meister Uyeshibas Aikido aber ist der spirituelle Pfad, der die Menschen lehrt, ihr Ki, ihre Energie mit dem Ki des Universums zu verbinden, um in einer Welt der Harmonie, Zentriertheit und des Mitgefühls zu leben. **176 Seiten, ill.**

Roger Hicks und Ngakpa Chögyam **Weiter Ozean – DALAI LAMA**
Diese autorisierte Biographie ist die erste Aufzeichnung des Lebens Seiner Heiligkeit seit seiner Autobiographie »Mein Leben und mein Volk« (1962). Es ist auch die erste Darstellung der Leben der vorhergehenden dreizehn Dalai Lamas, die einem breiteren Publikum zugänglich ist. **240 Seiten, 31 z. T. bisher nicht veröffentlichte Fotos**

Hazrat Inayat Khan **Das Erwachen des menschlichen Geistes**
Die Botschaft des Autors beginnt und endet mit der Aussage, daß es nicht ausreicht, im Geistigen zu leben; was wir heute benötigen, ist ein *menschlicher* Geist. Es ist die Erweckung des Geistes im Menschen auf der Suche nach der Wahrheit. Diese Unterweisungen Hazrat I. Khans beschreiben die Folge der inneren Entwicklungsphasen, die der einzelne auf der Suche nach der geistigen Wirklichkeit durchläuft. **224 Seiten, zahlreiche Fotos**

Pir Vilayat Khan **Der Ruf des Derwisch**
Pir Vilayat Khan ist Leiter des Sufi-Ordens im Westen, der von seinem Vater Hazrat Inayat Khan gegründet wurde. Er ist bestrebt, den Weg und die Essenz der Sufi-Tradition besonders dem westlichen Menschen erlebbar zu machen.
224 Seiten

Benjamin Hoff **Tao Te Puh – Das Buch vom Tao und von Puh, dem Bären**
Was für ein Puh? *Was* für ein Tao? Das Tao Te Puh! . . . in dem uns enthüllt wird, daß einer der größten taoistischen Meister nicht etwa ein Chinese ist, auch kein altehrwürdiger Philosoph . . . sondern wirklich und wahrhaftig kein anderer als der absichtslos in sich ruhende, einfältige kleine Bär. **160 Seiten, ill.**

Affirmationen – »Ich mag mich selbst«
Eine Affirmation ist ein positiver, schöpferischer Gedanke, um deine negativen Glaubenssysteme und Denkmuster zu verändern. Affirmation heißt das Leben bejahen und deinem Denken eine Idee über das Ziel zu geben.
28 Seiten, Büttenpapier

Erik Sidenbladh **Wasserbabys – Geburt und Entwicklung in unserem Urelement**
Der sanfteste Übergang vom Mutterleib in die Außenwelt ist die Geburt unter Wasser. Frühes Training im Wasser bewirkt bei den Kindern eine bessere und schnellere Koordination der Bewegungen und Körperfunktionen. Die zahlreichen, außergewöhnlichen Aufnahmen verstärken Tjarkovskijs Erfahrungen, daß das menschliche Potential besser entwickelt werden kann, wenn wir lernen, Wasser ohne Angst zu akzeptieren.
156 Seiten, durchgehend vierfarbig ill., geb.

Astro-Tafel – Der Weg zur Astrologie

»ALL-EIN-SEIN heißt eins sein mit dem All. Die Schwingungen des Alls wahrnehmen und sich auf diese Schwingungen einzustimmen heißt sein Leben, oder einfach sich selbst, mit dem All in Einklang bringen. Ist die Person (lat. persona, von per-sonare = durch-tönen, zum Erklingen bringen) im Einklang mit dem Kosmos, so resoniert der Kosmos in ihr, der Kosmos findet seinen Wiederhall in der Person. Wird man sich dessen bewußt, hat man kosmisches Bewußtsein erreicht.« Wohl die umfassendste farbige Informationskarte zum Thema Astrologie und Harmonik. Außer der allgemeinen Beschreibung der Wirkweise der einzelnen Tierkreiszeichen, Planeten, Aspekt- und Himmelspunkte wird auch die Methodik der Verknüpfung dieser astrologischen Elemente zur Deutung erklärt und ausgeführt. Auch die Zuordnung der Töne zu den Planeten sowie der musikalischen Intervalle zu allen Aspekten, wie auch deren farbliche Zuordnungen, können der Karte entnommen werden.

13-Farb-Druck (DIN A2) auf besonderem Qualitätspapier, mit Begleitheft

Lee Sannella **Kundalini-Erfahrung & die neuen Wissenschaften**

In einem verdunkelten Raum sitzt ein Mann allein. Sein Körper wird von Muskelkrämpfen geschüttelt. Unbeschreibliche Empfindungen und stechende Schmerzen schießen von seinen Füßen ausgehend durch Beine und Rücken bis zum Hals. Er hat das Gefühl, sein Schädel würde zerspringen. Im Inneren seines Kopfes hört er tosende Geräusche und hohes Pfeifen. Seine Hände brennen. Er glaubt, sein Körper müsse innerlich zerreißen. Dann plötzlich lacht er und wird von Glücksgefühlen überwältigt.

Ein psychotischer Anfall? Nein, dies ist eine psycho-physische Transformation, ein Prozeß der »Wiedergeburt«, der ebenso natürlich ist wie eine physische Geburt. Pathologisch erscheint dieser Vorgang nur, weil die Symptome nicht zum Ergebnis in Beziehung gesetzt werden: zur psychischen Transformation eines Menschen. Wenn dieser Prozeß ungestört zum Abschluß gelangt, kann ein tiefes psychologisches Gleichgewicht erreicht werden, ein Zustand innerer Stärke und emotionaler Reife.

Sannellas Buch ist unentbehrlich auf dem Weg des tieferen Verstehens von mystischen Erfahrungen und Momenten des erweiterten Bewußtseins. **160 Seiten**

Stuart Perrin **LEAH – Die Geschichte einer meditativen Heilung**

»Als ich Leah das letzte Mal sah, war sie voller Leben, strahlend und bezaubernd schön. Ich war überzeugt, daß sie zu einem besonderen und äußerst ungewöhnlichen Menschen heranwachsen würde. Der Gedanke, daß sie von Krebs befallen war, lag jenseits meiner möglichen Phantasien.

Die Ärzte gaben ihr noch drei Wochen zu leben. – Drei Wochen können eine Ewigkeit sein, wenn man den Moment lebt. In dieser Zeit mußte ich eine neue Logik entdecken, eine, die den Tod entwaffnete und das Unmögliche möglich machte.«

Die dramatische Erzählung eines Heilungsprozesses. LEAH basiert auf einer erlebten Geschichte – die Bemühung eines spirituellen Lehrers, ein junges Mädchen in ihrem Kampf gegen ihren Krebs zu unterstützen. **120 Seiten**

Ken Dychtwald **KörperBewußtsein**

Basierend auf den Arbeiten von W. Reich, I. Rolf, M. Feldenkrais, F. Perls, W. Schutz, A. Lowen, St. Keleman, R. Kurtz u. a. und verschiedenen Yoga-Richtungen, verbindet Dychtwald deren Erkenntnisse mit einer Vielfalt von östlichen und westlichen Einstellungen zur Entwicklung des KörperBewußtseins. Es ist das zur Zeit umfassendste und leichtverständlichste System zur Bewußtwerdung und Diagnose des KörperBewußtseins. KörperBewußtsein von K. Dychtwald ist ein hervorragender Einstieg in das, was wir »Körperlesen« nennen. D. h., durch die Wahrnehmung, wie sich jemand »trägt« oder mit seinem Körper umgeht, erfahren wir mehr über diese Person, als wir sehen. KörperBewußtsein hilft, sich und andere besser »wahr« zu nehmen, indem es aufzeigt, wie der menschliche Körper eine lesbare Karte seiner persönlichen Geschichte ist. Darüber hinaus gibt Dychtwald einen Einblick in verschiedene Körpertherapie-Methoden. Ein lebendiges, gut zu lesendes und sehr menschliches Buch. **320 Seiten, 46 Abb.,**

Georg Schäfer und Nan Cuz **Im Reiche des Mescal – Ein kosmisches Märchen**

Wandere mit Schwarzhaar und dem Schamanen durch Metaphern deiner inneren Welten zum Licht der Erkenntnis . . . Schwarzhaar war ein Träumer, und die Mutter hatte ihre Sorgen mit ihm, denn statt Netze zu flicken oder Brennholz aus dem großen Wald zu holen, lag er am Strand und schaute stundenlang in den Himmel. »Was wird denn hinter den Sternen sein?«, so dachte er, »und wo beginnt das Reich der Götter und wo endet es?« Über solche Gedanken geriet er ins Grübeln und vergaß alles, was ihm die Mutter aufgetragen hatte . . .

40 Seiten, Großformat, vierfarbig, gebunden

Cousto **Die Kosmische Oktave**

Der Weg zum universellen Einklang. In diesem Buch sind alle Schritte erläutert und formalisiert, um aus astronomischen Beobachtungsdaten die Rhythmen und die Stimmtöne der Erde, des Mondes und der Planeten herzuleiten. Ebenso sind die Berechnungsmethoden zur Feststellung des Sonnentones oder auch der Klänge einer Horoskopvertonung dargelegt. **240 S., 50 Grafiken, zahlreiche Tabellen, 32 S. wissenschaftl. Anhang, 15 Farbtafeln, geb. und Paperback**

Ulrich Sollmann (Hrsg.) **Bioenergetische Analyse**

Autoren und Themen: *A. Lowen:* Der Wille zu leben und der Wunsch zu sterben; *R. Robins:* Der rhythmische Zyklus und Widerstand; *E. Muller:* Auswirkungen des Berührens; *H. Petzold:* Der Schrei in der Therapie; *L. Rablen:* Das gespaltene Ich. Krebs und Probleme der Selbstabgrenzung; *A. Kloppstech:* Frauenarbeit mit krebskranken Frauen; *P. Boyesen:* Psychodynamische Analyse; *U. Sollmann:* Prozeßanalytische Körperarbeit in der Gruppe; *E. Svasta:* Jan Velzeboer und die Bioenergetische Analyse; *R. Steiner:* Die energetische Verbindung von Körper und Geist; *R. C. Ware:* C. G. Jung und der Körper — vernachlässigte Möglichkeiten der Therapie? etc. **252 Seiten**

Ernest L. Rossi **Die Psychobiologie der Seele-Körper-Heilung**

Neue Ansätze der therapeutischen Hypnose. Ist es wirklich möglich, über die Seele eine körperliche Krankheit zu heilen? Gibt es tatsächlich eine Verbindung zwischen den Genen und der Seele, mit deren Hilfe unsere Gedanken und

Gefühle die Heilung unterstützen können? Ja, sagt der Autor, und führt uns in die faszinierende Welt der Psychobiologie ein, die die derzeitigen Ansätze innerhalb der Medizin und der Psychologie auf revolutionäre Weise verändert. Rossi zeigt neue Möglichkeiten auf, wie die Heilung von Krebs, Asthma, rheumatischer Arthritis, krankhaften Stimmungsschwankungen und einer Vielzahl anderer psychosomatischer Störungen unterstützt werden können. Sein anschauliches Konzept, wie man Symptome in Signale und psychische Probleme in schöpferische Hilfsquellen umwandeln kann, ist überzeugend, denn es ermöglicht intuitiv zu spüren, daß wir alle den Schlüssel zu unserer Gesundheit und zu unserem Wohlbefinden in uns tragen. **312 S., zahlreiche Tabellen und Abb., Hardcover**

David K. Reynolds **Die Stillen Therapien**

Japanische Wege zu persönlichem Wachstum. Mit diesem Buch stellen sich eine Reihe von Psychotherapien und therapeutischen Methoden dem europäischen Leser vor, die von einem völlig anderen Verstehen des Menschen ausgehen. Während wir im Westen Therapie oft nur als Symptombekämpfung verstehen, ist im östlichen Denken die Befreiung des Geistes als Ganzes im Vordergrund. Damit stehen Die Stillen Therapien im Zentrum der neuen geistigen Bewegung – der Sehnsucht nach Ganzheit, Re-Integration, nach der unmittelbaren Erfahrung des eigenen Selbst.
In diesem Buch finden Sie klare, praktikable und energievolle Wege zu sich selbst. **160 Seiten**

Rosalyn L. Bruyere **CHAKRAS – Räder des Lichts – Einführung**

Dieses ist das Grundlagenbuch für jeden, der über das esoterische Wissen hinaus Einsicht und Wissen in die Funktionen der Chakras und der feinstofflichen Energiefelder erlangen möchte. In diesem Einführungsband wird die Natur der Chakras untersucht und eine Übersicht gegeben. Mit den folgenden sieben Bänden, jeweils einem Chakra zugeordnet, wird dieses Werk die bisher umfassendste Beschreibung der feinstofflichen Energien und des Chakrasystems sein.
Jedes der sieben Primärchakras ist ein »Rad des Lichts«, ein sich drehendes, farbiges, elektromagnetisches Feld. Zusammen erzeugen diese sieben Felder die Aura des Menschen. In alten Überlieferungen schon gibt es verschiedene Beschreibungen dieser Energie- oder Lichtfelder, die aus dem physischen Körper strömen. Doch erst in neuester Zeit hat die Wissenschaft die Existenz der feinstofflichen Energien und der Aura bestätigt. **144 Seiten, großformatig**

Rosalyn L. Bruyere: **CHAKRAS – Räder des Lichts. Band 1. Das Wurzelchakra**

Kapitelinhalte: I Vitalität, II Kundalini, Sitz des physischen Körpers, III Die Kraft des Feuers, IV Sexualität, Kundalini und Karma, V Die Wissenschaft und die Chakras, VI Krankheiten und Dysfunktionen. **144 Seiten, großformatig**
Alle Bände durchgehend mit Fotos, Zeichnungen, wissenschaftlichem Begleittext und Übungen.

Stamboliev **Den Energien eine Stimme geben**

In der Voice-Dialogue Methode werden Energiemuster des Menschen als eigene Persönlichkeiten angesprochen und aktiviert – den Energien wird eine Stimme gegeben, sich mitzuteilen. Die Fähigkeit des Voice-Dialogue Therapeuten, sich auf den Prozeß einzustimmen und mit seinen eigenen entsprechenden Energiemustern mitzuschwingen, ermöglicht dem Klienten ein intensives Erfahren, Erkennen und Integrieren der psychisch-emotionalen Realität dieser Muster.
Stamboliev gibt auch einen Überblick über die Lehre des T'ai-chi-ch'uan und über verschiedene esoterische Systeme, um dem Voice-Dialogue Therapeuten zu helfen, eine größere energetische Sensibilität der Methode gegenüber zu entwickeln.

Thomas Armstrong **Die Spiritualität des Kindes**

Pädagogik für ein neues Bewußtsein. Anhand zahlreicher Beispiele aus Literatur und Wissenschaft, Mythologie und Erfahrung zeichnet der Autor ein Bild vom zweifachen Wesen des Kindes: „Es gehört sowohl zum Himmel wie zur Erde, und es tritt als Brücke zwischen Licht und Dunkel, Körper und Geist, Ich und Selbst, Mensch und Gott in unser Leben. Das spirituelle Kind singt und tanzt diese Ganzheit mit jeder Faser seines Seins. Wir alle täten gut daran, zuzuhören. Und noch besser daran, mitzusingen und mitzutanzen!" **192 Seiten**

Helmut G. Sieczka **CHAKRA-KASSETTE. Energie und Harmonie durch den Atem**

Unser Atem ist die wichtigste Brücke zwischen dem Körper und der Seele. Der Atem ist die Verbindung von Innen und Außen, vom Individuum zum Universum. Die sieben feinstofflichen Energie- und Bewußtseinszentren, den sogenannten Chakren, fließt unsere Lebensenergie.
Mit diesen zwei praktischen Atemübungen können Sie Störungen auf der energetischen, körperlichen und geistigen Ebene ausgleichen und harmonisieren. **Spieldauer: je Seite ca. 42 Minuten**

David V. Tansley **RADIONIK – Energetische Diagnose & Behandlung**

Radionik ist ein System der Diagnose & Behandlung, das die menschliche Fähigkeit der übersinnlichen Wahrnehmung direkt mit einbezieht, um somit die tiefliegende Bedeutung der Krankheit in einem lebenden Organismus zu erkennen. Diese Kunst des Heilens entwickelte sich aus einem Bereich der medizinischen Forschung von Prof. Dr. A. Abrams, der aufzeigte, daß Leben — und somit auch Krankheit — schwingende Energie ist, die energetisch behandelt werden kann. Die moderne Physik bestätigt dieses Modell seit langem. Radionik kann in jeder Therapieform praktiziert werden. Überwiegend wird sie in Verbindung mit Homöopathie, Schüssler-Salzen und der Bach-Blütentherapie angewandt. Radionik ist ein sanfter Ansatz zur Heilung, frei von den unliebsamen Nebeneffekten der herkömmlichen medikamentösen Therapie. David Tansley, die führende Autorität auf dem Gebiet der Radionik, beantwortet in diesem Buch u. a.: Wie arbeitet Radionik? Wie kann ein Therapeut die Diagnose stellen und die Behandlung ausführen, ohne den Patienten zu sehen? Was umfaßt eine Radionik-Diagnose? Welche Krankheiten können mit dieser Methode behandelt werden?
100 Seiten